KB274254

# 안전의 대가

안전이 빼앗아 간 당신의 진짜 가능성에 대하여

체이스 자비스 지음 | 최지숙 옮김

## 안전의 대가

안전이 빼앗아 간 당신의 진짜 가능성에 대하여

오픈도어북스는 (주)하움출판사의 임프린트 브랜드입니다.

초판 1쇄 발행 26년 3월 18일

지은이 | 체이스 자비스
옮긴이 | 최지숙

발행인 | 문현광
책임 편집 | 황윤
교정·교열 | 신선미 주현강 이건민
디자인 | 양보람
마케팅 | 남상묵 김다현 박채원

펴낸곳 | (주)하움출판사
본사 | 전북 군산시 수송로 315, 3층 하움출판사
지사 | 광주광역시 북구 첨단연신로 261 (신용동) 광해빌딩 6층 601호, 602호
ISBN | 979-11-7374-338-2(03190)
정가 | 16,800원

이 책의 전부 또는 일부 내용을 재사용하려면 사전에 저작권사
(주)하움출판사의 동의를 받아야 합니다.
오픈도어북스는 참신한 아이디어와 지혜를 세상에 전달하려고 합니다.
아이디어와 원고가 있으신 분은 연락처와 함께 open150@naver.com으로 보내 주세요.

# 안전의 반대

안전이 빼앗아 간
당신의 진짜
가능성에 대하여

체이스 자비스 지음
최지숙 옮김

'안전한 길'이 더 낫다고 말하는 사람은 삶이 움직이는 방식을 이해하지 못한 사람이다. 다행히도 체이스 자비스는 그 이치를 꿰뚫고 있다. 《안전의 대가》는 우리가 창의성과 내면의 힘을 되찾는 데 도움이 되는 단순하면서도 강력한 설계도이다.

**로버트 그린** *Robert Greene*

《권력의 법칙(The 48 Laws of Power)》 저자

이 책은 삶의 모든 영역에서 위험과 창의성을 포용하도록 우리를 안내하는 나침반과 같다. 체이스는 우리에게 익숙한 틀을 벗어나 진정한 나로 거듭나는 방법을 몸소 보여 준다.

**소피아 아모루소** *Sophia Amoruso*

사업가, 〈뉴욕 타임스〉 베스트셀러 《걸보스(Girlboss)》 저자

나를 믿어야 한다. 누구도 당신을 대신할 수 없다. 체이스 자비스는 가능성을 자아내는 마법사이며, 당신의 결심만 있다면 이 책은 미래를 여는 열쇠가 되어 줄 것이다.

**세스 고딘** *Seth Godin*

《린치핀(Linchpin)》, 《마케팅이다(This Is Marketing)》 저자

우리가 원하는 성공과 성취감, 자유, 행복은 모두 두려움 너머에 있다. 체이스는 이 책을 통해 그 두려움을 빠르게 넘어설 수 있도록 우리를 진심으로 이끈다.

**데이먼드 존** *Daymond John*

샤크 그룹(Shark Group) CEO, 푸부(FUBU) 창립자 및 CEO

체이스 자비스는 창의적인 삶에 필요한 여러 요소를 솔직하고 진정성 있게 이야기하는 진짜 조력자이다. 나는 오랜 시간 동안 그에게서 많은 영감을 얻었고, 이는 독자도 마찬가지일 것이다.

**오스틴 클레온** *Austin Kleon*

아티스트, 《훔쳐라, 아티스트처럼(Steal Like an Artist)》 저자 사랑할 수 있는 삶은 우연이 아니라 과정을 거쳐 만들어진다. 이 사실을 체이스 자비스만큼 잘 아는 사람은 드물다. 이 책은 그러한 삶을 위한 로드맵이다.

**게리 바이너척** *Gary Vaynerchuk*

사업가, 베이너엑스(VaynerX) 회장,

〈뉴욕 타임스〉 베스트셀러 5회 선정 작가

케이트,

당신의 사랑과

내가 나로 존재할 수 있도록 건넨 손길에

늘 감사하며

# 목차

# 첫 장을 넘기기 전에

안전은 대체로 미신과 같다. 안전이란 사실상 존재하지 않으며, 모든 인류의 후손도 그것을 경험하지 못할 것이다. 장기적인 관점에서 위험을 피하더라도, 감수하는 것보다 더 안전해지지도 않는다. 인생은 둘 중 하나다. 과감한 모험이거나, 아무것도 아니거나.

_헬렌 켈러 *Helen Keller*

안전은 환상에 불과하다.

자연에는 안전이라는 개념이 존재하지 않는다. 그런데도 우리가 안전을 추구하는 이유는 무엇인가? 왜 우리는 안전이 좋은 삶을 위해 필요하다고 믿는가? 안전을 추구하는 행동이야말로 진정으로 살아 있음을 느끼지 못하게 하는데도 말이다.

잠시 당신의 내면을 들여다보자. 당신의 마음, 어깨 위로 시선을 옮겨 당신의 머리와 타고난 신체도 생각해 보자. 세상이 당신에게 덧씌운 것과 그 위에 당신 스스로 쌓아 올린 온갖 굴레를 뒤집어쓴 채 뛰고 있는 당신의 심장을 느껴 보자.

그리고 마음속에 질문을 던져 보자. 당신은 정말로 안전만 추구하며 살아가도록 태어났다고 믿는가? 타인이 정해 놓은 작은 틀에 맞추어야 한다고 생각하는가? 천만에. 마음 깊은 곳에서는 당신도 삶이 곧 모험임을 알고 있다. 그런데도 직접 부딪혀 보려 하지 않는 이유는 무엇인가?

우리는 본래 역동적으로 살아가도록 태어났다. 도전을 통한 변화와 성장을 위해 설계된 존재이다. 우리는 자유롭고, 풍요롭고, 열정적인 인생을 살기 위해 태어났다. 그것은 가슴 뜨겁고, 사랑이 넘치며, 흥미진진한 삶이기도 하다. 고작 안전 따위를 위해서가 아니다.

내가 말하는 안전은 안전벨트를 매거나 자외선 차단제를 바르는 차원이 아니다. 신중하게 위험을 감수하거나 손실을 최소화하려는 태도를 뜻하는 것도 아니다. 우리의 자유와 행복에 필수적인 신체적·정서적 안전을 말하는 것 역시 아니다.

개인적으로 안전한 길을 추구하는 삶의 방식은 대부분 잠재력을 온전히 발휘하지 못하게 한다. 이는 위축을 자처하는 꼴이다. "네가 뭐라고 더 많은 걸 원해?"라는 내면의 속삭임에 마음이 기울고 마는 것이다. 때로는 조심스럽게, 때로는 공공연하게 자신을 숨기거나 진짜 모습을 철저히 부정함으로써 당신만의 위대함을 가로막는 것이다. 이러한 태도는 당신을 제자리에 묶어 둔 채 정도에 상관없이 자신을 반복적으

 첫 장을 넘기기 전에

로 배신하도록 한다.

직업적으로 안전한 길만 가는 것은 그럭저럭 괜찮은 직장에 머무르는 것이다. 더 나쁘게는 꿈꾸던 일을 외면하고, 진심으로 원하는 목표를 무시하며, 비현실적이라는 비난을 듣거나 자신의 결과물이 가치 없다는 평가를 받을까 두려워 창의성을 발휘하지 못한다.

인간관계에서 안전한 길만 가는 것은 자신과 맞지 않는 사람에게 시간과 마음의 공간을 내주지만, 정작 성장과 도전으로 이어지는 진짜 인연과 연결되지 못한다.

안전만 추구하는 삶은 뚜렷한 이유도 없이 그저 익숙하다는 이유만으로 다수가 가는 길을 따르는 것이다. 수많은 사람이 거쳐 온 길이기에 마음이 끌리고 더 쉬워 보일 뿐, 실상은 아무 근거 없이 정상으로 간주해 온 선택지일 뿐이다.

마음을 안전하게 지키려는 태도는 절대 자신의 약점을 드러내지 않도록 한다. 그렇게 거절당할 위험을 피하기만 하다 결국 마땅히 받아야 할 사랑마저 놓치고 만다.

결과적으로 사람들의 시선을 피해 안전한 길만 가는 것은 당당히 일어나 당신의 진짜 모습을 보여 줄 용기를 내지 못함을 의미한다.

결국 안전한 길만을 추구하는 삶의 본질은 두려움이다. 두려움은 오직 생존에만 최적화된 감정이다. 창의성이나 행복, 기쁨, 연결, 조화, 성취 등 당신이 살면서 주고받을 수 있는 소중한 선물과 거리가 멀다.

삶에서 가장 근사한 것들은 사실 안전지대 너머에 있다. 세상은 당신이 제대로 받아칠 때까지 변화구를 던질 것이다. 아니면 당신이 게임을 포기하고 배트를 쥔 채 집으로 돌아갈 수도 있다.

세상은 무엇 하나 그냥 주는 법이 없다. 그저 우리에게 도전할 기회만 던져 줄 뿐이다. 도전을 주저할지, 아니면 신나는 음악에 몸을 맡기듯 도전을 직면하고 나를 새롭게 발견하는 즐거운 놀이로 받아들일지는 모두 당신에게 달렸다. 이때 당신의 약점은 성장과 용기의 기회를 준다는 점에서 축복이라 할 수 있다.

당신은 그 사실을 놓치며 살아오지는 않았는가. 오랜 세월을 지나오면서 스스로 진짜 원하는 것을 속이고, 갈등이나 두려움을 피하려 연기하듯 행동하면서 불안에 시달리다 보면 당연히 그럴 수 있다. 어쩌면 완전히 잊어버렸을지도 모르겠다.

하지만 무작정 위험을 감수하는 삶이 안전만 추구하는 삶의 반의어는 아니다. 바로 자유로운 삶이다. 자신만의 게임을 창조하고, 주인공이 되어 직접 뛰어드는 것이다. 이는 무한한 가능성이자 자신을 향한 진정한 승부다.

처음에는 제대로 된 수단이나 준비가 부족한 상태에서 불편함을 느끼며 변화를 찾아 나선다는 생각 자체가 두려울 수 있겠다. 하지만 당신은 이내 깨달을 것이다. 원래 알고 있던 사실을 다시 기억해 낸다는 말이 더 정확할 수도 있겠다. 당신에게 필요한 모든 수단은 이미 당신 안에 있다.

스스로 느끼지 못하더라도 당신의 본질에는 용기와 강인함, 거침없는 창의성이 깃들어 있다. 무엇보다 당신은 지금까지 잘해 오지 않았는가? 따라서 가장 시급한 일은 내면 깊이 묻혀 있던 수단을 다시 끄집어내 활용하는 것이다. 그것이 삶을 경험하는 방식에서 생각보다 거대한 영향력과 주도권을 쥐고 있기 때문이다. 그러므로 우리는 그 수단을 다시 쓸 수 있는 법을 찾아내기만 하면 된다.

그렇다고 거창하게 혁명까지 일으킬 필요는 없다. 직장을 그만두거나, 다른 나라로 이주하거나, 친구들을 모두 바꾸는 일처럼 지금의 삶을 완전히 뒤엎을 필요도 없다. 물론 그런 변화가 필요할 수도 있지만, 그것은 당신의 선택이다. 결국 원하는 삶을 만들어 가려면 반드시 선택해야만 한다. 평범함과 탁월함, 남들이 당신에게 바라는 것과 당신이 스스로 원하는 것, 잠재력을 발휘하는 삶과 지금 정도면 충분하다고 안주하는 삶, 그리고 안전한 길과 자신만의 방식으로 걸어갈 길 사이에서 말이다.

이 책에서는 과거에 당신을 얽매던 것을 극복하고, 스스로 사랑할 수 있는 삶을 만들어 가는 방법을 이야기한다. 이 방법이야말로 당신이 할 수 있는 가장 창조적인 행동이다. 이 글을 읽으면서 망설여지더라도 걱정은 말자. 당신 탓이 아니다. 생각해 볼 필요는 있지만, 그 이유는 다행히 멀리 있지 않다.

- 그동안 관심을 다른 데로 빼앗겼다.
- 시간이 늘 부족했다.
- 자신을 의심하고 직관을 무시하라고 배워 왔다.
- 언제나 제약 속에 살아야 했다.
- 인생을 즐기는 것보다 일이 우선이었다.
- 실패가 두려웠다.
- 가장 사랑하는 일을 중심으로 살아가는 법을 아무도 가르쳐 주지 않았다.

지금까지는 그랬겠지만, 이 책을 펼치는 순간 당신은 이미 새로운 길에 들어섰다. 그 길 위에 선 당신에게 이 글을 바친다.

 첫 장을 넘기기 전에

# 불가능을 움직여라

NEVER PLAY IT SAFE

NEVER PLAY IT SAFE

〰〰〰〰〰　이 책은 대담하게 살아가는 법을 다룬다. 당신이 어디에 있더라도 당신 안에 잠들어 있는 여러 수단을 이해하도록 도와줄 것이다. 또한 삶 속에서 튀어나오는 두려움에 맞서는 힘을 기르고 되찾도록 함과 동시에 그 힘을 지켜 낼 수 있도록 할 것이다.

그러나 이 책에서는 실수를 피하거나 삶을 완벽하게 만드는 데 초점을 맞추지 않는다. 자신에게 믿음을 갖고, 흔들릴 때마다 본연의 모습으로 돌아가는 방법을 배우는 것에 중점을 둔다. 이 과정을 거듭할수록 우리는 더욱 빠르고 지혜롭게 본래의 자신을 찾아갈 수 있으며, 이는 인간이 할 수 있는 가장 위대한 창조적 행동이라 할 수 있다. 여기에 정해진 규칙은 없다. 다만 우리가 경험한 바를 토대로 자신이 어떠한 사람인가를 되새기고, 타인과 함께 이야기를 나누며 배워 가는 과정이 있을 뿐이다.

우리는 현재 처한 상황에 대한 책임을 회피하거나 부정하기 쉽다. 하지만 안전한 선택은 세상이 우리에게 미치는 영향보다 우리가 스스로 내리는 결정에 더 가깝다. 우리는 행복과 안녕을 해칠 정도로 자신을 검열한다. 사회에서 정해 놓은 성공이나 성취, 옳고 그름의 기준이 우리의 가치관과 맞지 않아

　〰〰〰〰〰〰〰〰　서문 / 불가능을 움직여라

서 포기하기도 한다. 때로는 아무것도 하지 못한 채 멈춰 버리기도 한다. 이는 현실은 물론, 우리가 풍요롭고 충만한 삶을 만들어 갈 가능성과도 무관하다.

그 원인은 자기 인식 및 이해 부족이라는 단순하면서도 근본적인 문제에서 찾을 수 있다. 이에 파울로 코엘료(Paulo Coelho)는 다음과 같이 말했다.

"사람들은 타인의 삶은 어떻게 살아야 하는지 잘 아는 듯하지만, 정작 자기 삶에 대해서는 그렇지 않다."

얼마나 참된 말인가. 인정하기 어려울 때도 있겠지만, 우리의 문제를 해결할 답은 외부에 존재하지 않는다. 해결책은 내면에서 찾아야 한다. 심리학자 니콜 르페라(Nicole LePera) 박사에 따르면, 이러한 변화의 움직임은 '중년의 위기(midlife crisis)'가 찾아오는 시기가 점차 빨라지고 있다는 흐름 속에서 이미 진행되고 있다. 르페라 박사는 사회에서 정한 규칙과 계획을 충실히 따른 20~40대가 결국 "이게 맞는 걸까?"라고 의문을 던지는 모습을 목격한다고 말한다.

이처럼 안전한 삶의 비극은 우리를 교묘하게 지배한다는 점에 있다. 마치 이중간첩처럼 우리는 스스로 타협했는지조차 알지 못한 채 살아간다. 그러다 문득 그 사실이 명백해지고 나서야 깨닫는다.

세상은 우리에게 정상이라는 틀을 제시하고, 우리는 그 틀에 맞추려 자신을 억압한다. 일이나 인간관계를 비롯하여 타인의 기대에 부응하지 못할 때, 우리가 진정으로 바라는 삶에 대한 모든 선택이 수치심, 두려움, 죄책감 등의 감정을 느낀다. 그리고 겉으로는 별문제 없어 보이지만, 결과적으로 자기 파괴적인 행동 패턴을 만들어 내는 함정에 흔히 빠지곤 한다. 더 심각한 것은 우리가 진정으로 원하는 것과 해낼 수 있는 것에 대한 거짓된 생각으로 자신을 속이기 시작한다는 점이다. 물론 시간이 지나면 의식과 무의식에 상관없이 그 생각을 믿어 버린다.

안전한 선택은 언제나 사소한 자기기만에서 시작된다. 탐험가가 단 1°라도 빗나간 나침반을 들고 출발하면, 결국 고향에서 수천 km나 떨어진 곳에 도달한다. 이와 마찬가지로 우리 역시 본래 목적지에서 한참 벗어나고 만다. 엎친 데 덮친 격으로 대다수는 항상 제대로 살고 있는가를 걱정하며 살아간다. 세상이 자신을 그러한 불안 속에 살도록 길들인 까닭이다.

이런 상황에도 실낱같은 희망은 있을까? 물론이다. 모두 쓸데없는 고정관념일 뿐이며, 충분히 극복할 수 있다. 지금까지 입은 상처는 분명 치유할 수 있다. 이렇게까지 장담하는 이유는 나도 안전한 삶의 함정에 빠져 고통받은 적이 있었으며, 그 시절을 극복해 냈기 때문이다.

## 모범의 저주

나에게 그 징조가 보이기 시작한 것은 초등학교 2학년이었다. 정확히는 켈리 선생님이 담임을 맡은 반에서였다. 나는 매주 직접 그린 연재만화를 학교에서 팔았는데, 꽤 뿌듯한 일이었다. 만화의 주인공 클라이드는 사스콰치(Sasquatch)[1]와 팩맨의 유령[2]을 섞어놓은 듯한 외모에 가필드처럼 능글맞은 성격의 소유자였다.

그리고 나는 카드 마술, 스카프가 사라지는 마술, 그리고 모자 마술 등 마술 공연도 주기적으로 선보였다. 그리고 늘 하던 스탠드업 코미디 공연에서는 다음과 같은 농담으로 마무리하곤 했다.

---

1 / 흔히 빅풋(Bigfoot)이라고도 불리는 북미의 전설 속 괴생명체로, 털이 북슬북슬한 거대한 유인원 같은 모습으로 묘사된다.

2 / 인기 게임 팩맨(Pac-Man)에 나오는 네 마리의 유령 캐릭터인 블링키(Blinky), 핑키(Pinky), 잉키(Inky), 클라이드(Clyde)를 말한다.

"이가 52개이고, 괴물이 튀어나오지 못하게 막는 것은 무엇일 까요? … 바로 제 바지 지퍼랍니다!"

솔직히 그때는 농담의 정확한 의미도 전혀 알지 못했다. 그런데도 그 말을 들은 어른들이 하나같이 당황한 기색으로 눈에 띄게 불편해하는 모습을 보는 것만큼은 정말 재미있었던 기억이 생생하게 난다. 나는 별나면서도 상상력이 넘치는 행복한 아이였고, 확실히 나답게 살고 있었다. 켈리 선생님이 제재를 가하기 전까지는 말이다.

선생님은 상업 행위는 교내에서 부적절한 행위이므로 연재만화 판매를 금지했다. 마술 공연이나 스탠드업 코미디 공연 역시 선생님의 눈총을 피할 수 없었다. 나는 겨우 여덟 살이었지만, 선생님은 나뿐 아니라 부모님에게까지 내가 그보다 더 의미 있는 일을 할 수 있을 것이라고 말했다.

그동안 나는 관중 앞에서 창의적인 재능을 세상과 나눌 때의 짜릿함을 사랑했다. 하지만 그 모두를 한순간에 단념해야만 했다. 선생님은 내 삶의 방식이 잘못되었음을 노골적으로 표했으며, 안타깝게도 나는 선생님이 한 말을 곧이곧대로 믿기 시작했다. 내가 무엇을 하고, 어떤 사람이 되어야 하는가에 관해서 선생님의 의견이 내 생각보다 더 중요하게 느껴졌다. 나는 외면받고 싶지 않았다. 당시 나는 너무 어렸기에 내

  〰〰〰〰〰〰  

시간과 에너지를 활용할 결정권이 선생님에게 있어서는 안 된다는 사실을 깨달을 준비가 전혀 되어 있지 않았다.

물론 이변은 없었다. 그날 이후로 나는 눈에 띄지 않으려 애쓰면서 주변에 잘 스며들기 시작했다. 운동도 잘하고 인기도 많은 학생이 되기 위해 노력했고, 그 전략은 고등학교를 마칠 때까지 잘 통했다. 나는 교내 축제에서 인기 스타로 뽑혔고, 미식축구부와 축구부 주장을 맡았으며, 예상대로 치어리더와 사귀기도 했다. 졸업반 조찬 행사에서는 '전형적인 졸업생상'을 받았다. 정확한 의미는 잘 몰랐지만, 썩 좋은 뜻은 아님을 알고는 있었다. 나는 그저 남들의 기대에 맞춰, 지극히 평범하고 틀에 박힌 삶을 살고 있었다. 그야말로 전형적인 삶이었다.

돌이켜보면 나는 대부분 터무니없는 두려움과 사회적 조건화 속에서 살아가고 있었다. 프랑스의 역사학자이자 철학자인 르네 지라르(René Girard)는 이를 '미메시스(mimesis, 모방)'라는 개념으로 설명했다. 그의 이론에 따르면, 우리는 대부분 주변을 둘러보며 다른 사람들이 원하는 것을 그대로 따라 원한다.

우리는 사회적 동물이고, 안전과 정체성은 한때 무리 안에서만 확립될 수 있었다. 따라서 이러한 방식으로 살아가게 된 것은 어쩌면 당연한 일이다. 하지만 모방의 본질을 이해한다면, 모르던 상태로 다시 돌아갈 수 없다. 모방은 어디에나 존재하기 때문이며, 이는 우리가 어느 분야의 개척자에게 열광하는 이유가 되기도 한다. 우리는 그들에게 주목하고, 남들도 마찬가지인 모습에 집중한다. 그리고 우리도 자연스럽게 그들처럼 되기를 바라며, 나아가 타인에게까지 주목받기를 원한다.

진화론의 관점에서 타당하고 이해하기 쉬운 사실이다. 동료의 눈에 띔으로써 우리는 무리에서 뒤처지거나 소외될 위험이 감소하면서, 호랑이에게 잡아먹힐 가능성도 줄어들기 때문이다. 그러나 모방적 욕망에는 두 가지 씁쓸한 진실이 있다.

첫째, 지금 모방적 욕망은 큰 의미가 없다. 우리는 출근길에 다른 동물에게 잡아먹힐 일이 없기 때문이다.

둘째, 모방적 욕망에 따라 살아가는 상황에서는 단 한 번뿐인 소중한 삶에서 진정으로 원하는 것이나 실제로 해낼 수 있는 것을 전혀 고려하지 않는다.

그러니 이 진실을 자각하고, 기존의 틀에서 벗어나 당신이 진정으로 원하는 것을 파악해 보라. 이를 실천하며 삶의 방향을 바로잡는 소수의 사람에게는 보물창고 같은 기회가 펼쳐

　　　　　　　　　　서문 / 불가능을 움직여라

질 것이다. 내가 대학 시절 지라르의 사상을 우연한 계기로 접한 뒤부터 타인의 의견보다 내 목소리를 더 신뢰하는 법을 배우며 나만의 길을 개척했다고 말할 수 있다면 좋겠지만, 안타깝게도 그렇지 못했다.

나는 꿈을 이미 포기해 버린 사람들의 말에 넘어가 자꾸만 내가 꿈꾸던 삶을 포기하곤 했다. 이는 성인이 되어서도 반복되었다. 나는 내면에서 특별하고 남다른 특징을 발견했다. 그 특징은 내 마음에 들 뿐 아니라 스스로 살아 있음을 느끼게 했다. 이는 깊이 빠져들 수밖에 없는 것이었다. 하지만 나는 정해진 순서라도 있다는 듯 어김없이 다른 사람이 생각하는 '내가 해야 할 일'을 내 생각보다 우선했다.

그렇게 나는 관습과 안전이라는 환상에 거듭 끌려가도록 나를 방치했다. 나만의 독특함과 내면의 힘을 스스로 놓아 버린 셈이다. 대학 시절 나는 정말 좋아하던 미술과 문학 공부를 포기하고, 의대 진학으로 방향을 바꾸었다. 누군가 전공을 물어봤을 때 "의대 준비 중이에요."라고 말하는 것이 더 그럴듯해 보였기 때문이다.

처음에는 프로 축구 선수의 길을 포기하고 의대에 진학했다. 그리고 나중에는 대학원으로 진로를 옮겼다. 선발에서 밀리거나 무릎이 망가질 위험을 감수하면서까지 내 가능성을 믿고 도전하기보다, 사회적으로 존경받는 고소득 직업을 선택하는 것이 더 안전하다고 믿었다.

심지어 나는 세계 최고의 사진작가라는 꿈같은 타이틀까지 뒤로하고, 벤처 투자를 받아 스타트업을 운영했다. 당시 스타트업이 유행이었고, 주변에서도 하나같이 경력상 '당연히 밟아야 할 단계'라는 말로 나를 설득했기 때문이다. 솔직히 말하자면, 나 또한 내 결정이 동료에게 만장일치에 가까운 지지를 받을 것임은 이미 알고 있었다.

지난 시절을 되돌아보면, 나는 그 일을 좋아하면서도 회사에서 창출한 영향력에도 자부심을 느꼈다. 하지만 방향을 바꾼 데에는 더 큰 이유가 있었다. 수백만 명이 이용할 플랫폼을 만들고, 큰 재정적 성과를 거둘 사업을 시작해 성장시키는 일은 성취만을 바라봤던 삶에 또 다른 위대한 이정표가 되리라는 계산 때문이었다.

이상은 한두 문장으로 간단하게 설명할 수 있는 가장 손쉬운 자기기만의 사례이다. 하지만 나는 직업과 인간관계 외에도 삶의 여러 영역에서 그러한 타협을 수십 번, 어쩌면 수백 번 되풀이했다. 그때마다 나는 기꺼이, 또는 나도 모르게 내 진실한 마음과 영혼을 타인이 만들어 놓은 익숙한 방식과 맞바꾸었다. 이유는 항상 같았다. 내 꿈이 비합리적이고 비현실적이거나, 내가 그러한 사람이라고 생각했기 때문이다.

정확히 말하자면, 나는 이따금 정면으로 돌파하거나 우회

  〰〰〰〰〰  서문 / 불가능을 움직여라

하는 방식으로 온갖 혼란에서 가까스로 빠져나올 수 있었다. 하지만 그 대가는 하나같이 굉장했다. 어느 선택은 스트레스로 심각한 건강 악화를 불러왔고, 다른 선택은 10만 달러의 학자금 대출을 받게 하는 데까지 이르렀다. 이 외에도 가족 간의 불화, 친구와의 절연, 자존심의 상처, 그리고 마음속에 가볍지 않은 흉터를 남기는 선택도 있었다.

한편으로는 그 모든 고통을 겪었지만, 다른 한편에서는 놀라운 회복이 이어졌다. 그렇게 나는 매번 수많은 괴로움에도 예상치 못한 방식으로 다시 일어섰다. 이제야 그 경험이 결과적으로 내 삶을 정의할 뜻밖의 승리였음을 깨닫는다. 이러한 승리 덕에 나는 이전과 달리 건강과 조화, 충만함이 함께하는 새로운 삶의 장을 하나씩 펼쳐 나갈 수 있었다.

의대와 대학원을 포기한 덕분에 사진 작업에 전념할 시간이 생겼고, 그 뒤로 예상 학자금 대출금의 100배가 넘는 돈을 벌었다. 그리고 스타트업 운영으로 수천만 명의 학생들에게 서비스를 제공했다. 이뿐 아니라 수억 달러의 수익을 창출하고, 기업이 성장하면서 상장사에 인수되는 결과도 이룰 수 있었다. 이 과정에서 팀원들도 금전적인 보상을 받았고, 나도 힘든 길을 걸어온 만큼 보람을 느꼈다. 무엇보다 그 여정에서 맺은 가족 그리고 친구와의 유대는 그동안 놓친 인연과 비교할 수 없을 만큼 소중하다.

한편 상처받은 자존심과 마음의 흉터는 지금의 모습을 향해 발걸음을 내딛게 한 원동력이었다. 완벽한 수준은 아니지만, 이제 나는 남들의 기대에 맞추기 위해 나만의 기준을 포기하려는 유혹을 훨씬 더 빠르게 알아챈다. 앞으로도 완벽할 수는 없겠지만, 최소한 안전한 길을 선택했다가 다시 방향을 바로잡는 악순환은 대부분 끊어 낼 수 있게 되었다. 이 책은 그렇게 탄생했으며, 여기에는 우리 모두의 이야기가 담겨 있다.

## 아르키메데스의 지혜

고대 그리스의 수학자 아르키메데스(Archimedes)는 "충분히 긴 지렛대만 있으면 세상을 움직일 수 있다."라고 말했다. 그 말의 의미는 문자 그대로이며, 광기나 만용, 교만이 불러온 발상은 아니었다. 이는 예술이자 과학으로, 불가능을 상상하는 태도와 자신의 비전을 끝까지 밀고 나가는 실행력을 함께 녹여낸 명언이다.

아르키메데스의 말을 들은 왕은 증명을 요구했다. 당시 세계에서 가장 큰 수송선 한 척을 움직여 보라는 것이었다. 그 수송선은 단순한 배가 아니었다. 소문에 따르면 그 배는 단한 번의 항해 이후로 항구에 처박혀 따개비만 잔뜩 달고 있던 신세였다. 따라서 크기도 굉장하거니와 정박한 기간도 너무 길기에 움직일 수 없는 배라고 여겼다.

명령을 받은 아르키메데스는 작업에 착수했고, 지렛대의 원리를 이용해 혼자서도 조작할 수 있는 도구를 설계했다. 그 뒤 적절한 지점에서 지렛대와 도르래를 이용해 배를 항구 밖으로 완전히 옮겨 다시 바다에 띄웠다. 단 한 명의 인간이 창의력과 지성을 발휘하여 화물과 선원을 가득 실은 대형 수송선을 움직인 것이다. 당시 누구나 구할 수 있는 도구 몇 가지만으로 땀 한 방울 흘리지 않고 말이다. 이것이 바로 지렛대의 힘이다.

그 광경을 목격한 왕은 즉시 아르키메데스를 등용했다. 이후 아르키메데스는 오늘날의 기술자도 감탄할 만한 온갖 종류의 기계를 만들어냈다. 이 모두를 가능하게 한 것은 무엇이었을까? 특별한 자원이나 천부적인 재능 덕분은 아니었다. 행운도, 기발한 아이디어도 아니다. 바로 적절한 순간에 적절한 도구를 적절하게 사용한 결과였다.

태어난 모습과 환경은 달라도, 우리는 저마다 좀처럼 꿈쩍도 하지 않을 것 같은 장애물과 마주한다. 이 장애물을 움직이려면 지렛대, 즉 그것을 옮길 강력한 수단이 필요하다. 하지만 우리를 한계까지 밀어붙이는 것은 단지 외부의 문제만은 아니다.

내부에서의 문제는 때때로 매우 집요하게 우리를 옭아맨다. 우리는 타인의 시선을 지나치게 신경 쓰면서 어울리지 못할 것을 두려워하고, 사랑받지 못할까 걱정한다. 또한 타인의 기대를 저버릴까 조심스러워하고, 모두가 보는 앞에서 망신을 살까 겁내기도 한다.

따라서 우리는 각자만의 '움직이지 않는 배'를 움직여 꿈꾸는 삶을 향해 나아가려면 으레 거창하고 복잡한 해법을 찾아야 한다고 상상한다. 하지만 전혀 그렇지 않다. 시간이 지나고 나서 내가 깨달은 것이자, 당신도 공감하기를 바라는 사실은 바로 우리 삶의 방식이 다음과 같이 단 두 가지로 나뉜다는 것이다.

내적으로 성장하거나, 서서히 죽어간다.

주도적으로 살거나, 방어적으로 움츠러든다.

자신과 조화를 이루거나, 그렇지 못하고 삐걱댄다.

무언가에 마음을 걸고 뛰거나, 안전한 길만 고르며 걸어간다.

그러다 어느 날엔가 잠시 멈춰 서서 조용히 귀 기울이면, 우리 안에서 들려오는 작은 속삭임이 항상 존재했음을 알게 된다. 그 목소리는 언제나 우리를 본래의 모습으로 이끈다.

 　서문 / 불가능을 움직여라

이것이 내가 여전히 공부하는 삶의 작동 방식이다.

조심스럽게 산다고 실수를 피할 수 있는 것도 아니고, 자신을 잃지 않는 것도 아니다. 오히려 그 반대다. 신중함이 과하면 정체나 불만족에 시달리며 살아간다. 안전은 본질적으로 신기루와 같다. 안전이 실존하는 것 같고, 충분히 실현할 수 있으며, 손만 뻗으면 닿을 듯한 진실처럼 보이지만 결국은 거짓일 뿐이다. 더 안전하고 신중한 삶을 추구하다 보면, 우리는 그 과정에서 다른 실수를 저지르는 것 외에도 더 나쁜 방식으로 자신을 잃을 것이다.

그러므로 우리 안에 있던 수단을 활용하여 배움으로 빠르게 회복하고, 담대한 마음가짐으로 실수를 받아들이는 것이 우리의 궁극적인 목표이다. 자신을 몰아세우거나 원래 가야 할 길을 포기할 필요까지는 없다. 그저 우리가 삶의 방향을 바로잡을 수 있고, 그러할 것이라는 믿음이면 된다. 이처럼 놀랍도록 실용적인 지혜를 당신과 나누고자 한다. 당신은 생각보다 훨씬 더 강하고 유능한 사람이니, 지금이야말로 그 사실을 믿고 자신을 신뢰할 용기를 낼 때다.

삶의 어려움을 극복하고 싶거나, 한때는 불가능하다고 여겼던 삶을 새롭게 일구고자 한다면 반드시 기억할 것이 있다. 바로 당신 안에도 아르키메데스의 지렛대와 같은 힘이 있다는 것이다. 다만 그 힘은 온 세상이 아닌, 당신만의 세상을 움직이는 데 한한다. 이 과정은 최신 유행이나 인생 요령을 좇거나, 최고의 학벌이나 직업, 인간관계 등 외적 명성을 위한 분투에서 시작되지는 않는다. 변화는 내면에서 이루어지며, 모든 것은 당신에게서 시작된다.

흔히 고유한 DNA 조합과 어린 시절부터 지금까지의 삶의 경험이 더해진 존재는 세상에 단 하나뿐이며, 당신이라는 사람은 400조 분의 1의 확률로 태어난 특별한 존재라고 말한다. 그렇다면 지금까지 당신과 똑같은 사람이 존재한 적이 없으며, 앞으로도 그러할 가능성도 마찬가지라는 뜻이다.

계산의 정확성을 수학적으로 따질 것도 없이 '당신은 유일무이한 존재'라는 메시지 자체는 매력적이다. 하지만 이상하게도 우리는 그 말에서 용기를 얻지 못하고 주저하기만 한다. 단 한 번뿐인 소중한 삶을 의미 있게 보내면서 걸작을 창조할 기회를 얻었다는 사실에 영감을 받기보다는, 거의 순진무구하다고 할 만큼 무해한 방식으로 가능성을 포기해 버린다. 그렇게 우리는 목적 있는 삶이 주는 혜택을 놓치고 만다. 우리는 결국 자신의 강점과 관심사를 바탕으로 한 풍요롭고 인간적인 삶 속에 세상을 더 나은 방향으로 이끌어갈 힘을 기르지 못하고, 오히려 사회의 기준에 억지로 끼워 맞추는 데 익숙해지는 것이다.

하지만 당신도 정해진 틀을 깨고 자기만의 길을 걸어가는

 〰〰〰〰〰 

사람을 알고 있을 것이다. 그들과 함께 있다 보면 그러한 특징을 자연스럽게 느낄 수 있다. 그들은 어딘가 '생기가 넘쳐' 보이기 때문이다. 정말 특별한 카리스마가 아닐 수 없다. 이것이 바로 사람을 끌어당기는 힘이다.

이 책에서는 그러한 사람에 관한 수십, 어쩌면 수백 편의 이야기가 등장할 것이다. 그중에는 당신이 이미 알고 있는 인물도 있을 것이고, 초면인 사람도 있을 것이다. 한가지 당부하자면, 이 책에서는 비범한 일을 해낸 사람, 즉 특별한 결과를 만들어 낸 사람의 이야기를 소개하고 있다. 하지만 그 결과 자체에 집중하지 않기를 바란다. 배우 짐 캐리(Jim Carrey)는 다음과 같이 말했다.

"모든 사람이 한 번쯤은 부자가 되고, 유명해지고, 원하는 것을 모두 이루어 봤으면 좋겠어요. 그래야 그게 답이 아니라는 걸 깨달을 테니까요."

그의 말이 옳다. 이 책에서는 돈이나 명성, 물질적 성공, 혹은 외부의 인정을 다루지 않는다. 우리는 모두 내면에 '마법 같은 힘'을 지니고 있다. 내향적이든 외향적이든, 체구나 외모, 성적 지향, 피부색, 배경이 어떻든 상관없다. 우리는 모두 평범하다. 단지 모든 면에서 특별한 삶을 살아 낼 능력을 지니고 있다는 사실을 기억해 내는 중일 뿐이다.

어쩐지 〈오즈의 마법사(The Wizard of Oz)〉가 떠오른다. 우리가 기억하는 장면은 도로시가 눈을 감고, 구두 굽을 세 번 부딪치며 "집만 한 곳은 없어."라고 말하는 순간일 것이다. 하지만 그 못지않게 중요한 장면이 있다. 마법사가 도로시를 도와줄 수 없게 되자, 착한 마녀 글린다가 그녀에게 건넨 말이다.

"당신에게는 더 이상 도움이 필요치 않아요. 처음부터 당신에겐 캔자스로 돌아갈 힘이 있었거든요."

도로시가 왜 그 사실을 아무도 알려 주지 않았냐고 묻자, 글린다는 다음과 같이 덧붙인다.

"스스로 그 사실을 깨달아야만 당신 안에 그 힘이 있다는 걸 진짜로 믿게 되니까요."

당신도 마찬가지다. 그러니 이제 내면의 자원과 당신만의 힘을 표출하고 활용하는 실질적인 방법에 집중해 보자. 내가 판단할 문제는 아닐 것임은 알고 있다. 다만 당신이 바라는 외적 성취는 모두 내면을 들여다보면서 자신이 누구인지 재발견하고, 당신 안의 수단을 활용할 때 비로소 따라오는 결과

 　　　　　　　　　　서문 / 불가능을 움직여라

일 뿐이다.

나는 그 수단에 대한 그동안의 지식을 모두 나누려 한다. 지금부터 나는 우리 자신은 물론 그 수단마저 신뢰하지 못하는 이유와 타고난 힘을 재발견할 방법을 이야기할 것이다. 이들은 모두 사랑할 만한 삶을 스스로 만들어 가기 위해서이지만, 그러한 삶이 결코 쉽다고 할 수는 없다. 애초에 노력 없이 얻을 수 있는 탁월함이란 존재하지 않는다. 그러나 내면의 수단을 활용하는 원칙 위에 바로 선다면, 세상이 강요하는 이야기를 그대로 따르지 않고 당신만의 이야기를 주도적으로 써 나갈 수 있을 것이다.

그 여정에 발을 디딜 수 있도록 세계에서 가장 흥미로운 인물의 전략과 아이디어, 그리고 내가 직접 겪으며 얻은 교훈과 통찰로 그것을 어떻게 실현할 수 있는가를 보여 줄 것이다. 하지만 이 책의 목표는 당신에게 그 사람처럼 살라고 하거나, 특정한 길을 따르라고 말하는 데 있지 않다. 오히려 아르키메데스처럼 단순하면서도 정확하게 겨냥된 행동으로 크나큰 결과를 만들어 낼 수 있음을 제시하면서 당신도 가능성을 펼칠 수 있음을 상상케 할 것이다.

내 경험에 따르면, 인생에는 기본적으로 일곱 가지 지렛대가 있으며, 이를 조합하는 방식은 수천 가지에 이른다. 각 장에서는 하나의 지렛대에 초점을 맞추어 당신의 한도 내에서 원하는 것을 더 많이 끌어내는 방법을 설명할 것이다. 활용법은 전적으로 당신에게 달려 있으며, 그 결과는 당신만의 여정에 따라 독특하게 펼쳐질 것이다. 인생의 지렛대에 관한 개요는 다음과 같다.

● **관심**(Attention, 제1장)

인간에게 주어진 가장 강력한 능력이다. 사랑스러운 삶을 향한 첫걸음은 관심을 능숙하게 조절하고 방해 요소를 멀리하는 것에서 시작된다. 삶의 경험은 당신이 무엇에 집중하느냐에 따라 결정되며, 이는 전적으로 당신이 선택할 수 있다.

● **시간**(Time, 제2장)

시간은 통념과 달리 매일 일정한 속도로 우리를 죽음 속에 몰아넣는 컨베이어 벨트가 아니다. 당신도 무엇을 어떻게 하고, 함께하는 대상이 누구인가에 따라 시간이 길어지거나 짧아지는 경험을 한 적이 있을 것이다. 따라서 몰입(flow)의 순간도, 원하는 일을 할 수 있는 시간도 언제든지 얻을 수 있다. 그 모두가 당신의 손이 닿는 곳에 있다.

● **직관**(Intuition, 제3장)

직감은 가장 소중한 수단임에도 우리는 그것을 믿지 말고 외면하라고 배워 왔다. 하지만 이제는 달라져야 한다. 정확한 의미야 어떻든 천편일률적인 성공이라는 지도를 버리고, 내면의 나침반을 따라 살아갈 준비를 해야 할 때다.

### ● 제약(Constraints, 제4장)

세상은 우리에게 한계를 부여한다. 하지만 대담하고 창의적인 삶을 여는 데 우리 스스로 부여하는 한계와 제약은 오히려 강력한 이점이 될 수 있다. 이 책에서 소개하는 여러 사례를 통해 지금껏 자신을 가로막았던 것들이 강력한 무기가 될 수 있음을 깨달을 것이다.

### ● 놀이(Play, 제5장)

놀이는 보드게임이나 공작 활동처럼 단순하지도 않거니와 아이들의 전유물도 아니다. 놀이를 즐기는 자세는 삶을 움직이는 원동력임을 명심하면서 그 사실을 만끽하라. 일상의 모든 순간에서 기쁨과 에너지를 되찾을 때, 더 나은 결과를 만들어 내어 인생을 더욱 넓은 시야로 바라볼 수 있을 것이다.

### ● 실패(Failure, 제6장)

지금이야말로 실패를 완전히 새롭게 정의할 때다. 실패는 성공으로 가는 디딤돌이다. 이는 '무지개 끝에 황금 항아리가 있다

(Pot of gold at the end of the rainbow).'라는 상투적인 의미는 아니다. 인생은 실수를 피하는 것이 아니라, 실패를 겪더라도 빠르게 회복하여 자신을 다시금 믿는 법을 끊임없이 배우는 과정이다.

● **실천**(Practice, 제7장)

실천은 지금까지 이야기한 모든 요소를 하나로 묶는 개념으로, 꾸준히 행동하는 법을 익히고 실천하는 기술이다. 원하는 것을 생각하는 것만으로는 부족하다. 당신의 하루를 채우는 행동이 당신의 삶을 만들어 간다. 따라서 무엇을, 어떻게 실천하는지가 결정적인 차이를 만든다.


꼭 이렇게 읽어야 한다고 강요하고 싶진 않지만, 처음에는 책 전체를 읽어 보자. 그중에서도 가장 핵심적인 지렛대에 더 집중해서 읽기를 추천한다. 특히 당신의 마음에 울림이나 영감을 주는 부분에 주목해 보자. 그래야 당신 자신뿐 아니라 욕망과도 다시 연결될 수 있으며, 자신과 삶에 대한 기대치도 새롭게 설정할 수 있다.

가장 어려워 보이는 것과 쉽게 다가갈 수 있는 것 중 무엇을 시작할지는 당신의 자유이다. 사실 어느 쪽을 선택하더라도, 각 지렛대를 사용하는 법을 하나씩 배워 나가며 모든 요소가 서로 맞물려 있음을 깨달을 것이다. 그러면 책 전체에 걸쳐 반짝이는 지혜의 조각을 하나씩 발견할 수 있다.

당신은 이 책을 통해 여러 가지 변화를 시도하면서 등에 짊어진 짐을 덜어낸 듯한 해방감을 느낄 수 있다. 하지만 책 속에서 배우고 실천할 만한 내용은 모두 처음부터 재미있게 다가오지는 않을 것이다. 처음부터 자신의 제약을 설정하는 일이 즐겁지 않기 때문이다. 아마 마음속으로 "난 전부 다 원한단 말이야!"라고 부르짖지 않을까 한다.

하지만 타인의 부정적인 영향에서 벗어나는 법을 배우면, 당신의 삶에 여유가 생기면서 실패할 자유를 얻을 수 있다. 또한 실천은 곧 힘든 일이라 느끼면서 부담을 주는 표현이라 생각할 수도 있다. 막상 그 내용을 다루는 장을 읽는다면, 원하는 삶으로 향하는 데 핵심이 되는 쉽고 간단한 습관을 쌓는 방법에 관한 통찰이 가득함을 알 것이다.

그 뒤부터는 한 단계 더 성장하고 싶을 때, 정체되었음을 느낄 때마다 이 책을 참고서로 다시 꺼내 들 것이다. 자신을 다시 믿는 법을 떠올리고 싶다면, 직관에 관한 내용을 통해 중심을 잡고 정상 궤도로 돌아올 수 있을 것이다. 한편 스마트폰 화면을 들여다보는 데 너무 많은 시간을 허비하고 있다면, 관심을 다룬 장을 다시 펼쳐 보자. 삶의 의미를 잃어버린 듯 버거움을 느낄 때마다 놀이가 당신을 다시 일으켜 줄 것이다.

이 책은 누구에게나 들어맞는 설계도가 아니며, 그저 어떠한 삶이 가능한가를 보여 주는 밑그림과 같다. 결국 삶은 각자가 만들어 가는 것이다. 우리는 익숙한 삶의 방식과 고정된 틀에 갇혀 남들이 정한 규칙을 따르거나, 과감하게 자신만의 방식으로 삶을 설계해 나갈 수도 있다. 무엇보다 나는 이 책이 당신에게 삶이란 어떠해야 한다고 단정 짓는 것이 아닌, 삶에도 다양한 형태가 있다는 가능성을 보여 주는 수단이 되기를 바란다. 당신이 사랑할 수 있는 삶을 위해서 말이다.


## 두 번째 삶

브랜던에게서 전화가 걸려 온 적이 있었다. 나는 잠결에 흐릿한 눈을 깜빡이며 침대에서 몸을 일으켰다. 창밖을 보니 아직 해가 뜨기도 전이었다. 브랜던은 왜 새벽 5시부터 나에게 전화를 걸었을까? 나는 비몽사몽간에 브랜던에게 답했다.

"응. 왜 그래? 무슨 일 있어?"

시애틀은 새벽 5시 5분이었다. 브랜던은 미국 동부 출신이자 세계를 누비고 다니던 사람이었다. 그는 늘 우리가 친구로 지내던 오랜 시간 동안 시차 개념을 잊어버린 채 전화를 걸곤 하였다. 하지만 그것은 오히려 내게 정겹게 느껴졌고 나는 그런 브랜던의 모습이 좋았다. 그는 내 말에 생기 넘치는 목소리로 말을 분주하게 늘어놓기 시작했다.

"있잖아, 나 지금 가나 아크라의 한 마을 광장에 서 있는데, 어떤 청년이 나를 불러 세우는 거야. 그러더니 네 팟캐스트랑… 크리에이티브라이브(CreativeLive)에서 날 본 적이 있다고 하더라고. 자기 꿈이 아프리카 사진 문화를 완전히 바꾸는 거래."

그 청년의 이름은 폴 닌슨(Paul Ninson)이었다. 몇 해 전, 스무 살이었던 그는 여자친구와 혼전임신으로 아이를 낳았다. 그 일은 깊게 뿌리 내린 문화적 신념에 따라 양가 가족에게 큰 수치가 되었고, 이에 폴은 인생이 다 끝나 버렸다고 생각했다. 가난한 집안에서 자란 그에게 아이를 키울 돈은커녕 뾰족한 수조차 없었다.

그럼에도 그는 학교 수업이 끝나고 남는 시간에 돈을 벌어 생계를 유지하려 애썼다. 처음에는 티셔츠를 인쇄해 팔았는데, 어느 날 결혼식 사진을 촬영하는 친구가 단 몇 시간 만에 티셔츠 100장을 판 돈보다 더 많은 금액을 버는 모습을 보았다. 그 순간 그는 카메라를 구해 사진을 배워야겠다고 결심했다.

폴이 브랜던에게 다가갔을 무렵, 그는 이미 수년째 내 팟캐스트를 듣고 있었다. 그리고 크리에이티브라이브의 열혈 수강생이기도 했다. 크리에이티브라이브는 내가 7~8년 전에 창작자와 기업가를 위해 시작한 온라인 학습 플랫폼으로, 전 세계 170개국에서 수백만 명이 이용하고 있었다.

그때만 해도 알지 못했지만, 폴은 사진에 푹 빠져 있었다. 그리고 사진이야말로 자신의 삶을 바꿀 결정적인 수단이라는 확신에 차 있었다. 그는 살던 곳을 정리했다. 또한 가진 것, 심지어 휴대전화까지 모조리 팔아 첫 전문가용 카메라를 살 돈을 마련했다. 이후 매일 사진을 찍으며 세상을 새로운 시선으로 바라볼 수 있도록 주의력을 단련했다. 그는 언젠가부터 행사 사진 촬영을 그만두고, 아프리카인의 시선으로 아프리카의 이야기를 전하면서 생계를 이어 나갈 수 있는 미래를 그려 가고 있었다.

그는 무일푼이었음에도 배움과 성장을 거듭하며, 활동 중인 예술가와 교류할 수 있는 환경으로 끊임없이 진입하고자 했다. 한번은 그가 사는 마을에서 수도 아크라까지 이동해 전문 사진작가 모임에 참석하려 했다. 하지만 폴의 카메라는 값싼 편이었으며, 변변한 포트폴리오도 없다는 이유로 문전박대를 당했다. 그는 크게 낙담했지만, 포기하지 않았다. 폴은 계속해서 사진을 배우고 기술을 다듬었다.

그의 결심은 확고했다. 폴은 당시 전 재산이었던 600달러

 　〰〰〰〰〰　서문 / 불가능을 움직여라

를 들고 케냐로 향했다. 그는 케냐에서 남편의 폭력을 피해 작은 마을을 세운 여성 공동체를 다루는 다큐멘터리 프로젝트에 참여했다. 프로젝트를 마치자 폴은 기뻐했다. 마침내 잡지나 웹사이트를 대상으로 돈이 될 만한 이야기를 손에 넣었다는 생각 때문이었다. 하지만 수없이 이메일을 보내고 전화도 걸었지만, 그의 작품에 관심을 보인 이는 아무도 없었다.

그때 폴은 실패감을 느꼈다. 하지만 그날, 폴은 운명처럼 아크라 광장에서 브랜던을 마주쳤다. 브랜던은 보통 사진작가가 아니었다. 그는 현대 사진사에서 가장 인상적이면서 야심 찬 성공적인 프로젝트로 손꼽히는 〈휴먼스 오브 뉴욕(Humans of New York, HONY)〉의 창작자였다. 폴은 이 사람, 즉 진짜 예술가에게 자신의 작업물에 의미 있는 피드백을 받을 수 있으리라 직감했다.

하지만 브랜던과의 만남은 단순한 배움의 기회를 넘어서는 방향으로 흘러갔다. 브랜던은 으레 누군가를 처음 만날 때와 같이 폴에게 질문을 던지기 시작했다. 그는 폴에게 사진을 시작한 계기와 삶에 관해 물었다. 대화가 이어지던 중, 폴은 브랜던에게 케냐에서 찍은 사진을 보여 주었다. 이들 사진은 폴이 과거에 '당신은 진짜 사진작가가 아니다.'라는 평가를 받으며 거절당한 것을 시작으로 준비한 포트폴리오였다. 그는 어디를 가더라도 항상 포트폴리오를 품에 지니고 다녔다.

브랜던은 곧바로 폴의 작품에서 뛰어난 완성도를 알아보았다. 사진에는 솔직함과 진정성이 깃들어 있었고, 카메라를 통해 담아낸 감정이 생생하게 살아 있었다. 각각의 사진은 한 장의 프레임 안에 한 편의 이야기를 통째로 담고 있는 듯했다. 브랜던은 폴의 작업물뿐 아니라, 제한적인 자원으로 이뤄낸 그의 성취에 놀라움을 감추지 못했다.

한편 폴은 거리에서 자신이 존경하는 예술가인 브랜던과의 우연한 만남 이후, 특별한 인연이 맺어졌음을 직감으로 느꼈다. 하지만 그 만남으로 이어질 결과에 과한 기대는 품지 않으려 했다. 그는 이미 업계에서 여러 번 상처를 받은 적이 있었고, 사진작가가 되겠다는 꿈은 어리석은 짓이라는 말을 수없이 들어왔기 때문이다.

브랜던이 아프리카에서 돌아온 후, 우리는 저녁을 함께하며 그의 여행과 폴과의 놀라운 만남에 관해 이야기했다. 그날 저녁 식사 자리에서 브랜던은 폴이 국제사진센터(International Center of Photography, ICP)의 권위 있는 프로그램에 지원했다는 사실을 전했다. 폴은 디렉터 펠로우십(Director's Fellowship)과 조지 모스 메리트 장학금(George Moss Merit Scholarship)을 모두 받았지만, 이들 장학금으로도 학비가 충당되지 않는 상황이었고, 결국 금전적인 문제로 폴의 합격은 무효 처리되었다고 했다.

브랜던의 눈빛과 말투를 살펴보면서, 나는 그가 모종의 계획을 준비했음을 눈치챘다. 폴의 작업물을 잘 아는 전문가인 우리가 어떻게든 그의 입학 허가를 되살릴 수 있도록 도움을 준다면 어떨까? 어쩌면 남은 등록금 납부에 힘을 보태면서, 나아가 그에게 일을 맡길 수도 있지 않을까? 그렇게 브랜던과 나는 계획을 세우기 시작했다.

우리는 폴의 허락을 받아 국제사진센터에 그의 입학 허가를 복원해 달라는 추천서를 쓰기 시작했다. 계획은 기적적으로 성공했다. 장학금과 더불어 브랜던은 자신이 촬영 중이던 연작의 보조를 폴에게 맡기면서 소액의 수당을 지급했다. 그 덕에 폴은 마침내 뉴욕으로 이주하여 정식 사진 교육을 받으며 꿈을 향해 나아갈 기회를 손에 넣었다.

그 시절은 폴에게 배움의 때였다. 그동안 폴은 배움 속에서 최대한 많은 것을 얻어내고자 시간을 묵묵히 쏟아부었다. 수업을 들으면서도 독학과 브랜던과의 작업을 병행했다. 폴은 브랜던의 보조로 일하는 동안 뉴욕 거리에서 사람들의 이야기를 담아내는 대가의 모습을 곁에서 지켜보았다. 이처럼 그는 오롯이 자신의 꿈을 실현하는 데만 집중했으며, 이는 완벽한 견습 과정이었다.

폴은 뉴욕 공립도서관에서 공부하기를 좋아했다. 그는 매일 빠짐없이 그곳을 찾았고, 방대한 지식의 보고 앞에서 "이곳에는 세상 모든 책이 다 있었어요.”라면서 늘 감탄을 금치 못했다. 그는 특히 가나를 촬영한 사진으로 가득한 책들을 발견할 때, 놀라움을 금치 못했다. 그리고는 “제가 사진을 배울 때 그 책들을 볼 수 있었다면, 정말 큰 도움이 되었을 거예요.”라고 말했다. 그리고 폴은 뉴욕 시내의 중고 서점을 돌아다니며 아프리카 사진을 다룬 책이라면 닥치는 대로 사 들였다.

브랜던과 함께 작업하며 번 돈은 대부분 아프리카에 있는 딸에게 보냈다. 또한 그는 사진을 배우며 책을 점점 더 사랑하게 되었는데, 남은 돈은 책을 사는 데 썼다. 폴은 자신에게 주어진 모든 기회를 최대한 활용해 배우고 성장하며, 한때 자신을 포함한 누구도 가능하다고 생각하지 않았던 삶을 스스로 만들어 가고 있었다.

하지만 뉴욕에서의 나날은 순탄치 않았다. 폴이 마주한 어려움은 단지 경제적인 문제에 그치지 않았다. 외국인이자 유색인종이라는 이유로 그는 학교 안팎은 물론 사진작가로 훈련받는 과정에서도 지속적인 인종차별을 겪었다. 누군가는 그와 악수하기를 거부했고, 다른 이는 면전에서 “아프리카로 꺼져라!”라고 소리치기도 했다. 심지어 출근길 지하철에서 그에게 돈을 건네며 “뭐라도 좀 사 드세요.”라고 동정하는 사람도 있었다.

 〰〰〰〰〰〰 서문 / 불가능을 움직여라

하지만 폴은 멈추지 않았다. 그는 국제사진센터 프로그램 수료를 눈앞에 두고 있었다. 그때 인생의 대본을 직접 쓰기라도 한 것처럼, 세상이 활짝 열리는 듯한 순간이 폴에게도 찾아왔다. 권위 있고 고료도 높은 사진 작업 의뢰가 하나둘 이어졌고, 그는 하룻밤 사이에 늘 꿈꾸던 삶으로 상황이 역전되었다. 아크라에 있을 때만 해도 도저히 닿을 수 없을 것만 같았던 삶이었다.

이제 그는 딸 엘라에게 충분한 생활비를 고향으로 보낼 수 있었으며, 상업 사진 작업 의뢰도 점차 늘어났다. 그리고 브랜던의 프로젝트에서도 중추적인 역할을 맡게 되었다. 이를 통해 그의 삶은 물론, 자신이 어떠한 가능성을 지닌 존재인가에 관한 인식 또한 완전히 새로운 차원에 이르렀다.

포기의 순간은 몇 번이고 폴을 찾아왔다. 폴은 삶의 고통과 마찰, 두려움에 굴복하여 안전한 길을 선택할 수도 있었다. 그러나 그는 자세를 굽히는 법이 없었다. 오히려 집중력과 시간을 온전히 사진 기술을 연마하는 데 쏟았다.

또한 자신이 원하는 삶을 위협하는 경제적, 문화적, 지리적 제약을 정면으로 돌파해 나갔다. 그 결과 폴은 자타가 인정할 만한 눈부신 성공을 거둔 사람으로 거듭났다. 그렇게 그는 오래전 가나에서 처음으로 사진에 반했던 순간부터 꿈꾸던 대담하고 창의적인 삶을 계속해서 이어 갈 준비를 마쳤다. 이상으로 소개한 폴의 삶과 잘 들어맞는 말이 있다.

"우리는 두 번의 삶을 산다. 삶이 단 한 번뿐이라는 사실을 깨
닫는 순간, 두 번째 삶이 시작된다."

폴의 두 번째 삶은 그렇게 시작되었다. 그리고 이 책과 함
께라면 당신의 두 번째 삶도 새롭게 시작될 것이다.

# LEVER
## 1

관심:

고뇌를 이기는 시선

NEVER PLAY IT SAFE

NEVER PLAY IT SAFE

〰〰〰〰〰 우리는 모두 태어나는 순간부터 관심을 받지 않고서는 생존할 수 없는 존재다. 이러한 점에서 아기는 생존을 갈구하는 생물이나 다름없다. 조그만 체구에 옹알이하다 울거나, 눈을 마주치면서 어떻게든 어른의 관심을 끌어야 한다. 그렇지 않으면 생존할 수 없다. 품에 안기며 한숨을 내쉬는 순간까지 아기가 보내는 메시지는 분명하다.

**"밥 줘!"**

**"안아 줘!"**

**"노래 불러 줘!"**

**"사랑해 줘!"**

그리고 우리가 이들 요청에 응답할 때, 아기의 몸과 마음이 건강하게 성장하면서 유대를 쌓는다. 나아가 살아 있는 동안 다른 사람과도 관계를 맺어 간다.

하지만 아기가 부모를 비롯한 양육자에게서 신체적 접촉과 정서적 교감이 충분치 않다면, 영양 상태가 좋아도 삶의 첫 단계를 넘기기 어렵다. 그 예로 1980~1990년대 루마니아의 보육원은 마치 무균 병동처럼 수천 명의 버려진 아이들이 갇혀 지내던 비극의 공간이었다. 물론 그곳의 아기들에게 식사와 의료 혜택이 제공되었으나, 사육장처럼 기계적인 절차에 불과했다. 보육원에서는 누구도 아기들을 안아 주거나 달래지도 않았다.

그렇게 몇 달, 몇 년씩 홀로 침대에 누워 지낸 아기들은 대부분 걷거나 말하는 법을 배우지 못했다. 이처럼 유아기에 충분한 보살핌과 관심을 받지 못한 아이들은 보육원을 벗어나더라도 평생 건강 문제와 심각한 애착 장애에 시달릴 수밖에 없었다. 안타깝게도 많은 아이가 보육원 측의 방치로 목숨을 잃기도 했다.

물론 아이들만 관심을 갈구하지는 않는다. 세상은 일터뿐 아니라 가정과 온라인에서 끊임없이 관심을 갈구하는 어른으로 넘쳐난다. 우리 모두 타인의 관심을 바란 적이 한 번쯤 있지 않았는가? 사랑받거나, 칭찬을 듣거나 친구가 되려는 목적으로, 아니면 SNS에서 '좋아요'나 팔로워 수를 늘리기 위해서 말이다. 이처럼 우리는 허공에 "나 좀 봐줘!"라고 외치며 터무니없이 많은 시간과 에너지를 쏟아붓는다.

나이와 문화를 막론하고, 우리는 관심을 향한 본능을 시도 때도 없이 드러낸다. 우리는 그 외에 다른 길은 없다고 믿도록 길들어 왔다. 주목을 받는 것만이 자신을 드러내어 변화를 만들고, 연인을 만나거나 직장에서 승진하고, 사업을 일구거나 타인과 관계를 맺는 방법이라고 배워 왔기 때문이다. 이 세상에서 관심이란 모든 일의 핵심이다.

그런데 지금까지 관심에 대해 알고 있던 것이 모두 틀렸다고 말한다면 어떻겠는가? 어른이 된 지금, 당신이 제자리걸음을 반복하며 틀에 갇혀 안전한 길만 선택하는 이유가 바로 관심을 갈망하는 태도 때문이라고 한다면 말이다. 우리는 이러한 모습을 너무나 흔하게 봐 왔다.

고등학교 시절 인기 많고, 큰 목소리로 속사포로 떠들며, 짓궂은 농담을 던지던 아이가 성인이 되어 다시 한번 그 만족감을 잠깐이라도 느끼기 위해 중요한 자리를 차지하려고 경쟁하는 모습 말이다. 자녀의 성취를 통해 자신의 가치를 증명하려는 부모도 있다. 그들은 사람들에게서 정말 좋은 부모라는 말을 듣기 위해, 의사, 변호사, 엔지니어 등 사회에서 선호하며, 성공의 표상이라 여기는 직업을 아이에게 끊임없이 강요한다.

그런가 하면 수백만 명의 시선을 끌어모으기 위해 아예 소셜 미디어 플랫폼을 통째로 사 버리는 괴짜 억만장자를 떠올려 보자. 아니면 본인이 아침으로 무엇을 먹었는지 봐 달라는 인플루언서는 어떤가. 이처럼 관심을 갈구하는 본능은 끊임없이 반복된다.

관심을 추구하고, 어느 정도의 주목을 받고 나면 더 많은 관심이나 다른 유형의 것을 갈구하는 흐름이 수없이 반복된다. 그 목적이 인정받고 자신만만해지는 것이든, 생물학적 본능에서 비롯되었든 우리는 언제나 더 많은 것을 원한다. 인간은 본래 사회적 동물이기 때문이다.

하지만 더 나은 길이 있다면 어떨까? 아래와 같은 방법들을 떠올려 보자.

- 끊임없이 타인의 관심을 끌기 위해 애쓰는 대신, 그 에너지의 흐름을 바꾸어 자신의 관심을 다루는 법을 배우기
- 의식이 깨어 있는 상태로 살아가기
- 관심의 범위를 좁혀 현재에 집중하는 능력을 강화하기
- 눈앞의 과제에 집중하면서도, 언젠가 당신의 목표와 꿈을 이룰 먼 미래의 일을 놓치지 않기
- 당신이 사랑하거나 관심 있는 사람의 말을 진심으로 경청하기
- 사람들이 말하는 동안 다음에 할 말을 머릿속으로 정리하지 않더라도 그들의 말과 생각 및 감정에 온전히 집중하기
- 관심을 효과적으로 활용하여 곁에 있는 모든 이에게 '진심으로 당신을 보고 있으며, 당신의 말에 귀 기울이고 있다.'라는 강력하고도 분명한 메시지 전달하기
- 스마트폰과 별 도움이 되지 않는 뉴스, 제멋대로 구는 직장

상사, 어제 저녁 식사 자리에서의 실수, 지긋지긋한 출퇴근 길 교통체증을 포함한 방해 요소에 단호하게 대처하거나 아무렇지 않은 듯 무시하기
- 비유적으로, 또는 문자 그대로 일상의 온갖 소음을 차단하는 것을 양치질처럼 익숙하고 자연스러운 일로 습관화하기
- 관심을 능숙하게 다루면서 삶에서 통제 가능한 모든 영역을 온전히 스스로 주도하기

이것이야말로 진정한 변화가 아닐까. 오늘날 우리는 무분별하게 관심을 퍼주는 일에 기꺼이 동참하고 있다. 집중할 대상을 스스로 결정할 필요가 없기 때문이다. 온라인에 접속하는 순간, 알고리즘은 우리의 뇌를 장악한다. 그러다 문득 정신을 차렸을 때는 몇 시간이 훌쩍 흘러 버렸지만, 그동안에 딱히 얻은 것은 없다.

우리는 이미 답을 알고 있다. 화면에서 시선을 돌리고, 밖으로 나가 사람들과 교류하며, 잠도 충분히 자야 한다는 것을 말이다. 하지만 새로운 뉴스와 밈, 유행 또는 바이럴 영상을 놓칠까 불안해하며 스마트폰을 하루 평균 144번 확인한다. 당신의 관심이 매끄러운 유리판이라면, 기술은 그것을 산산조각으로 부숴 버린다.

하지만 우리를 계속 빠져들게 만드는 정교한 사용자 경험

    LEVER 1 / 관심: 고뇌를 이기는 시선

(User Experience, UX)을 설계한 기술자들을 탓하기 전에, 우리 역시 이 상황에 일조하고 있다는 사실을 먼저 인정해야 한다. 관심의 문제에서 우리는 즐거움을 탐닉한 나머지 현실을 외면하고, 몰아치는 이미지와 정보의 공세에서 벗어나기를 거부하며 안전한 길을 택하고 있는 셈이다. 이 현상을 연구해 온 과학자들은 불안을 달래기 위한 기술의 활용이 결국 크고 새로우며, 또 다른 불안을 양산하는 악순환을 낳는다고 경고해 왔다.

따라서 그저 흘러가는 대로가 아닌, 직접 설계한 삶을 살고자 한다면, 기술의 전쟁터에서 한발 물러나기로 마음먹어야 한다. 알고리즘이라는 지뢰밭을 헤쳐 자신과 마주함으로써 진정으로 원하는 것이 무엇인지 찾아내야 한다. 물론 다음과 같이 말할 수도 있겠다.

"나도 그냥 남들처럼 살고 있을 뿐이야. 지금은 이게 당연한 거잖아. 괜히 혼자 튀어서 뭐 하겠어."

하지만 이제는 튀는 삶이 당신의 새로운 목표가 되어야 한다. 남들과 다르게 사는 것이 무언가에 집중하며, 어떠한 방향으로 나아가는지를 주도적으로 선택하고 숨 쉬듯 자연스럽게 살아가는 삶을 뜻한다면, 당신이 마다할 이유는 없으리라고 확신한다.

관심을 훈련하는 일을 당신의 남은 인생을 바꿀 첫걸음이라고 생각해 보자. 당신은 남들과 다른 선택을 할 만큼 충분히 깨어 있으므로, 무심코 관심을 흘려보내지 않으면서 당신만의 가장 소중한 자원을 되찾아야 한다. 그리고 궤도를 벗어나기 시작할 때, 비로소 세상과 자신을 매개체 없이 있는 그대로 경험하는 아름다움을 온전히 누릴 수 있다는 사실을 믿어도 좋다.

스탠퍼드 의과대학 신경생물학 및 안과학 부교수인 앤드루 휴버맨(Andrew Huberman) 박사는 다음과 같이 단언한다.

"집중력과 관심을 조절하는 능력이야말로 성공하는 사람과 그렇지 못한 사람을 구분하는 결정적인 요소다."

몇 번을 읽더라도 관심이야말로 모든 일의 성패를 결정하는 핵심 요소라는 의미는 변하지 않는다. 그러므로 분명히 짚고 넘어가겠다. 행복하고 건강하며 충만한 삶을 살고 싶다면, 지금이나 앞으로나 어떠한 상황에서도 막힘 없이 나아가며 최고의 모습으로 살아가고 싶다면 반드시 해야 할 일이 있다. 그것은 관심이 곧 진정한 초능력이라는 점을 인식하고, 그 힘을 이용해 당신의 삶에서 가장 중요한 일에 집중하는 법을 배우는 것이다. 이는 당장 당신 앞에 놓인 가장 시급한 과제이며, 대략적인 방향과 적절한 수준의 노력이 함께한다면 충분히 해낼 수 있는 일이다. 그렇다면 지금부터 시작해 보자.

## 죽음을 꿰뚫는 구원

1938년에 나치가 오스트리아를 침공했을 때, 정신과 의사였던 빅터 프랭클(Viktor Frankl)은 탈출할 기회가 있었지만, 부모를 죽게 내버려 둘 수 없어 떠나기를 거부했다. 그렇게 힘겨운 4년을 보내고 1942년, 그와 가족은 테레지엔슈타트(Theresienstadt) 수용소로 강제 이송되었고, 그곳에서 그의 아버지는 굶주림과 폐렴으로 세상을 떠났다.

이후 1944년, 남은 가족들은 다시 아우슈비츠(Auschwitz) 수용소에 수감된다. 그곳에서 프랭클의 어머니와 형은 가스실에서 생을 마감했다. 이후 프랭클의 아내마저 베르겐-벨젠(Bergen-Belsen) 수용소에서 세상을 떠났다.

다른 사람이었다면 계속되는 고통과 고문을 수년간 지켜보며 버티느니 차라리 모든 것을 포기하고 사랑하는 이들과 함께 죽음을 택했을 것이다. 하지만 프랭클은 달랐다. 그는 자신의 관심을 수용소에서 자살 충동을 겪는 사람들을 치료

하는 데 집중했고, 자살 예방 모임까지 조직했다. 사실 그는 전쟁이 일어나기 전에도 슈타인호프 정신병원에서 자살 충동을 겪는 수천 명의 여성을 치료해 왔다. 그리고 전쟁이 일어나는 중에도 그는 자신에게 크나큰 의미를 지니며, 주변을 에워싸는 온갖 참혹한 현실에도 변함없이 중요하게 여기던 일에 관심을 집중했다.

전쟁이 끝나고 프랭클이 빈으로 돌아왔을 때, 링슈트라세 (Ringstrasse)[3]의 세련되고 교양 넘치던 풍경은 사라지고 없었다. 하지만 그는 곧바로 자신의 치료 기법에 관한 책을 다시 쓰기 시작했다. 이는 테레지엔슈타트 수용소에서 빼앗긴 원고를 복원하는 작업이었다.

처음에는 수용소에서 보낸 시간을 단 한 장(章)에만 담으려 했지만, 출판사는 내용을 더 확장해 주기를 요청했다. 그리고 그는 9일 동안 뜨겁게 휘몰아치듯 《죽음의 수용소에서(Man's Search for Meaning)》를 써 내려갔다. 1946년에 익명으로 출간된 이 책은 이후 역사상 가장 영향력 있는 도서로 손꼽히며, 프랭클이 집필한 39권의 저서 가운데 가장 널리 알려진 작품이 되었다.

프랭클은 관심이라는 힘을 언어의 한계를 뛰어넘는 방식

---

3 / 오스트리아 빈 시내 중심부를 원형으로 둘러싼 순환도로.

으로 꿰뚫고 있었다. 그의 통찰이 담긴 명언은 셀 수 없지만, 그중 하나를 소개하고자 한다.

"인간에게서 모든 것을 빼앗을 수는 있어도 한 가지만큼은 예외다. 이는 어떠한 상황에서도 태도를 선택할 수 있는 자유, 즉 자신만의 방식으로 살아갈 길을 선택할 자유다."

프랭클은 절망적인 상황에도 집중할 대상을 선택하는 방법을 찾아냈다. 이는 그에게 삶의 목적이었고, 목적에 집중하는 것이야말로 주변을 에워싼 어둠을 밀어내는 방식이었다. 그는 남은 생애 동안 현대인의 삶을 좀먹는 실존적 공허와 싸우며, 사람들이 주체성과 목적의식을 되찾는 데 헌신했다. 지금, 우리가 살아가는 이 시대에 그보다 더 절실한 사명이 또 있을까? 그의 사명은 오늘날에도 수많은 이가 삶의 의미라고 말할 정도로 깊은 공감을 사고 있다.

프랭클과 마찬가지로, 심리학자 미하이 칙센트미하이(Mihaly Csikszentmihalyi) 또한 관심의 힘으로 제2차 세계대전을 견뎌 냈다. 그가 이탈리아의 강제노역소에 수감된 시절, 그를 유명하게 해 준 개념인 '몰입'에 심취하기 시작했다. 그는 세상의 모든 소음과 단절된 채 오직 눈앞의 과제만 남기는, 특별하고도 또렷하며 자연스럽게 빠져드는 상태에 어떻게 도달할 수 있었을까?

그 답은 체스였다. 체스라는 전략 게임으로 그는 자신의 관심을 주변의 참혹한 현실에서 내면으로 돌렸다. 이 활동은 그에게 도전 의식을 심어 주는 동시에 성장을 도왔기에 완전한 몰입이 가능했다. 결과적으로 그는 또래 수감자보다 수용소 생활을 훨씬 잘 버텨 낼 수 있었다.

베스트셀러 소설과 동명의 영화인 〈언브로큰(Unbroken)〉의 주인공 루이스 잠페리니(Louis Zamperini)의 이야기도 빼놓을 수 없다. 올림픽 육상선수이자 제2차 세계대전 당시 폭격기 조종사로 참전한 그는 비행기 추락 사고 후, 태평양에서 47일간 표류하다 일본군에게 포로로 붙잡혔다. 관심의 대상이 무엇인가에 따라 그의 생사가 결정되는 시점이었다. 그는 오랜 고문에서도 정신력을 유지하는 데 집중했다. 그의 관심은 단순한 인내에 그치지 않고, 전쟁 이후 그의 삶을 이끌어 온 믿음과 용서의 원동력이 되었다.

우리는 이상에서 소개한 세 사람처럼 잔혹하고 두려운 현실을 맞닥뜨릴 일은 아마 없을 것이다. 하지만 그들의 이야기에서 배울 점은 분명하다. 가장 절망적인 상황에서도 회복력과 용서, 연대와 미래에 집중하는 태도는 당사자의 목숨을 보전하는 데 그치지 않고 주변에도 큰 힘이 되어 주었다. 그리고 전후에도 치유와 회복의 길로 나아가게 하였다. 세 사람의 이야기는 관심에 내재한 변화의 힘을 증명하며, 관심이야말로 우주에서 인간이 지닌 위대한 힘임을 우리 모두에게 일깨우는 사례이다.

손전등을 떠올려 보자. 손전등을 켜면 마법처럼 한 줄기 빛이 원을 그리며 눈앞을 환히 비춘다. 그러나 원 밖은 어두워서 무슨 일이 일어나는가를 전혀 알 수 없다. 반대로 손전등이 비추는 범위 안에서는 풀잎 하나, 떨어진 장갑 한 짝, 작은 오솔길 등 미세한 것까지 선명히 볼 수 있다.

우리가 앞으로 나아가는 동안에도, 가끔은 어둠 속으로 되돌아가야 하는 순간이 오기 마련이다. 이때 손전등은 우리가 가야 할 길을 비춰 준다. 손전등의 빛은 눈앞의 목표에 집중하게 하면서 곁가지는 어둠에 가려 보이지 않게 한다.

관심도 마찬가지다. 손전등으로 빛줄기를 비추듯 대상에 관심을 쏟으면 그것을 더욱 또렷하게 볼 수 있다. 이뿐 아니라 우리 또한 대상을 분명히 의식한다. 흔히들 그렇지 않다고 생각하겠지만, 우리가 관심을 어디에 둘지는 거의 100% 스스로 통제할 수 있는 영역이다. 그런데도 우리는 대부분 그러한 방식으로 살지 않는다.

우리는 인생에는 좋은 날과 나쁜 날, 좋은 날씨와 나쁜 날씨, 친절한 사람과 불친절한 사람이 있다고 여긴다. 그리고 그 모두가 어떠한 방식으로든 우리에게 영향을 미친다고 생각한다. 사실 그것들이 세상에 실제로 존재하지는 않는데도 말이다. 우리에게 있는 것, 그것도 유일한 것은 바로 관심뿐이다. 심리학자 윌리엄 제임스(William James)는 100여 년 전 다음과 같은 명언을 남겼다.

**"내 경험은 내가 관심을 기울이기로 동의한 것에 달려 있다."**

온갖 것에 관심을 기울이려 한다면, 우리의 관심은 산산이 조각나 결국 무엇에도 온전히 집중할 수 없다. 지금은 관심의 경제가 지배하는 시대다. 관심은 집, 음식, 물, 돈만큼이나 귀중한 자원이다. 그런데도 우리는 가장 중요한 자원인 관심의 소중함조차 인식하지 못한 채 아무렇게나 낭비하며 살고 있다. 좋고 싫음을 떠나 우리가 관심을 기울이는 대상은 그 영향력이 점차 커지게 마련이다.

당신이 한 뉴스에 집착하듯 빠져 있을 때, 직장 동료나 어머니는 당신의 이야기를 전혀 알아듣지 못한 적이 있지 않은가? 또는 20년 전에 말다툼했던 친구에게 어렵게 사과했는데, 정작 친구는 그 일이 있었다는 사실조차 기억하지 못한 적은 없었는가? 반면 한 달 동안 매일 감사 일기를 쓰는 실험을 했더니, 삶에서 느끼는 만족감이 빠른 속도로 커지는 경험을 한 적도 있을 것이다. 아니면 아침마다 10분씩 소설 한 단

     LEVER 1 / 관심: 고뇌를 이기는 시선

락을 쓰는 데 집중했더니, 두 달이 지나고 50쪽 분량의 글이 쌓이기도 했을 테다. 이렇듯 관심의 힘을 잘 활용한다면, 우리는 삶의 방향과 질을 스스로 결정할 수 있다.

관심을 기울이는 것이야말로 삶의 전부이다. 이 문장이 우리 인간이라는 종에게, 정확히는 당신에게 의미하는 바는 매우 심오하다. 당신은 사소한 짜증 거리나 뉴스, 또는 타인이 중요하다고 말하는 것에 휩쓸리거나, 삶을 구성하는 문제를 직접 결정할 수 있다. 당신이 무심코 관심을 기울이는 대상은 대부분 에너지를 빼앗고 내면의 빛을 흐린다.

하지만 당신이 관심의 대상을 의식적으로 선택할 때, 비로소 무언가를 만들어 내고 쌓아 올리면서 창조하는 일이 가능해진다. 이러한 과정에서 태어난 추진력은 당신을 새로운 삶으로 이끌 것이다. 추진력이 함께하는 삶은 불필요한 요소를 과감히 버리고, 당신과 주변의 삶에 의미와 목적, 기쁨을 불어넣는 일과 관계에 몰입하면서 매일을 살아가도록 도와준다.

당신이 관심을 쏟는 대상을 자각할수록, 당신의 마음이 만들어 낸 세상의 수많은 부분이 보이기 시작할 것이다. 진짜 변화는 이때부터 시작된다. 물론 쉽지는 않다. 하지만 주목하는 대상을 바꾸고, 무작정 사는 삶이나 그보다 더 나쁜 요소에 의존하지 않으면서 집중할 대상을 스스로 선택할 때, 모든 것이 달라진다.

# 흔들리지 않을 결단

중요한 것에 관심을 쏟는 일만으로는 무언가 부족하다. 이때 우리는 인생이 걸린 것처럼 방해 요소에서 관심을 지켜야 한다. 관심은 실제로도 그러하기 때문이다.

방해 요소는 두 가지로, 각자 확실한 형태를 갖추어 나타난다. 첫 번째는 외부 방해 요소다. 이 유형에는 휴대전화 알림, 온종일 이어지는 작업 전환(task-switching)이나 유해하고 일방적인 인간관계 등이 있다. 이들은 중요한 목표 달성을 방해할 뿐만 아니라, 관심을 기울이는 능력마저 갉아먹는다.

우리는 그러한 방해 요소를 딱히 이상하게 여기지 않는다. 대부분 바쁘고 혼란스러우며, 감정이 격앙된 채 살아가기 때문이다. 하지만 이는 그저 관심이 분산된 삶이 본래의 방식이 아님을 잊고 있다는 사실에서 기인한 것이기도 하다. 우리는 사랑하는 일에 몰두할 때 찾아오는 평온함과 기쁨을 잊어버렸고, 그러한 감정을 추구하는 일조차 자기만족을 위한 사치로 여긴다.

하지만 우리가 스마트폰과 컴퓨터에서 벗어나더라도, 이상에서 소개한 것보다 더욱 다루기 힘든 형태의 방해 요소가 남아 있다. 두 번째는 바로 내면의 방해 요소이다. 아무에게나 물어보아도 머릿속에 끊임없이 이어지는 생각의 흐름이 있

　　　　　　　　　LEVER 1 / 관심: 고뇌를 이기는 시선

다고 말할 것이다.

'나가기 전에 가스레인지를 껐던가?'
'이번 달 집세는 어떻게 내지?'
'온난화를 늦추고 지구를 구할 기회를 이미 놓쳐 버린 걸까?'

이처럼 멈추지 않는 생각과 실존적인 불안 속에서, 우리는 하나에 깊게 주의를 기울이는 것이 인간의 본래 상태임을 잊고 살아간다. 생각에서 생각으로, 할 일에서 할 일로 정신없이 옮겨 다니는 삶은 사실 인간 본연의 삶의 방식이 아니다.

그런데도 우리는 고요히 앉아 우리가 진정 어떠한 존재이며, 원하는 것은 무엇인가를 마주하는 것보다 차라리 산만해지는 쪽을 택한다. 후자가 더 쉬워 보이기 때문이다. 반면 전자의 고요함과 정적은 열흘간의 위빠사나(Vipassana)[4] 명상 수련처럼 철저한 침묵이거나, 바쁜 일상에 잠깐 찾아온 평온한 순간일 수도 있다. 이를 통해 모든 허상을 걷어낸 채 내면의 욕망과 실망감만 남는다면, 그 고요함은 미칠 듯이 괴롭게 느껴질 것이다. 안타깝지만 지금의 삶과 더불어 앞으로 다가올

4 / 마음의 움직임을 관찰하며 내면의 통찰을 얻는 불교 명상 수행법을 말한다.

것에 진실로 관심을 쏟으려면 그 길 외에 다른 방법은 없다.

물론 꾸준한 노력과 인내를 요구하는 일이기는 하다. 다만 가장 중요한 대상에 집중하면서 우리의 에너지를 빼앗거나, 도움이 되지 않는 요소를 무시하는 법을 스스로 훈련하는 것은 충분히 가능하다. 그때가 된다면 우리는 비로소 습관과 조건반사에 따라 반응하는 삶에서 벗어난다. 그리고 세상에 존재하고 대응할 방법을 스스로 선택하는 위치에 올라설 것이다.

더 큰 자유를 원한다면, 당신의 잠재력에 걸맞은 특별한 인생을 살고 싶다면 관심을 능숙하게 다루고 지키는 법부터 배우자. 그러면 불가능해 보이는 일도 해낼 준비가 될 것이다.

무심코 하루하루를 흘려보내며 별다른 자각 없이 생각이 표류하도록 내버려 두는 삶에서 벗어나, 관심을 삶의 무기로 만드는 단계로 나아갈 방법은 무엇일까? 개인적으로 경험한 변화는 사진가가 되기로 마음먹은 첫해에 찾아왔다.

나와 아내 케이트는 아주 작은 아파트에 살고 있었다. 당시 나는 생계를 유지하기 위해 스키용품 가게에서 일하고 있었다. 머릿속에는 내가 '졸업 후 취업'이라는 올바른 길에서 벗어났다고 웅성대는 목소리로 가득했다. 게다가 의심은 끝도 없이 밀려왔고, 통장 잔고는 0달러에 수렴했으며, 본받을 만한 인물 하나 없는 처지였다.

물론 가까운 사람들에게만 겨우 속삭이듯 사진가가 되고 싶다고 말한 적은 있었다. 하지만 그 시절의 나는 마음이 너무 산만하기도 했고, 도전하기도 너무 두려웠다. 따라서 꿈을 현실로 이루려면 무엇에 집중해야 하는지 제대로 마주할 수조차 없었다.

처음 몇 달은 이것저것에 손대기만 하며 시간을 보냈다. 가게에서 일하고, 주변에 내 상황을 설명하면서 나름대로 사진 기술을 갈고 닦으려 했음에도 번번이 실패했다. 그때 관심이 너무 흐트러져 있었으니, 당연히 아무 진전도 이루지 못했다.

그러던 어느 날, 결단의 순간이 찾아왔다. 생계유지도 중요했지만, 그보다 더 중요한 것이 있었다. 그것은 아침 산책을 하거나 붉게 물든 석양을 바라볼 때, 문득 들려오던 겸허하고 진실한 내면의 목소리였다. 내 마음속에서는 시간 낭비와 변명을 멈추라는 말이 요동치고 있었다.

이를 계기로 사진가로는 절대 성공하지 못할 것이라 속삭이던 머릿속의 해로운 목소리에 더는 휘둘리지 않기로 했다. 이제는 내가 가고 싶은 곳을 향해 당장 내디딜 수 있는 가장 올바른 한걸음에 모든 것을 걸어야 할 때였다. 이를 위해 나는 도서관으로 발걸음을 옮겼다.

사진은 정말 좋아했지만, 아마추어 사진작가에서 전업 예술가로 도약하기는 막막했다. 지금이야 주변에 대담하고 창의적으로 살아가는 사람이 흔하지만, 20여 년 전만 해도 내가 아는 사람 중에서 전통적인 길에서 벗어난 사람은 나를 포함해도 손에 꼽을 정도였다. 더군다나 그때는 내가 하고 싶은 일을 실제로 해낸 현실적인 본보기도 거의 없는 상황이었다. 결과적으로 나는 부정적인 목소리에 계속 관심을 쏟는 대신, 아주 조금씩이나마 가능한 것에 집중하기 시작했다.

나는 미술학교에 다닐 시간과 돈이 모두 없었기에 창작을 독학했다. 장 미셸 바스키아(Jean-Michel Basquiat)[5], 로버트 라우센버그(Robert Rauschenberg)[6], 패티 스미스(Patti Smith)[7], 벨벳 언더그라운드(Velvet Underground)[8] 등 예술가를 다룬 다큐멘터리와 자서전을 찾아보면서 뉴욕 예술계에 관한 자료라면 닥치는 대로 흡수했다. 박물관과 전시회도 찾아다녔다. 그리고 나는 앤디 워홀이 예술가를 비롯하여 창의적인 삶을 추구하

[5] / 1980년대 뉴욕에서 활동한 그래피티 기반의 독창적인 회화로 주목받은 미국의 화가.

[6] / 회화, 조각, 사진 등을 넘나드는 혼합 매체 작업으로 현대 미술의 경계를 확장한 미국의 대표 아티스트.

[7] / 시적인 가사와 록 음악을 결합해 펑크 록의 아이콘이 된 미국의 음악가이자 작가, 예술가.

[8] / 1960년대 뉴욕에서 활동한 실험적 성격의 익스페리멘탈 록(experimental rock) 밴드로, 앤디 워홀의 후원 아래 음악과 예술의 경계를 허문 전설적인 그룹.

     LEVER 1 / 관심: 고뇌를 이기는 시선

는 사람에게 남긴 조언에 깊이 매료되었다.

"작품을 어떻게 만들지 너무 고민하지 말고 그냥 만들어라. 그리고 작품이 좋은지 나쁜지는 다른 사람들이 판단하도록 내버려 두어라. 그들이 평가하는 동안 더 많은 작품을 만들어라."

나보다 먼저 안전한 길을 택하지 않은 예술가의 이야기에 빠져들면서, 나는 그 삶의 의미뿐 아니라 보람과 위험까지 명확히 들여다볼 수 있었다. 이 길을 걷는 사람이 혼자가 아니라는 사실을 깨닫고 나서부터 지나치게 조심스럽고 완벽해지려 애쓰지 않게 되었다. 그때가 되어서야 끊임없이 따라붙었던 자기 의심의 방해를 받지 않고 내 관심의 흐름 속으로 들어설 수 있었다.

그렇게 내려놓음의 순간은 나를 자유롭게 했다. 이제 나는 지나간 것에 집착하지 않는다. 그리고 내가 어디로 가고 있는지, 그리고 나와 비슷한 사람들이 어떻게 성공적인 예술가의 위치에 도달했는가에 집중하기 시작했다.

나는 도서관 서가에서 몇 시간이고 책을 꺼내 읽었다. 한 권 한 권 몰입하면서 연달아 탐독해 나갔다. 그중 여러 권은 집으로 가져와 또 읽었고, 심지어 케이트에게도 읽어 주었다. 일반적인 성공의 기준에 얽매이지 않은 케이트는 나보다 나의 (예술적) 가능성을 먼저 알아본 사람이었다. 그러면서 스스로 '나'라는 존재를 알아 가기 시작했다. 조용히 내면에 귀 기울이는 순간, 내 안에 생각보다 훨씬 더 깊은 자기 이해가 이미 존재하고 있었다는 사실을 깨달았다.

그때부터 관심을 집중하는 일이 한결 쉬워졌다. 나와 마찬가지로 20대였던 친구들은 번듯한 직장에 처음 취업하고 나서 외식을 하며, 차와 집을 사는 데 돈을 쓰고 있었다. 하지만 나는 그만한 여유가 없었다. 여유 자금이라고 할 만한 것도 전혀 없어서 외출도 그만두었다.

나는 사진작가가 되기 위해 관심과 수입을 모두 배움에 쏟아부어야 했다. 그렇지 않으면 버텨 낼 수 없을 것 같았다. 그 뒤로 나는 금요일과 토요일 밤만 되면 암실로 개조한 욕실에서 필름을 현상하며 보냈다.

하지만 나는 그 삶에 불만은 없었다. 안전한 길을 선택하지 않았을 때 주어지는 뜻밖의 선물이었기 때문이다. 이처럼 남들이 가는 길을 따르지 않고, 진실로 중요하게 여기는 것을 찾아 나서는 도전을 시작할 때, 집중력이 눈에 띄게 향상된다. 이것이 꿈을 실현하며 사는 사람의 비결이다.

좋아하는 일에 집중하면, 그것이 더 큰 집중으로 이어지는 선순환이 시작된다. 모든 일이 마찬가지겠지만, 이 역시 계속해서 다듬어야 할 과정이다. 하지만 목표는 이 책에서 소개하는 모든 지렛대와 같이 완벽함이 아니라 추진력을 이어 가는 것이다.

나는 집중력을 늘 깨어 있는 상태로 유지할 수 있기만을 바랐다. 잠시 길을 잃더라도, 다시 중심을 잡아 집중하고 흘려보낼 대상을 스스로 선택할 수 있는 자리로 돌아올 수 있도록 말이다. 내 경험이 프랭클이나 칙센트미하이, 잠페리니의 여정과 같다고 말할 수는 없다. 하지만 우리의 의지나 호불호의 영역과 상관없이 어느 시점에 이르러 각자의 갈림길에 서게 되리라는 점만큼은 분명하다. 그곳에서는 자신이 원하는 삶을 향한 첫걸음을 디디기 위해 관심을 활용하는 방법을 선택해야만 한다.

내가 일에 관해 안전한 길을 거부한 방식은 사진이라는 기술과, 이를 연마하는 데 집중하는 것이었다. 나는 예술가 외에 사업가의 꿈도 이루고 싶었다. 이에 누구나 그렇듯 주변 사람 모두 회의적인 반응을 보였으며, 처음에는 시행착오도 많았다. 하지만 관심을 쏟으면서 이를 지키는 과정을 반복하니 성장에 추진력이 더해지기 시작했다.

나는 보이지 않는 것을 현실로 이루지 못하기에 다른 예술가의 경험을 토대로 내 가능성을 바라보고 믿는 훈련이 필요했다. 이는 내 인생에서 수많은 돌파구로 이어지는 중요한 첫걸음이었다. 나는 흔들릴 때마다 '관심 기울이기' 전략을 항

상 다시 꺼내 들었다. 그것이야말로 우리 손안의 수단 중에서
도 가장 근본적이라는 단순한 이유 때문이었다. 이 책에서 관
심을 첫 번째로 다루는 이유이기도 하다.


## 마음의 방향

세상은 대부분 우리의 통제를 벗어나 있다. 따라서 관심을
잘 다스리려면 먼저 우리가 통제할 수 있는 것부터 살펴야 한
다. 내적 방해 요소는 외적 방해 요소만큼이나, 어쩌면 그보
다 더 강한 영향력을 발휘할 때가 많다. 그러므로 다음 이야
기로 넘어가기 전에, 우리의 앞을 막고 겁을 주어 안전한 길
에 머물게 하는 자기 파괴적인 생각과 감정을 다루는 방법을
이야기하고자 한다.

내면의 정글을 헤쳐 나가기란 결코 쉽지 않다. 하지만 판
단을 배제한 상태에서 생각과 감정을 있는 그대로 바라본다
면, 우리 자신을 그것에게서 분리하여 바라볼 수 있다. 이러
한 관점은 우리 앞에 닥쳐오는 일에도 선입견이나 평가 없이
대응할 여유를 준다. 약 2,000년 전, 마르쿠스 아우렐리우스
(Marcus Aurelius)는 《명상록(Meditations)》에 다음과 같이 기록한
바 있다.

  LEVER 1 / 관심: 고뇌를 이기는 시선

"당신이 통제할 수 있는 것은 외부의 일이 아닌 당신의 마음뿐
이다. 이 사실을 깨달을 때 진정한 힘이 생긴다."

## 당신의 생각이 당신은 아니다

흔한 생각과 다르게 우리가 느끼는 감정은 저절로 생겨나
지 않는다. 따라서 관심을 지렛대로 활용하기 위한 첫걸음은
당신의 생각과 믿음이 곧 당신 자신이 아님을 이해하는 데서
시작된다. 물론 감정은 삶의 일부이기는 하지만, 우리가 느
끼는 감정은 대부분 관심을 기울이는 대상에 따라 달라진다.
좋지 않은 소식을 듣는다면 불편한 감정을 느끼겠지만, 한편
으로는 그 감정에 휘둘리지 않는 법을 배우는 기회가 되기
도 한다.

누군가 당신에게 무례한 말을 던졌을 때, 당신이 그 말을
개인적인 공격으로 받아들인다면 어떠한 일이 일어날까? 하
루는 초 단위로 환산하면 8만 6,400초이다. 타인의 무례한 말
이 5초, 길어야 25초쯤 이어졌다고 치자. 그렇다면 하루 중 이
토록 짧은 순간이 우리의 모든 관심을 독차지해야 할까? 당
연히 아니다. 하지만 우리는 그 한마디에 사로잡혀 "그때 이
렇게 받아쳐야 했는데!"라고 되뇌며 하루를 허비한 적이 얼
마나 많았던가. 심지어 그 말을 핑계 삼아 앞으로의 시간까지
모두 망쳐 버리기도 한다.

나는 부정적인 경험에 집중할지 말지를 스스로 선택할 수 있다는 사실을 꽤 이른 나이에 깨달았다. 중학생 시절, 아버지는 나를 스포츠 심리학 세미나에 데려간 적이 있다. 시연 시간이 되자, 세미나를 진행하던 심리학자가 나를 무대로 불렀다. 그녀는 내게 눈을 감고 한쪽 팔을 어깨높이로 앞으로 뻗으라고 한 뒤, 일종의 최면을 시도했다. 그녀는 다음과 같이 말했다.

"누군가 당신에게 부당한 일을 저질렀다고 상상해 보세요. 마침 당신이 그 사람과 스포츠 경기에서 직접 맞붙게 될 기회가 생겼어요. 복수할 기회가 찾아온 거죠. 그 모습을 상상하니 몸에서 어떤 느낌이 드나요?

그녀의 말에 내가 대답했다.

"화가 나고, 싸우고 싶어요. 뭔가 힘도 넘치는 느낌이고요."

그녀는 내게 복수하는 모습, 상상할 수 있는 모든 방식으로 상대방을 압도하는 장면을 그려 보라고 했다. 나는 그녀가 말한 내용을 머릿속으로 그리기 시작했고, 그녀는 체중과 힘을 실어 내 팔을 잡고 끌어내리려 했다. 나는 그 자리에서 중력과 그녀의 체중에 맞서 버텼지만, 그녀는 결국 천천히 내 팔을 옆구리까지 내리는 데 성공했다.



**"대단해요. 이게 바로 진정한 힘이죠."**

심리학자는 이어지는 실험에서 내가 상상할 수 있는 가장 아름다운 것을 떠올려 보라고 말했다. 가장 사랑하는 친구들과 반려동물, 주(州) 대항 축구 결승전에서 우승했을 때나 토너먼트에서 MVP로 선정되었을 때의 느낌 말이다. 나는 다시 무대 바닥과 수평이 되도록 한쪽 팔을 앞으로 뻗었다.

하지만 이번에는 그녀가 내 팔을 그 위치에서 전혀 움직일 수 없었다. 그녀의 체구가 작은 편이었음에도 잠시 내 팔에 매달릴 정도였다. 이는 45kg 이상의 중량으로 래터럴 레이즈(lateral raise)[9]를 해낸 것과 다름없었다. 웨이트 트레이닝을 해 본 사람이라면 잘 알겠지만, 이 동작은 세계적인 보디빌더에게도 어려운 일이다. 하물며 말라깽이 10대에게는 말할 것도 없었다.

그녀가 최면 상태에서 나를 깨우기 직전, 내 잠재의식에 마지막으로 암시를 하나 남겼다. 그 내용은 몸으로 느낀 감각과

---

9 / 덤벨을 쥐고 팔을 측면으로 들어 올리는 운동.

더불어 긍정적, 부정적 감정이 불러온 힘의 차이까지 모두 또 렷하게 기억하며, 이를 스포츠뿐 아니라 삶의 다른 영역으로 도 확장할 수 있으리라는 것이었다. 이 암시는 내게 중요한 통찰로 남았고, 훗날 미래를 개척하는 강력한 힘이 되었다.

지금도 그때의 일을 떠올리면 경이로움을 느낀다. 오래전 에 한낱 장난 같아 보이던 사연이 그때부터 지금까지 내게 이 토록 깊은 영향을 미칠 수 있었던 이유는 과연 무엇이었을 까? 그날 이후로 나는 관심이라는 능력을 키울 때 얼마나 큰 변화가 가능한가를 상상하며, 평생에 걸쳐 관심의 힘에 깊은 흥미를 갖게 되었기 때문이다.

사실 당신 역시 다른 사람에게 상처받아 감정이 요동치는 순간에 어떻게 반응할지를 선택할 여지는 생각보다 많다. 타 인이 때때로 무례하게 행동하거나, 과거의 상처가 현재의 삶 을 쥐고 흔들기도 한다. 하지만 상처와 짜증, 불편함을 끊임 없이 곱씹기를 멈추고, 나아가 그 감정을 판단 없이 받아들인 뒤 의식적으로 벗어나기를 선택한다면 어떨까?

그때부터라면 마음을 회복하는 작업을 시작할 수 있다. 출 근길에 끼어든 차로 일어난 짜증에서 인생의 중대한 어려움 까지 말이다.

　〰〰〰〰〰　LEVER 1 / 관심: 고뇌를 이기는 시선

## 일어난 일로 어림짐작하지 말라

옛날 옛적, 중국에 한 농부가 살고 있었다. 어느 날 농부의 말이 마구간을 뛰쳐나가 버렸다. 이에 마을 사람들은 입을 모아 그에게 말했다.

"말이 도망쳤다니 정말 큰일이로군요!"

그러자 농부는 다음과 같이 대답했다.

"이게 좋은 일인지 나쁜 일인지는 아무도 모르죠."

다음 날이 되자, 도망갔던 말이 야생마 네 마리를 데리고 돌아왔다. 이제 농부에게는 다섯 마리의 말이 생겼다. 마을 사람들은 감탄한다.

"참으로 놀랍네요. 도망친 말이 다른 말을 네 마리나 데리고 오다니, 횡재하셨네요."

하지만 농부는 그저 말이 도망갔을 때와 같은 대답만 입 밖에 낼 뿐이었다. 그러던 중 농부의 아들이 야생마를 길들이려다 말에서 떨어져 다리가 부러지고 말았다. 그러자 마을 사람들이 그 소식에 안타까워한다.

"아들의 다리가 부러졌다니, 정말 안됐어요."

그럼에도 농부는 전과 같은 대답으로 일관했다. 그다음 날, 전쟁이 일어난다. 군대가 마을에 들이닥쳐 젊고 건장한 남자를 모두 데려갔다. 하지만 농부의 아들은 다리가 부러져 싸울 수 없었기에 징집을 피할 수 있었다. 그러자 마을 사람들은 또 말한다.

"당신은 행운아예요!"

그러자 농부가 다시 좋은 일인지 나쁜 일인지는 아무도 알 수 없다는 말로 응수한다. 그렇게 이야기는 계속된다.

농부는 삶에서 일어나는 일을 그저 있는 그대로 겪어 낸다. 판단을 덧붙이지도, 기대를 걸지도 않는다. 개방적이고 유연한 관점의 소유자가 아닐 수 없다. 그에게는 어떠한 일도 호재와 악재로 나뉘지 않는, 그저 벌어지는 일일 뿐이다. 그는 자신에게 일어나는 일을 인식하고 있지만, 중립적인 태도를 유지한다. 이러한 마음가짐은 그의 현실을 형성하는 믿음으로 이어진다. 그렇게 그는 집착에서 벗어나 삶을 자연스럽게 받아들이며 살아간다.

　우리도 연습을 통해 농부처럼 살 수 있다. 같은 경험이라도 사람에 따라 호불호가 갈리는 법이다. 이러한 판단은 경험에 관한 우리의 해석에 지나지 않는다. 삶에서 일어나는 일을 어떻게 생각하느냐는 전적으로 당신의 선택이고, 그것이 경험의 좋고 나쁨을 결정짓는다. 날씨는 그저 날씨이고, 교통체증은 그저 교통체증일 뿐이다. 좋은 사람에게도 나쁜 일은 일어난다.

**일은 그저 일어날 뿐이야. 늘 그래 왔고, 그게 다야.**
Things happen, that's all they ever do.

**포크록 밴드 도스(*Dawes*),**
〈Things Happen〉 중

　삶의 진정한 가치는 당신이 관심을 기울이는 대상에 달렸다. 납득이 되지 않을 때도 있겠지만, 관심의 대상을 정하는 일은 당신의 몫이다. 한편 관심을 다스리는 법을 배우는 것은 외부의 자극에 일일이 반응하는 삶을 계획적인 삶으로 전환하는 요술 지팡이와도 같다. 우리는 오직 계획적인 삶 속에서 무엇이든 바꾸어 나갈 수 있다.

## 충분히 준비했다면 믿고 움직여라

세상을 있는 그대로 바라보려면, 세상의 많은 부분에 자신의 내면 상태가 투영되었음을 먼저 이해해야 한다. 스포츠 심리학자 밥 로텔라(Bob Rotella)는 '충분히 준비했다면 믿고 움직여라.'를 소개한다. 그는 저서 《골프는 완벽을 추구하는 게임이 아니다(Golf Is Not a Game of Perfect, 국내 미출간)》에서 골퍼 대부분이 경기가 잘 풀릴 때만 자신의 스윙을 믿는다고 언급한다. 하지만 경기가 꼬이기 시작하는 순간 의심은 시작된다. 이러한 판단과 반응에 따른 자신감 부족은 곧 경기력 저하로 이어진다. 이에 로텔라는 다음과 같이 말한다.

"위대한 운동선수라도 자신을 믿지 못하면 더는 위대해질 수 없다."

우리도 마찬가지다. 세상이란 본래 중립적이지만, 우리는 왜 중립을 유지하지 못하고 자신을 투영하려 드는가? 그 이유는 분명하다. 우리는 감정이 풍부한 존재이며, 신경 체계와 생화학적 작용에 깊이 영향을 받으며 살아가는 존재이기 때문이다. 하지만 우리가 훈련을 통해 다르게 반응할 수 있음에도 쉽게 무너지고, 지금 우리에게 주어진 큰 힘인 관심을 쉽게 넘겨주는 것은 이치에 맞지 않는다.

 

따라서 자극과 반응 사이에 잠깐의 틈이라도 만들어 내는 일상적인 연습은 감정이 아닌 관심이 우리의 삶을 이끌어야 한다는 사실을 떠올리는 데 도움이 된다. 즉 "화가 난다."에서 "분노를 경험하는 중이다.", "행복하다."에서 "기쁨을 경험하는 중이다."라고 바꿔 표현하는 것이다. 감정의 영향력은 강하지만, 하늘의 구름처럼 덧없이 스쳐 지나간다. 따라서 감정과 관심을 분리해서 바라보는 것은 곧 우리가 그동안 쌓아 온 집중력 훈련을 삶 속에서 믿고 실천하고 있음을 증명한다.

## 작은 것 하나부터 시작하라

당신의 하루에 마음을 고요하게 가라앉히는 일과가 없다면, 나는 대체 그 일을 왜 하지 않느냐고 묻고 싶다. 과학적 증거가 명확한 데다 관련 기법을 다룬 책까지 차고 넘치니 굳이 상세하게 설명하지는 않겠다. 다만 하나만큼은 이야기하도록 하겠다.

내 친구 팀 페리스(Tim Ferriss)는 저서 《타이탄의 도구들(Tools of Titans)》을 통해 세계적인 성과를 낸 인물들을 인터뷰하였다. 그리고 그중 80% 이상이 명상, 자기 인식(awareness), 또는 마음 챙김(mindfulness) 루틴을 매일 실천하고 있었다. 그리고 내가 지금까지 대화를 나눴던 가장 성공적이고, 삶에 깊은 만족을 느끼며, 창의적으로 살아가는 사람들 역시 같은 특징을 보여 주었다.

아직 이 길을 걸어 본 적 없더라도 너무 복잡하게 생각할 필요는 없다. 방식과 관계없이 하나만 선택하여 하루에 단 몇 분이라도 실천해 보자. 무엇을 선택하는지는 중요하지 않다. 이미 고요함을 위한 연습을 실천하는 중이라면 더 깊이 있게 다듬거나, 새롭게 마음을 끄는 다른 방법을 하나 더 추가해 보는 것도 좋다. 관심을 둘 곳을 결정하고, 그 방향으로 나아가 보자. 이는 당신이 사랑할 수 있는 삶을 만들어 가는 데 중요한 첫걸음이다.

## 명상

명상의 스트레스 경감 효과는 과학적으로 입증되었으며, 많은 사람의 성공과도 관련이 있다. 그런데도 명상 전반에 걸친 오해는 여전한 듯하다. 명상은 정적인 상태가 아니다. 오히려 집중과 흐트러짐의 과정을 반복하는 동적 과정이다. 다시 말하면 자신의 마음이 얼마나 흐트러지는지를 자각하고, 판단은 보류한 채 원래 집중하려던 대상으로 관심을 되돌리는 과정이다.

호흡이나 만트라(Mantra), 가이드 명상 등 어느 유형이라도 훈련을 반복하다 보면 눈앞의 대상을 향한 집중력이 더 좋아질 것이다. 이에 신경과학자이자 초월명상(Transcendental Meditation, TM) 운동을 이끄는 토니 네이더(Tony Nader) 박사는 내게 다음과 같이 말했다.

*"마치 집으로 돌아가는 길과 같아요. 만물의 근원으로 되돌아가는 과정이죠."*

## 마음챙김

마음챙김은 온종일에 걸쳐 확장된 알아차림의 상태를 내면화하여, 삶을 더 의식적으로 바라보면서 즉각적인 반응은 덜해지도록 돕는다. 내가 실천하는 기법은 '바디 스캔(body scan)'으로, 한두 시간마다 몇 분씩 시간을 내어 발끝부터 머리끝까지 내 몸을 구석구석 살피는 것이다.

이 외에도 카말 라비칸트(Kamal Ravikant)가 고안한 기법도 좋아한다. 그는 불안하거나 스트레스를 받을 때마다 하루에 의식적으로 10번씩 호흡해 보는 습관을 권한다. 한편 윔 호프(Wim Hof)가 제안하는 호흡법도 있는데, 그는 하루에 1~2회 정도 이 호흡법을 연습할 것을 권한다. 관련 영상은 유튜브에서 찾을 수 있다.

## 기도

기도를 관심의 한 형태로 받아들이기 위해 신앙생활까지 할 필요는 없다. 잠자리에 들기 전에 하루를 되돌아보는 성찰의 기도(Prayer of Examen)든, 단순히 마음속으로 단어 하나를 반복하는 것이든, 우리가 선택한 거대한 힘에 마음을 열고 다가가는 행위는 삶에 심오한 의미를 부여한다. 삶이 정말로 혼란스러울 때, 우리가 의지할 수 있는 유일한 선택지는 '평온의 기도(Serenity Prayer)'일 것이다. 그 기도는 다음과 같이 간청한다.

"바꿀 수 없는 것을 받아들이는 평온함, 바꿀 수 있는 것을 바꾸는 용기, 그리고 그 둘을 구별할 수 있는 지혜를 주소서."

기도하는 방식과 별개로, 당신은 생각만큼 외로운 존재가 아니다. 그리고 일말의 도움과 희망조차 없는 상태에 놓여 있지도 않다.

## 일기 쓰기

수많은 창작자가 마음챙김과 알아차림을 실천하는 방식의 일환으로서 일기의 힘을 증언한다. 분야를 불문하고 창의성을 발휘한 수많은 인물이 생각을 정리하는 도구로 일기를 꾸준히 활용해 왔다. 창의성 전문가 줄리아 캐머런(Julia Cameron)부터 당대 코미디언 마이크 버비글리아(Mike Birbiglia)에 이르기까지 말이다. 그중에서 아침에 일어난 직후, 의식의 흐름대로 세 쪽 분량의 글을 손으로 써 내려가는 캐머런의 '모닝 페이지(morning pages)' 기법이 널리 사랑받고 있다.

한편 다른 이들은 작은 노트를 들고 다니면서 일상 속 장면과 떠오르는 생각 및 아이디어를 그때그때 기록하기도 한다. 어떠한 방식이라도 당신에게 맞는 글쓰기라면 충분하다. 그보다는 무언가를 글로 써 내려가는 순간 삶에서 일어나는 일들에 집중하고, 그 의미를 되돌아보면서 시야가 더욱 넓어진다는 점이 중요하다.

**감사**

누구나 진짜 중요한 것 앞에서 주의력을 잃고 멀어지기도 한다. 하지만 매일 감사를 실천하면 우리가 하고 싶은 일과 그 이유에 더욱 쉽게 집중할 수 있다. 나는 최악의 하루를 보내더라도, 잠들기 전마다 가장 고마웠던 것들을 적는다. 신경과학자 애덤 개즐리(Adam Gazzaley)는 내게 이렇게 말했다.

"우리가 마음속에 그리는 세상은 관심을 어디에 두느냐에 따라 달라지는데, 그것은 우리의 기억과 성격을 형성합니다."

이처럼 우리가 감사하는 것으로 세상을 그린다면, 과거의 후회에 얽매이지 않고 기대에 찬 미래를 만들 수 있다.

## 선택의 영역

∧∧∧∧∧∧∧

주의력을 다스리는 법은 평생에 걸쳐 훈련해야 한다. 우리 내외부의 방해 요소를 모두 통제할 수 있다면, 당신은 자연스레 주변 세계로 시선을 돌릴 것이다. 이는 삶에 목적과 의미를 가져다주는 방향으로 관심을 의식적으로 활용하고픈 생각 때문이다.

어쩌면 당신은 관심을 기울여야 할 대상을 이미 정확하게 알고 있을지도 모른다. 그 대상은 단순히 즐거움을 위한 독서 처럼 간단한 것부터 차고에서 새로운 공구 사용법을 이것저 것 만지작거리며 익히거나, 그동안 미뤄 두었던 평생의 꿈을 좇는 것까지 다양할 것이다. 하지만 어디서부터 시작해야 할 지 막막하다면, 가장 큰 변화를 만들어 낼 수 있는 세 가지 접 근법으로 시작해 보자.

❶ 건강
❷ 관계
❸ 환경

위에서 제시한 바를 통해 집중력을 발휘할 대상과 방법을 스스로 선택할 최고의 기회가 당신의 손에 들어올 것이다.

### 건강

운동선수는 집중의 달인이라 칭해도 과언은 아니다. 그들 은 성공을 시각화하고 현재에 몰입할 뿐 아니라, 관심이 단지 뇌에서만 비롯하지 않는다는 사실도 잘 알고 있다. 관심은 몸 과 마음이 연결된 상태에서 작동한다. 뉴욕대학교 신경과학 및 심리학 교수이자 《당신의 불안은 죄가 없다(Good Anxiety)》

 

의 저자인 웬디 스즈키(Wendy Suzuki) 박사에 따르면 명상, 수면, 운동은 모두 최상의 집중력을 유지하기 위한 필수 요소이다.

특히 명상은 기본 중 기본이다. 어느 분야에서든 최고의 성과를 내는 사람은 대부분 형태에 구애받지 않고 명상이나 마음챙김을 실천한다. 이것은 논쟁의 여지가 없다.

수면도 마찬가지다. 한때 나는 하루에 4~5시간만 자면서 버틴 적도 있었지만, 정말이지 어리석은 짓이 따로 없었다. 수면은 뇌 기능의 토대이다. 잠이 충분하지 않으면 집중력을 지속할 가능성은 사라진다. 수면뿐 아니라 수면 위생도 소홀히 한다면, 그 대가는 크다.

하지만 내 관심을 사로잡은 요소는 스즈키 박사가 말하는 규칙적인 운동에 대한 조언이다. 그녀는 가능하다면 하루 30~45분 정도 운동하기를 권한다. 운동과 관련하여 스즈키 박사는 휴버맨 랩(Huberman Lab)[10]에서 다음과 같이 말한 바 있다.

**"운동하기 가장 좋은 시간은 하루 중 뇌 기능을 최대로 요구하는 활동을 하기 직전이에요."**

10 / 미국의 신경과학자이자 교수인 앤드루 휴버맨(Andrew Huberman)이 운영하는 팟캐스트 채널.

운동을 마친 후 약 2시간 동안은 기분이 좋아지고, 전전두엽 기능이 향상되어 더 깊은 집중력을 발휘할 수 있다. 달리기나 수영, 웨이트 트레이닝 후 머리가 맑아지고 엔도르핀이 솟는 경험을 한 번쯤 해 본 적 있을 것이다. 건강한 신체와 원활한 두뇌 회전과의 관계는 오래전부터 이어진 수많은 연구를 통해 입증되어 왔다.

하지만 하루 30분 이상도 운동하기 어렵다면, 단 10분만이라도 꾸준히 해 보자. 그렇게만 해도 운동 습관을 유지할 수 있다. 그리고 더 규칙적이고 강도 높은 운동이 가져다주는 인지 기능 향상 효과도 어느 정도 누릴 수 있다.

스즈키 박사는 이상으로 소개한 것 외에 다른 뇌 기능 향상 습관을 추천한다. 그것은 바로 내가 성인이 된 후로 간헐적으로나마 꾸준히 해온 습관인 '냉수욕'이다. 냉수욕이라는 단어에 흠칫하여 책장을 넘기고픈 충동이 들더라도 조금만 더 읽어 주기를 바란다.

냉수욕이 유행하기 훨씬 전부터 나는 시애틀 외곽에 있는 해변 별장 근처 바다에서 정기적으로 수영을 해 왔다. 그곳은 여름에도 수온이 13℃를 넘는 일이 거의 없고, 겨울에는 그보다 훨씬 더 차가워진다. 물론 매번 신나서 물에 뛰어드는 것은 아니다. 그러나 수영을 수년간 해 오다 보니, 그 뒤에 찾아오는 짜릿함과 개운함을 갈망하게 되어 어김없이 물속에 들어가게 된다.

냉수욕은 이제 내 삶에서 빼놓을 수 없는 부분이 되었다. 결국 나는 시애틀 별장에 야외 냉수욕 전용 풀까지 설치했다. 물론 그렇게까지 할 필요는 없다. 샤워를 끝내기 직전에 찬물을 몸에 끼얹는 것만으로도 충분하다. 속는 셈 치고 한 달 동안 매일 시도해 보자. 당신의 삶이 분명 달라질 것이다.

**관계**

"우리는 가장 많은 시간을 함께 보내는 다섯 사람의 평균이다."

다들 이 말을 들어 본 적이 있을 것이다. "네 친구들을 보여 주면 네 미래를 보여 줄게(Show me your friends, and I'll show you your future)."라는, 밈처럼 떠도는 문장도 익숙할지 모르겠다. 스크롤을 내리다 그러한 글귀를 발견한다면 뻔해 보이기도 하겠지만, 두 문장이 전달하는 핵심은 분명하다. 바로 우리가 에너지를 어디에, 특히 누구에게 집중하는지가 정말로 중요하다는 점이다.

시간을 함께 보낼 사람을 선택하는 일은 절대적으로 중요하다. 인간은 좋은 쪽으로든, 나쁜 쪽으로든 놀라울 만큼 잘 적응하기 때문이다. 당신의 친구나 업무 환경이 건강하고 긍정적이라면, 당신의 마음가짐과 습관, 행동도 그에 걸맞게 자연스러운 방향으로 바뀌어 간다.

그 반대도 마찬가지다. 우리는 생각보다 자신을 더 나은 방향으로 이끌지 못하는 사람과 쉽게 어울리기도 한다. 이러한 경향은 생물학적으로 자연스러운 반응이다. 인간은 사회적 동물이라 무리에 어울리도록 본능에 따라 자신을 맞춘다.

사람은 누구에게나 친절할 수는 있지만, 굳이 모두에게 집중하면서까지 우정을 나눌 필요는 없다. 그렇다고 친구에게 냉정하거나 무심해지라는 말은 아니다. 다만 가끔은 당신과 어울리는 친구나 지인이 어떠한 사람인지 점검할 필요는 있다. 지금 당신 곁에 있는 사람들은 당신에게 힘이 되면서 자신감과 긍정적인 에너지를 전해 주는가? 그렇지 않다고 느낀다면, 이때야말로 당신의 장기적인 도전과 성장의 여정을 함께할 사람을 새롭게 찾아야 할 때이다.

**환경**

비행기에서 내리고 나서 전혀 다른 환경에 발을 올리는 순간, 말로 설명할 수 없을 만큼의 경이로움을 느낀 적 있는가? 아니면 자연과의 완벽한 조화를 이룬 듯 섬세하게 설계된 공간에 들어설 때, 신경이 안정되면서 활력이 샘솟은 적은 없었는가?

　　〰〰〰〰〰〰〰　　LEVER 1 / 관심: 고뇌를 이기는 시선

그렇다면 정반대의 경험은 어떤가? 남의 공간에 들어갈 때, 갑자기 불편함을 느끼거나 스트레스를 받은 순간 말이다. 이제 그때를 떠올려 보자. 그 순간 당신은 무엇을 느꼈는가? 과거에 경험한 긍정적 또는 부정적 환경 속에서 기억에 남는 시각적, 후각적, 청각적 요소는 무엇이었는가?

우리는 대부분 저마다 살아가는 환경을 어느 정도 통제할 수 있다. 물론 우리의 힘으로 세상 사람 모두가 전기차를 타게 하거나, 쓰레기를 버리지 못하게 할 수는 없다. 하지만 우리가 잠을 자거나 생활하는 공간과 일하는 곳의 일부 요소만큼은 충분히 바꿀 수 있다.

나는 미적 감각이 돋보이는 공간에서 생산성이 크게 향상되는 편이다. 군더더기 없이 미니멀하게 정돈된 공간은 나에게 방해 요소를 줄이는 핵심이기 때문이다. 물론 내가 생각하는 '아름다움'이 당신의 취향과 다를 수 있지만, 크게 신경 쓸 일은 아니다. 그보다 우리를 더 나은 삶과 성과로 이끌어 줄 공간을 직접 만들어 갈 수 있다는 점이 더 중요하다.

좋은 환경을 만들기 위해 반드시 큰 집이 필요하거나 업무나 취미, 운동 등 개별 활동을 위한 별도의 공간이 필요한 것은 아니다. 일과 후 책상을 정리하거나, 아침에 잠자리를 정돈하는 것처럼 단순한 행동만으로도 우리에게 마음의 평화와 더 나은 집중력을 제공하는 공간을 가꿀 수 있다. 이렇게 공간에 질서를 더하고 아름다움을 불어넣는 작은 행동은 우리 삶에 놀라운 영향을 미친다.

## 주의력 탈환하기

이 장의 대단원으로 방해 요소를 다루고자 한다. 방해 요소는 두더지 잡기 게임 같다. 하나 잡았다고 생각할 때쯤, 다시 새로운 방해 요소가 여기저기서 튀어나오기 시작한다.

나는 서문에서 안전한 길을 택했다가 다시 내 방식대로 살아가려는 시도를 반복하는 나만의 패턴을 이야기한 바 있다. 그 흐름을 이해함으로써 궁극적으로 자신을 조절하는 데는 관심이 필요하다. 우리 중 대다수는 관심이 레이저처럼 또렷하게 집중되다가도, 어느 순간 불빛처럼 사방으로 산란하는 상태를 오가며 살아간다.

하지만 완벽함이 목표가 아니다. 완벽만이 답이라고 여기는 순간, 실패는 이미 예고된 것이나 다름없다. 우리의 진짜 목표는 자꾸만 엇나가는 관심을 계속해서 중요한 대상으로 되돌리는 것이다. 이는 우리가 항상 원하는 만큼 집중력을 발휘할 수 있다는 의미는 아니다. 하지만 중심에서 벗어났음을 빨리 알아차릴수록, 그만큼 빠르고 수월하게 제자리로 돌아갈 수 있다.

명상에 관해 설명한 내용과 같이 우리의 목표는 관심이 흐트러지지 않는 상태에 도달하는 것도 아니다. 그것은 애초에 불가능하다. 그 대신 흐트러진 관심을 호흡이나 만트라, 아니면 벽에 찍힌 점과 같이 고정된 기준점으로 다시 되돌리는 능력의 향상을 목표로 한다. 이 주제는 책 전반에 걸쳐 반복적으로 등장할 것이다.

다시 말하면 모든 기법을 완벽히 실천해 내는 상태에 도달하는 것이 목표가 아니다. 이 책은 우리가 누구이며, 어떻게 살아가고 싶은지를 끊임없이 되돌아보게 한다. 그리고 이 과정에서 알아차림의 수준을 점차 높이는 것을 중요하게 여긴다. 생각 다스리기, 그리고 온전히 쉬면서도 최고의 성과를 낼 수 있는 환경 조성은 꾸준하고 반복적인 실천과 그 나름의 집중력을 요구하는 과정이다. 대다수는 진정으로 알아차림의 상태에 다다르기를 원하지만, 바쁜 일상생활로 그 생각을 잊어버리기도 한다.

아이러니하게도 관심은 기계처럼 단순하다. 따라서 관심을 초기화하려면 전원을 껐다가 켜듯 다시 시작하는 것이 가장 좋은 방법이다. 그렇게 반복하면 된다. 다시 시작하고, 또다시 시작하자. 진심으로 노력하는 사람이라면 반드시 그 결실을 볼 수 있을 것이다.

## 선택하고 집중하라

몇 년 전, 사진작가로 자리 잡으려 애쓰던 애비라는 여성이 나에게 이메일을 보냈다. 그녀가 보낸 메일의 내용은 다음과 같다.

"저는 유튜브 채널, 티처블(Teachable)[11]에 페이스북 계정까지, 할 수 있는 건 전부 다 했어요. 광고도 집행해 봤고요. 그런데 아직도 제 창작 활동이 좀처럼 반응을 얻지 못하고 있어요."

나는 그녀의 포트폴리오를 잠깐 살펴보았다. 문제는 분명했다. 나는 그녀에게 다음과 같이 회신했다.

"당신이 말하는 '창작 활동'이 뭔지 잘 모르겠어요. 그리고 당신도 그걸 이해하지 못한 것 같네요."

우리는 대개 무언가를 간절히 원할 때, 정작 그 목표에 다가가기 위해 꼭 해야 할 하나를 소홀히 하곤 한다. 애비도 마찬가지였다. 그녀는 수많은 프로젝트와 플랫폼에 관심을 분산시키며, '해야 할 것 같은 일'을 너무 많이 벌이고 있었다.

11 / 온라인 강의 제작과 판매의 진입장벽이 비교적 낮은 플랫폼.

 

겉보기에는 올바른 방향으로 가는 듯했지만, 여러 가지 일에 관심이 지나치게 흩어져 있었다. 따라서 그녀는 간절히 원하던 명성을 얻을 만큼의 결과물을 제대로 쌓아 올릴 수 없었다.

솔직히 말하자면, 누구나 반짝이는 것에 현혹되기 쉽다. 새로움이 주는 설렘은 사라지고 현실이 눈 앞에 펼쳐지면, 마주한 어려움을 직면하거나 지금 하는 일의 고됨을 받아들이고 묵묵히 이어 나가기가 어려워진다. 그보다는 다음 일로 훌쩍 넘어가고 싶어질 때가 있다. 특히 그 일이 잘 안될까 불안하거나, 주변에서 다가오는 온갖 기회에 마음이 흔들릴 때라면 더더욱 그렇다.

그리고 우리는 의아해한다. 좋은 반응을 얻기 위해 애쓰는데도 제자리만 맴도는 이유가 무엇인지, 왜 노력만큼의 결과가 나오지 않는지를 말이다. 이러한 사람들에게 부족한 것은 '무엇이 진짜 중요한가'에 대한 분명한 인식이다. 이에 《원씽(The One Thing)》의 저자 게리 켈러(Gary Keller)는 다음과 같이 말했다.

**"자신에게 가장 중요한 것을 안다면 모든 것이 명확해지지만, 모르면 뭐든 다 그럴듯해 보인다."**

그러므로 아래에 제시한 질문을 마음속으로 던져 보자. 이는 집중력을 단련하는 데 필수적이다. 당신의 결정이 정말 의미 있는가, 그렇지 않은가는 질문을 통해 곧바로 알 수 있을 것이다.

- 어떤 상황이라도 당신에게 가장 중요한 것을 짚어 낼 수 있는가?
- 만약 하나를 짚어 추측해 보고, 그 선택에 전념해야 한다면 어떨까?

## 비교의 함정에서 벗어나라

2015년, 남아프리카 공화국 출신의 올림픽 국가대표 수영선수 채드 르 클로스(Chad le Clos)는 전설적인 미국 수영선수 마이클 펠프스(Michael Phelps)를 이기겠다는 강한 의지로 불타고 있었다. 한때 펠프스를 꺾은 적이 있는 르 클로스는 펠프스가 2015년 은퇴를 번복하고 복귀를 선언하자 공개적으로 신경전을 시작했다. 펠프스가 요즘 수영선수 중에 빠른 사람이 없는 것 같다고 말했기 때문이었는데, 르 클로스는 그 말을 개인적인 모욕으로 받아들였다.

경기를 앞두고 두 선수는 공개적으로 말싸움을 벌이며 서

　　　　　　　　　LEVER 1 / 관심: 고뇌를 이기는 시선

로를 견제했다. 이 긴장감은 2016년 리우데자네이루 하계 올림픽에서 절정에 달했다. 전 세계가 지켜보는 가운데, 두 선수는 200m 접영 종목에서 맞붙었다. 초반 100m까지는 박빙이었지만, 후반부터 르 클로스가 뒤처지기 시작했다. 결국 펠프스는 그 경기에서 1분 53.36초의 기록으로 1위를 차지하며 끝났고, 르 클로스는 4위에 머물렀다.

다음 날이 되자, 르 클로스의 사진 한 장이 인터넷에 퍼졌다. 그 사진에는 펠프스가 20번째 금메달을 따는 순간, 르 클로스는 그 옆에서 몇 스트로크나 뒤처진 채 헤엄치는 모습이 포착되었다. 르 클로스는 사진 속에서 펠프스보다 머리 하나 정도 뒤처진 상황이었다. 그리고 입을 벌린 채 고개를 옆으로 돌려 펠프스를 바라보던 르 클로스와 달리, 펠프스는 앞만 쳐다보고 있었다.

관심을 두는 곳에 힘이 가는 법이다. 경쟁자를 의식하는 것은 일정 수준에 다다르는 데 도움이 된다. 그러나 타인의 성과에 주의를 빼앗긴다면, 자신에게 쓸 에너지가 줄어들면서 스스로 만들어 가던 추진력까지 끊기고 만다. 탁월한 사람이라면 언제나 자신만이 진짜 경쟁자임을 잘 알고 있다. 그러니 남보다 잘하려 하지 말고, 남과는 다른 사람이 되어야 한다.

살다 보면 이기는 때도 있다. 일이 마음처럼 되지 않는 날도 있지만, 이는 실패가 아니라 배움의 기회이다. 이처럼 성장을 멈추지 않는 한 우리의 게임은 끝나지 않는다.

## 지루함은 선물이다

우리가 현재에 집중할수록 삶은 의미와 목적으로 차오른다. 이와 마찬가지로 관심을 기울일수록 삶은 훨씬 흥미진진해진다. 많은 사람의 생각과 달리, 지루함은 관심을 쏟는 대상에서 오는 것이 아니다. 오히려 그 대상에 집중하는 방법, 즉 관심의 '질'에서 비롯된다. 게슈탈트 치료법(Gestalt therapy)[12]을 미국에 소개한 심리학자 프리츠 펄스(Fritz Perls)는 다음과 같이 말한다.

> "관심 부족이 지루함을 낳는다."

그 사실을 깨닫는다면, 우리는 삶을 전혀 다른 시선으로 바라볼 것이다. 그리고 이 순간에 깃든 마법 같은 특별함도 느낄 수 있다. 한편 미국 공영 라디오 방송(National Public Radio, NPR) 프로그램 〈테드 라디오 아워(TED Radio Hour)〉 진행자이자 작가인 마누시 조모로디(Manoush Zomorodi)는 이렇게 말한 바 있다.

---

12 / 현재의 감정과 경험에 집중해 자기 인식을 높이는 심리치료 기법.

"지루함은 마음이 떠도는 상태로 들어가는 관문입니다. 그 상태는 우리의 뇌가 새 연결망을 형성하는 데 도움을 주죠. 이는 저녁 식사 계획부터 기후변화 해결의 실마리에 이르기까지 모든 문제를 풀어낼 수 있도록 합니다."

그 핵심은 지루함이 찾아올 때마다 도망치지 않고, 그 불편한 감정과 함께 잠시 머무르는 것이다. 이와 함께 조모로디는 우려스러운 통계를 언급한다. 2007년만 해도 사람들은 근무 중 평균 3분마다 관심을 다른 곳으로 옮겼다. 10년 뒤인 2017년에는 그 주기가 45초로 줄었고, 이제는 몇 초마다 작업을 계속해서 바꾸는 일이 일상이 되었다. 심지어 그 사실조차 인식하지 못하는 경우가 대부분이다.

그럼에도 가끔은 일부러라도 지루함을 허용하고, 마음이 어디로 흘러가는가를 지켜보는 일은 중요하다. 그곳에서 무엇을 발견할지 누가 알겠는가? 어쩌면 그 끝에서 예상치 못한 것을 찾을지 모를 일이다.

물론 지루한 상태에 계속 머물라는 말은 아니다. 그저 어떠한 것이든 충분히 집중하면서 깊이 들여다보면, 처음엔 딱히 흥미롭지 않더라도 당신이 인식하는 모든 것에 놀라움을 금치 못할 것이다. 특히 끊임없이 여러 자극에 끌려다니는 데 익숙한 사람일수록 더욱 그렇다. 다음 자극을 찾아 헤매는 대신, 잠시 멈춰서 당신의 관심이 어디로 향하는지 지켜보자.

## 타인의 시선을 의식하지 말라

요즘은 게시물 하나만 올려도 수백 명이 당신의 일상을 아는 일이 흔하다. 그러다 보면 사람들이 자신을 어떻게 생각할까 하는 부담에 힘들어질 수 있다. 진정한 나다운 삶, 대담한 삶이란 생각 이상의 용기가 필요하기 때문이다.

이때는 실망을 안겨도 괜찮은 사람을 처음부터 확실히 정하는 것이 좋다. 사람들은 자기 문제를 가장 먼저 걱정하느라 바쁘다. 그러므로 그들은 생각만큼 우리에게 큰 관심이 없음을 명심하자. 방법은 아주 간단하다. 당신이 실망시키고 싶지 않은 사람을 짧게나마 나열하는 것뿐이다.

브레네 브라운(Brene Brown)과 함께 스튜디오에서 청중을 앞에 두고 라이브 팟캐스트를 녹음하던 날이었다. 그날 그녀는 지갑에 늘 넣고 다니는 2.5cm 크기의 작은 정사각형 쪽지를 나에게 보여 주었다. 쪽지에는 그녀의 삶에 진정으로 의미 있는 조언을 건넬 수 있는 사람들의 이름이 적혀 있었다. 그들의 말이 주는 무게감은 그녀를 평가하거나 무심히 지나치는 수백만 명의 사람들과 확연히 다르다.

사람들의 생각은 제각각이다. 다만 그녀에게는 중요한 것이 하나 있다. 이는 정말로 의미 있는 몇 사람에게만 책임을 다하면 된다는 사실을 명심하는 것이었다.

## 관심도 자원이다

관심은 닳지 않는다고 말할 수 있다면 좋겠지만, 안타깝게도 그렇지 않다. 세상 누구라도 지금보다 더욱 강하게 집중하는 법을 배울 수 있다. 달라이 라마(Dalai Lama), 로시[13] 조안 핼리팩스(Roshi Joan Halifax), 타라 브라크(Tara Brach), 잭 콘필드(Jack Kornfield) 같은 영적 지도자들도 예외는 아니다. 우리 같은 초보자들은 말할 것도 없이 그렇다.

아내 케이트는 실제로 타라와 잭에게 2년 동안 배운 적이 있다. 두 사람은 모두 제자들이 알아차림과 관심의 힘을 연습하도록 진심으로 독려했다. 케이트는 일기장에 잭의 말을 적어 두었는데, 그 내용은 다음과 같다.

"관심 부족은 망상의 일종이다. 우리는 현대 사회의 정신없는 속도에 떠밀려 만성적으로 관심을 기울이지 못하는 문화 속에 살고 있다. 생각에 잠겨 반쯤 잠든 듯한 상태에서는 당장 일어나

13 / 선불교 승려를 지칭하는 말로, 노사(老師)를 일본 한자음으로 발음한 것이다.

는 일을 알아차리지 못한다. 이는 마치 목적지에 도착해 주차한 뒤, 그동안 지나온 경로를 모두 기억하지 못하는 것과 같다. 마음챙김 훈련은 이러한 혼란에서 우리를 깨우고, 대상을 더욱 선명하게 보면서 삶의 생동감을 느끼게 해 준다."

당신이 수년간 관심을 다루는 훈련을 해 왔거나, 이제 막 시작하는 단계라도 작은 실험을 해 보기를 권한다. 하루 중 무작위로 알람을 4~6회 설정하고, 알람이 울리는 순간 당신의 관심이 어디에 머물러 있는지를 살펴보는 것이다.

현재에 집중하고 있는가?
그 순간 무엇을 하고 있는지 스스로 인식하고 있는가?
아니면 다른 생각에 빠져 있는가?

그렇다면 하던 일을 잠시 멈추고, 당신의 모든 관심을 현재로 되돌려 놓자. 우리의 목표는 '제대로 해내는 것'이 아니다. 그저 관심의 방향을 각자 알아차리는 것이다. 그래야만 비로소 본격적인 인생의 출발점에 바로 설 수 있다. 이뿐 아니라 우리의 관심이 현재에 머물기 어려운 이유를 비롯하여, 다음 지렛대인 시간과 어떻게 마주해야 하는가를 깊이 이해할 수 있다.

　　　　　　　LEVER 1 / 관심: 고뇌를 이기는 시선

LEVER
2

시간:

현재의 마법

NEVER PLAY IT SAFE

NEVER PLAY IT SAFE

〰〰〰〰〰　삶과 죽음의 경계에 놓인 순간에는 마치 마법 같은 시간의 유연함을 경험한다. 당신이 그러한 일을 겪지 않더라도 무엇인지는 알고 있을 것이다. 목숨을 건 곡예, 교통사고, 출산이나 몰입의 상태에 빠졌을 때 시간이 느리게 흐르는 듯한 느낌, 즉 찰나의 순간이 몇 분처럼 길어지는 느낌 말이다.

하지만 시간을 다르게 느끼려고 자발적으로 극단적인 상황에 뛰어들 필요까지는 없다. 일부러 사고를 내거나, 가족 수를 열 배로 늘리거나, 위험한 일에 굳이 뛰어들지 않아도 된다는 뜻이다. 그 결과는 당신도 원치 않을 것 아닌가. 다만 이상의 설명은 시간을 다르게 느끼는 것이 오히려 자연스러운 현상이라는 점을 상기시키고자 할 뿐이다.

이 사고 실험의 목적은 처음에는 단순한 개념 이해에 그칠지 모른다. 하지만 이 생각의 토끼굴을 더 깊이 파헤칠수록 시간은 매우 탄력적이라는 사실을 점점 분명하게 느낄 것이다. 그리고 그 탄력성은 일상의 경험에만 국한되지 않는다. 시간은 바닷물의 조수와 같이 끊임없는 확장과 축소, 팽창과 수축을 반복한다. 당신의 경험을 조금만 더 자세히 들여다본다면, 그러한 사실이 뒷받침하고 있음을 알 것이다.

예컨대 따분한 일, 아니면 좋아하는 일이라도 지겨운 반복 작업을 해야 할 때는 시간이 더디게 가는 것만 같다. 반면 책을 읽을 때, 더 깊이 와닿는 사례로 아이들이 커 가는 모습을 지켜볼 때는 시간이 얼마나 쏜살같이 흘러가는가! 그렇다면 마음속으로 다음과 같이 질문해 보자.

- 일상에서 시간과 어떤 관계를 맺고 있는가?
- 하루가 끝도 없이 길게만 느껴지는가, 아니면 하고 싶은 일을 모두 해낼 만큼 시간이 충분하다고 생각하는가?
- 항상 '시간이 좀 더 있었다면…'이라 바라고 있지는 않은가?
- 늘 바쁘게만 살다가 결국 방향을 잃고 표류하지는 않을까 두려워하고 있는가?

위 질문에 관한 답을 마주하면 깜짝 놀라거나 마음이 불편해질 수도 있다. 하지만 좋은 소식이 있다. 나는 이 과정에서 희망을 보았다.

기존의 시간 관리 방식은 이제 유효하지 않다. 몰입 상태와 시간 팽창은 실재하며, 이는 시작에 불과하다. 우리는 이 지렛대를 활용하여 현재에 머물 때 느끼는 짜릿한 현존감(sense of presence)과 앞으로 펼쳐질 삶의 충만함까지 모두 경험할 수 있다. 당신도 그 모두를 실생활에서 누리게 될 것이다. '시작하기에 너무 늦었다.'라는 생각은 그저 익숙한 핑계에 불과하다.

브렌트 언더우드(Brent Underwood)는 텍사스 오스틴에서 오랫동안 디지털 미디어 매니저이자 호스텔 운영자로 일해 왔다. 낮에는 유명 작가나 인플루언서와 함께 일했고, 밤과 주말에는 활발한 친구들과 어울리며 삶을 즐겼다. 이처럼 그는 하루를 충실하게 채우며 살고 있었음에도, 어느 날 존경하고 신뢰하던 친구의 질문에 그는 답할 수 없음을 깨달았다.

**"그 삶에 '너만의 것'이라고 할 만할 게 있어?"**

그의 삶은 얼핏 성공한 인생으로 보였다. 하지만 브렌트는 마음을 가라앉히고 내면에 집중해 보니, 무언가 빠져 있음을 느꼈다. 그는 일과 친구를 모두 좋아했다. 동시에 자신을 넘어서는 더 큰 목적도 간절히 원하고 있었다. 그러나 그는 여느 사람과 마찬가지로 한 가지 믿음에 사로잡힌 탓에 상황은 어지러웠다. 이는 더 나은 삶을 향해 믿음의 도약(leap of faith)을 감행한다면, 만족스러운 지금의 삶을 잃어버리지는 않을까 하는 두려움 때문이었다.

하지만 불과 한 달 뒤, 브렌트의 모든 것이 바뀌기 시작한

　〰〰〰〰〰　LEVER 2 / 시간: 현재의 마법

다. 그는 작은 알림음과 함께 친구가 보낸 마법 같은 문자 메시지를 받는다. 브렌트의 손바닥 위에 펼쳐진 것은 한 편의 기사였다.

**"10억 원대 초반 금액으로 당신만의 마을을 사세요."**

무모한 결정처럼 보이겠지만, 며칠 후 브렌트는 어느 외딴 지역의 황량한 폐광촌 한가운데에 서 있었다. 그곳은 이전에도 수많은 야심가가 도전했지만, 좌절을 남기고 돌아설 정도의 척박한 땅이었다. 그는 당시 이유를 뚜렷이 설명할 수 없었지만, 그는 주저하지 않았다. 역사와 사람을 맞이하는 일을 사랑하던 브렌트는 사라진 마을을 다시 일으키겠다는 일념으로 공동체를 부흥시킬 수 있는 사람은 바로 자신뿐임을 확신했다.

그는 투자자를 모집하고, 대출도 받으며, 가진 돈을 몽땅 쏟아부어 마침내 데스 밸리(Death Valley) 고지에 자리 잡은 유령 마을 '세로 고르도(Cerro Gordo)'의 주인이 되었다. 한때 깊은 산속에 캘리포니아의 최대 은광이 있던 마을로, 광부로 일하던 남자들은 그곳에서 7,000억 원어치가 넘는 은을 캐냈다. 그 막대한 돈과 인근 오웬스 호수(Owens Lake)의 물은 1950~1960년대 로스앤젤레스의 폭발적인 성장을 이끌었지만, 지금은 모두 씨가 말랐다.

이제는 그 모두가 브렌트의 것이 되었다. 마을의 주인이 된 지 몇 년 안 되어 그는 바라던 바를 모두 손에 넣었다. 화재나 홍수, 지진처럼 차마 원수에게도 겪게 하고 싶지 않은 일들까지 말이다. 뜻하지 않은 유명세도 마찬가지였다.

2020년 6월, 그는 세로 고르도로 이주했다. 유령 마을에서의 생활을 시작한 지 얼마 지나지 않아 마을의 중심이라 할 수 있는 역사적인 건물인 아메리칸 호텔(American Hotel)이 화재로 전소되었다. 이후 그는 체중이 10kg 넘게 빠졌다. 브렌트는 여전히 수돗물도 나오지 않고, 현대적인 편의시설과 멀리 떨어진 외딴곳에서 살아가고 있다. 이에 그는 하루하루가 '모험을 곁들인 혼돈' 같다고 말한다.

브렌트는 꿈을 찾았다. 현재 그는 자기 이야기를 경청해 줄 사람을 만난다면, 열변을 토하고 싶을 만큼 새로운 삶에 푹 빠져 있다. 이전과 달리 노력으로도 닿을 수 없었던 삶의 사명과 목적을 실현하며 살아 내는 중이기 때문이다.

2024년 2월, 브렌트에게 영상 통화를 걸었을 때, 그는 지하 약 270m 깊이의 광산 갱도에서 모습을 드러냈다. 그곳은 간이 녹음실까지 갖추어진 공간이었다. 그는 갱도에서 언론과 인터뷰를 하고, 큰 성공을 거둔 유튜브 채널 '고스트 타운 리빙(Ghost Town Living)'을 운영하며 지낸다. 그곳은 또한 지상 기

　　　　　　　　　　　　　　LEVER 2 / 시간: 현재의 마법

온이 영하로 떨어지는 겨울철 피난처가 되어 주는 곳이기도
하다.

지난 3년 동안 그는 전국 각지에서 모인 자원봉사자와 후
원자의 도움으로 호텔을 다시 지어 올렸다. 우리가 통화했
을 무렵에는 지붕 공사가 막 끝난 참이었으며, 박물관, 천문
관측소를 비롯한 다양한 시설을 갖춘 리조트도 세심하게 설
계하고 있었다. 이를 위한 정교한 마스터플랜까지 완성해
놓았다.

그는 세로 고르도를 사겠다는 자신의 결정이 많은 이에게
무모한 도전이었음을 잘 알고 있다. 특히 그곳에서 혼자 지내
겠다는 결정은 사람들의 생각을 부채질했을 것이다. 브렌트
는 온갖 역경과 재건의 시간을 겪은 끝에, 삶의 여정에서 가
장 소중하고 아름다운 것을 발견했다. 바로 시간과 맺는 새로
운 관계에 대한 깨달음이다.

"예전엔 늘 불안했어요. '다음엔 뭐 하지? 또 그다음엔?' 같은
물음이 머릿속을 떠나지 않았죠. 아마 창작자 대부분이 저와 비
슷하지 않을까 싶어요."

브렌트와의 마지막 대화에서 그가 털어놓은 심경이다. 그
의 말은 우리 모두의 이야기 같다. 나이가 들어도 열정을 찾

지 못하거나, 영혼 없이 쳇바퀴 위를 달리듯 성취를 이어 가면서도 삶의 의미와 목적을 갈망하는 사람들의 이야기 말이다. 하지만 브렌트의 인생은 시에라 산맥의 작은 광산 마을을 발견하면서 완전히 달라졌다.

"그전에는 늘 미래를 걱정하거나 과거를 곱씹으며 살았어요. 하지만 지금에 들어 '현재'에 존재하는 법을 알게 되었고, 그 감각이 제게 삶의 목적을 안겨 주었죠. 이제는 시간이 제 편이라는 걸 알아요. 다음에 무엇을 해야 하는지도요. 특히 세로 고르도가 전부이자, 그 이상의 의미가 있음을 깨달으면서 큰 위안을 얻었어요. 아마 죽는 날까지 이곳만 바라보며 살 것 같네요."

손수 무언가를 만들고, 공동체를 일구며, 마법 같은 공간의 이야기를 전하는 세 행위가 교차하는 지점에 브렌트의 다음 모험이 기다리고 있다. 이제야 그는 끊임없는 분투에 종지부를 찍었다. 세로 고르도에서는 중요해 보이거나, 그러한 사람임을 느끼려 바쁘게 지낼 필요가 없기 때문이었다.

브렌트는 그 공간에 집중하면서 자신의 관심과 소중한 시간을 마을 재건에 오롯이 바쳤다. 광산 깊은 곳까지 초고속 인터넷을 연결하는 일처럼 처음엔 불가능해 보이던 프로젝트도 몇 달간의 준비 끝에 기발한 발상과 굳은 의지 끝에 차츰 현실이 되어 갔다. 그 과정에서 다음 성공이나 기회를 좇느라 항상 어지럽고 부산한 내면도 현재의 순간을 고요하고 평온하게 살아가는 마음으로 바뀌었다.

"세로 고르도에 도착하자마자 갑자기 모든 일을 할 수 있는 시간이 생겼어요. 이 프로젝트가 수십 년이 걸릴 걸 알면서도 말이죠."

브렌트의 삶은 그전까지 늘 선택을 저울질하고, 다음에 할 일을 고민하면서 '제대로 살고 있는지' 따지는 과정의 연속이었다. 하지만 제대로 사는 삶이란 사실상 학습된 방식에 따라 살아가는 현실을 어설프게 포장한 말일 뿐이다. 브렌트는 이제 안전한 길만을 고집하지 않고, 타인이 기대하는 삶에서 벗어났다. 우리가 선택했을 길과 전혀 다른, 새로운 길에 자신을 맡긴 것이다. 그 순간부터 그의 삶과 시간과의 관계는 완전히 달라졌다.

세로 고르도에 발을 들이기 전만 해도 브렌트는 하루하루를 쫓기듯 바쁘게 달려왔다. 하지만 지금은 내면 깊숙한 곳에서 고개를 든 단 하나의 사명에 집중한다. 그리고 시간은 마치 기다렸다는 듯이 그의 눈앞에 길을 열어 주었다.

브렌트의 사례는 세상에서 큰 흥미와 주목의 대상으로 거듭난 사람들이 시간을 유용하게 활용하는 방법을 보여 준다. 시간은 쇠락해 가는 삶의 뒤편에서 그저 일정하게 똑딱거리며 흘러가기만 하지 않는다. 브렌트와 같은 부류에 속하는 사람들은 시간을 새롭게 바라보는 관점을 받아들인다. 이는 우리의 활동과, 이에 임하는 방식을 의식적으로 선택함으로써 시간에 관한 경험을 바꿀 수 있다는 사실이다.

지금까지 당신은 최대한 많은 일과 일정으로 하루를 빽빽하게 채우고, 한순간도 속도를 늦추지 않은 채 끊임없이 달려왔을지도 모른다. 그렇다면 지금 잠깐 멈춰 보자. 바쁜 삶은 그리 멋지지도, 대단하지도 않다. 그저 인생을 제대로 추스르지 못하고 있다는 증거일 뿐이다.

물론 원하는 곳에 도달하기 위해서는 오랜 시간을 들여 열심히 노력해야 할 것이다. 물론 모든 것을 뒤로한 채 유령 도시로 갈지, 멀리 떨어진 외딴곳으로 향할지는 당신이 결정할 일이다. 하지만 우리는 이제 더욱 확장된 시간 감각을 토대로 살아갈 수 있다. 이는 우리 앞에 벌어지는 상황과 관계없이 삶에서 중요한 선택을 하고, 구체적인 행동을 취한다면 충분히 가능하다.

삶을 멋지게 사는 사람들은 계획에 얽매이지 않는다. 그들은 시간이 유연하게 흐른다는 사실을 알고 있다. 따라서 그들은 시간의 흐름에 몸을 맡기며 삶을 유유히 살아간다. 반드시

    LEVER 2 / 시간: 현재의 마법

할 일을 명심하고 해내되, 경험에서 경험으로 자연스럽게 옮겨 다닌다. 그 사이에 여유를 두면서 현재를 살아간다.

그러한 사람에게는 언제나 그날의 할 일을 실천할 시간이 충분하다. 그들은 자신이 진심으로 아끼는 일, 즐길 거리, 관계 등 삶의 소중한 요소를 제외한 나머지는 과감히 내려놓았기 때문이다. 직관적으로든, 아니면 오랜 시행착오를 통해서든, 그들은 '시간 관리'가 애초에 효과적이지 않음을 알고 있다. 대신 그들은 서핑을 하듯 시간의 파도를 타는 법을 배웠다. 자신의 의도에 따라 시간의 흐름을 감지하고 리듬에 맞추어 감각을 조율한 다음, 그 흐름에 올라타 나아가는 법을 터득한 것이다. 너무 비현실적인 이야기 같아 보이겠지만, 글을 끝까지 읽기를 바란다.

제1장에서는 가장 중요하게 여기는 대상에 집중하는 법을 다루었다. 이 장에서는 관심과 짝을 이루는 개념인 시간에 관해 이야기하고자 한다. 시간이라는 주제를 설명하려면 다음 두 관점 사이에서 섬세한 균형을 유지해야 한다. 첫째는 시곗바늘의 움직임에 따른 일정과 체계라는 현실적인 접근이고, 둘째는 시간에 대한 인식과 그 속에서 당신의 위치를 완전히 바꾸어 놓을 새로운 차원의 자각이다.

# 인생은 길다

어릴 적부터 나는 주변에서 "인생은 짧으니 최대한 알차게 살아야 한다."라는 말을 들으며 자랐다. 당신도 예외는 아니었을 것이다. 그 말은 부모님과 친구, 선생님 모두 좋은 의도에서 우리의 결단과 행동을 위해 그 말을 반복했다. 나 또한 고민만 하면서 미루기보다 행동하는 게 훨씬 낫다고 생각한다.

하지만 "인생은 짧다."라는 말의 이면에는 쉽사리 알아채기 어렵고, 삶에 독이 되는 메시지가 숨어 있다. 이는 바로 인생에 실수할 여유는 물론이고 자신을 들여다볼 시간에 진짜 무언가를 만들어 낼 틈조차 없으니, '안전한 길을 택하라!'라는 익숙한 문구와 같다. 일을 제대로 해내야 하는 것은 더 말할 필요도 없거니와, 직업이나 인간관계, 학업을 비롯한 '갈 길'을 빨리 정하지 않으면 인생을 허비할 것이라는 말까지 따라온다. 그 말을 듣다 보면 이러한 생각이 들기도 한다.

'목적 없이 허우적거리면서 한 발이라도 잘못 디딜까 두려워하는 것도 심각한 문제 아닌가? 기준점 하나를 넘기 무섭게 바로 다음 기준점을 향해 서둘러 달려가는 일이, 사실 실패를 부르는 공식은 아닐까?'

안타깝게도, 다수가 위와 같은 이유로 두려움에 갇혀 안전한 길만 택한다. 그렇게 미리 짜인 인생 계획에 따라 움직이며, 정작 자신이 진심으로 원하는 삶이 무엇인지조차 돌아보지 못한 채 살아간다. 이처럼 우리가 길을 잃는 이유는 외부의 압박과 타인이 정해 둔 작위적이고 융통성 없는 계획에 따라 하루하루를 살아가기 때문이다.

우리는 고등학교를 거쳐 대학교에 진학하고, 졸업 후에는 사무직이라는 흐름을 절대 놓치지 말 것을 강요받는다. 그리고 몇 번의 짧은 연애 후 진지한 교제 끝에 결혼해서 아이를 낳고, 내 집 장만을 인생의 정석으로 받아들인다. 우리는 이러한 삶의 길을 계속해서 확인하고 검토하기를 반복한다.

문득 정신을 차릴 때쯤, 우리는 인생을 자동 조종 상태로 살아왔다는 사실을 깨닫는다. 자연스럽게 펼쳐지는 삶의 이야기를 하나씩 찾아 나가며 자신만의 창의성과 기쁨, 충만함을 위해 사는 대신, 누군가 정해 놓은 이상적인 삶의 기준만을 좇고 있던 것이다. 다음 노랫말처럼 말이다.

넌 마음속으로 되뇌겠지,

"이건 내가 꿈꾸던 집이 아냐"

And you may tell yourself,

"This is not my beautiful house"

나도 그러한 경험을 여러 번 한 적이 있다. 의대에 가지 않기로 했을 때, 이후에 예술학 박사 학위 취득이 얼마 남지 않은 시점에 대학원을 그만두었을 때가 그것이다. 쉽지 않은 결정이었다. 사진작가라는 불확실한 길을 택했다는 사실을 인정하기가 부끄러웠고, 앞으로 삶이 어떻게 흘러갈까 하는 걱정에 매 순간이 두려웠다.

그 시절에 나를 버티게 해 준 것이 하나 있었다. 바로 내 시간을 어떻게 보낼지 의식적으로 선택하기 시작한 것이었다. 그때부터 나의 세계는 넓어지기 시작했다.

통계적으로 말하자면, 이 책을 읽는 우리의 시간만큼은 억만장자나 다름없다. 투자자 그레이엄 던컨(Graham Duncan)이 정의한 바에 따르면, 시간 억만장자는 앞으로 살아갈 시간이 최소 10억 초, 즉 31년 이상 남아 있는 사람을 가리킨다. 이 말은 개인적으로 시간이란 귀중하면서도 풍부한 자원임을 뜻한다. 하지만 스물한 살이 되자마자 어떻게 살아야 할 것인지 결단하는 즉시 행동에 옮겨야 한다고 떠들어 대는 문화에서는 그러한 사실을 알기 어렵다.

누군가 "긴장을 놓지 않고 열정적으로 살아도 모자랄 판에 딴소릴 하다니!"라고 반박할 수도 있겠다. 그러나 삶의 방식은 꼭 하나여야 할 필요는 없다. 계산에 따라 다르겠지만, 나의 직업은 두세 번 정도 바뀌었다. 인생의 국면에 따르면 세 번째인 것 같은데, 앞으로 남은 10억 초 동안 직업을 몇 번은 더 바꿀 계획이다.

그동안 나는 수많은 기복을 경험하면서 실수하고 방황하는 과정에도 귀중한 교훈이 있음을 배웠다. 인생에 '잘못된' 길이란 없다. 믿기 힘들겠지만, 우리는 스스로 자유를 만들어 갈 수 있다.

우리는 시간을 들여 새로운 것을 시도하고, 위험을 감수하기도 한다. 때로는 되돌아가야 하는 순간도 찾아오지만, 그 과정에서 자신을 재정의하면서 우리를 살아 있게 하는 것이 무엇인가를 계속해서 발견할 것이다. 이처럼 매 순간 무언가를 이루어 내겠다는 발버둥을 멈추는 순간, 지금까지의 경험 모두 나름의 의미가 있었음을 비로소 깨닫는다.

나는 호기심과 관심을 따르는 일을 곧 '목적이 있는 표류'라
고 칭하고 싶다. 직관에 집중하면서 깨어 있는 한, 우리는 무
엇이든 자유롭게 경험할 수 있다. 그중에는 좋은 경험도 있
지만, 나쁜 경험, 심지어 지루하고 허무하게 끝나는 것도 존
재한다.

우리는 기계가 아니므로 경험을 통해 배운다. 따라서 삶의
방식을 우연한 계기로라도 찾기 위해서는 새로운 일에 계속
도전해야 한다. 우리는 이따금 다양한 정체성과 삶의 방식을
도입하면서 전혀 다른 사람이 되기도 한다. 이와 같은 시도가
모여 우리의 정체성과 인생의 의미를 이해하고 다듬어가는
데 도움을 준다. 우리는 이상의 여정을 통해 비로소 우리가
어떠한 사람이며, 가야 할 길은 어디인가를 이해한다.

● 코미디언 루실 볼(Lucille Ball)은 시트콤 〈왈가닥 루시(I Love
  Lucy)〉가 방영된 40세에 전환점을 맞았다.

● 대만계 일본인 발명가 안도 모모후쿠(安藤百福)는 1958
  년, 50번째 생일을 2년 앞둔 시점에 인스턴트 라면을 발
  명했다.

● 언더그라운드 시인이자 음악가인 레너드 코헨(Leonard
  Cohen)은 70세가 넘은 나이에도 5년 동안 월드 투어 공연
  을 계속했다. 그동안 그는 무대 위에서 경기장을 가득 채운

관중과 함께하면서도 세 장의 앨범을 녹음한 바 있다. 그 중 마지막 앨범은 그가 세상을 떠나기 불과 몇 주 전에 발매되었다.

● 카르멘 에레라(Carmen Herrera)는 100세가 되어 뉴욕 휘트니 미술관에서 첫 회고전을 열었다.

위에서 열거한 인물 외의 사례는 아주 많다. 그렇다고 해서 당신이 무언가를 이룰 때까지 마냥 기다리라는 뜻은 아니다. 그저 우리의 삶이 진행되는 순서가 터무니없이 왜곡되어 있다는 점을 말하고 싶을 뿐이다.

누군가에게는 그 천재들이 인생의 기회를 놓친 듯, 꿈을 좇느라 시간을 낭비한 듯해 보일 수 있다. 하지만 당신이 시간을 어떻게 쓸지는 다른 사람이 정할 문제가 아니다. 당신이 이정표에 언제 도달하느냐는 전적으로 당신의 선택이다. 과도한 생각이나 외부의 압박에서 벗어나 당신의 관심이 향하는 방향으로 행동하는 것도 당신의 몫이다. 결과적으로 삶은 당신이 그 안에 뛰어들기를 요구한다.

그렇다면 에너지를 활용할 대상과 방법을 좀 더 체계적으로 접근해 본다면 어떨까? 당신이 어떤 사람이고, 무엇에 재능이 있으며, 무엇을 사랑하는지를 알기 위해 당신이 지금까지 배운 것을 데이터로 삼는다면 어떨까? 이를 토대로 당신의 목표를 향해 몇 번이고 반복하여 끊임없이 나아가 보자.

진로 상담사, 부모님, 그리고 주변 사람들은 모험과도 같은 그 여정에 너무 많은 시간이 든다는 점을 우려한다. 나는 그들에게 다음과 같이 말하고 싶다.

"맞다. 시간이 걸릴 수도 있다. 하지만 자신의 꿈을 따라 진심으로 사랑하는 것을 찾아가며, 충만한 목적과 현존감으로 살아가는 경험과 과정이 없다면, 도대체 그것은 무슨 인생인가?"

가장 멋지고 창조적인 삶은 완벽하게 불완전한 장면들이 하나씩 이어져 펼쳐지는 영화와 같다. 흥미진진한 영화를 한창 몰입해서 보다가 갑자기 일어나 극장을 박차고 나가 결말이 마음에 안 든다고 말한다면, 얼마나 터무니없을까! 당신은 지금 인생이라는 이야기의 한복판에 있다.

지금 당신이 이 책을 한 장씩 펼치는 순간이 마법 같은 이유도 그 때문이다. 당신의 인생 이야기가 어떻게 이어질 줄 누가 알겠는가? 삶이 끝날 무렵에 결말을 확인하는 것이야말로 하나의 인생이라는 작품을 만들어 가는 예술가인 당신의 의무이다. 영화감독 프란시스 포드 코폴라(Francis Ford Coppola)는 이렇게 말했다.

"살면서 상상할 수 있는 가장 위대한 것을 좇지 않는 것만큼 어리석은 일도 없다. 설령 모든 것을 잃을 위험이 있더라도 말이다. 예술가로 살면서 안전한 길만 고집할 수는 없다."

## 오직 오늘만

과거는 이미 지나가 버렸고, 미래는 아직 오지 않았다. 우리가 실제로 누릴 수 있는 순간은 바로 지금뿐이다.

"현재에 집중하라(Be here now)."

영적 지도자 람 다스(Ram Dass)가 깨달음을 구하는 제자들에게 자주 했던 말이다. 이쯤에서 당신이 눈을 살짝 굴리는 소리가 들리기 시작한다. 수백 번도 넘게 들어 본 말이라고?

좋다. 솔직히 말해 대다수는 그 정도의 깨달음까지 바라지는 않을 것이다. 우리는 그저 스마트폰을 내려놓고 현재에 머무름으로써 눈앞의 기쁨이나 일에 몰두하고 싶을 뿐이다. 무언가를 시작하기 위해 내일이나 다음 달, 내년까지 기다릴 수는 없다. 우리는 지금에 집중해야 한다. 바로 지금부터.

하지만 그것이 도대체 무슨 의미일까? 수많은 지혜의 유산들은 우리에게 지금만이 전부라고 말한다. 과거는 지나갔으니 그때로 돌아가 상황을 바꿀 수는 없다. 과거의 일을 교훈 삼아 같은 실수를 반복하지 않을 수는 있지만, 그 시점 자체는 이미 사라졌다.

반면 미래는 환상이다. 문자 그대로 우리는 결코 미래에 미리 도달하지 못한다. 목표를 세우고 미래의 내 모습을 상상할 수는 있어도, 그 목표를 이루기 위해 실제로 움직일 수 있는 시간은 오직 지금뿐이다. 그러니 과거나 미래에 머물러 있는 그 마음 자체가 고통의 근원이다. 에크하르트 톨레(Eckhart Tolle)는 저서 《이 순간의 나(The Power of Now)》에서 다음과 같이 말했다.

"당신이 과거나 미래에 집착할수록, 무엇보다 중요한 현재를 그만큼 더 놓치고 만다."

대신 삶을 '현재'라는 종이 고리가 끝없이 연결된 사슬로 생각해 보자. 우리의 생각은 어느 순간이 더 크고 더 중요하다고 말할 수는 있겠지만, 어떠한 고리도 다른 고리보다 더 크거나 중요한 것은 없다. 우리는 이 순간이 오기 전에도 수천 번의 현재를 경험했으며, 앞으로도 그만큼의 현재를 마주할 것이다. 하지만 우리가 가진 것은 바로 지금, 우리가 숨 쉬고

 〰〰〰 

있는 바로 이 순간뿐이다.

이러한 이유로 생사가 걸린 극한의 상황은 현존의 힘이 어떻게 시간 감각마저 바꿔 놓는가를 가장 극적으로 보여 준다. 내 삶에서 가장 소름 끼치게 선명했던 경험은 오지에서 사진 촬영을 하다 눈사태에 휘말릴 때였다. 당시 산을 따라 쏟아지던 눈이 나를 덮쳤고, 나는 그 눈더미와 함께 언덕 아래로 굴러떨어졌다. 길어야 10초에서 15초 남짓의 순간이었지만, 그때는 시간이 멈춘 듯했다.

완전히 깜깜한 눈 속에서 시속 60km로 굴러가는 와중에도, 나는 순도 100%의 현존감과 순수한 의식 상태를 경험했다. 나는 평소에 훈련해 둔 매우 구체적인 생존 프로토콜을 차례대로 실행했다. 그것은 위험한 상황에서 벗어나기 위해 의식적이고 과감한 일련의 행동을 점진적으로 실행하는 절차였다. 그중 다섯 번째에서 여섯 번째 항목에 이르러서야 나는 눈 속에서 정신없이 구르던 몸을 눈 속에서 꺼낼 수 있었다.

나는 그 순간에 완전히 몰입해 있었다. 돌이켜 보면 그 짧은 몇 초는 짧은 시간이었지만, 상황을 관찰, 분석하고 반응한 뒤 이것저것 시도한 끝에 해결책을 도출하기는 충분했다. 지금도 눈사태를 떠올리면 그때의 감각이 생생히 떠오른다. 완전한 고요함, 그리고 두려움에서 한걸음 떨어져 있던 거리

감까지, 내가 처한 곤경에 판단이 들어설 자리는 없었다. 단지 눈앞에 극복해야 할 시련이 있고, 내가 그것을 넘어야 한다는 명확한 인식만이 존재했다.

나는 오직 그 순간에 집중했다. 모두가 항상 그렇겠지만, 기억하지 못할 뿐이다. 그 후에도 나는 줄곧 현재에 집중하려 노력해 왔다. 하지만 실상은 다르다. 솔직하게 말하자면 나는 순간에 주의력을 쏟는 일을 그리 잘 해내지 못한다. 어쩌면 당신도 마찬가지이지 않을까.

저녁을 먹으면서도 원고 마감 기한을 걱정하고, 팟캐스트를 듣다가 불쑥 떠오른 생각에 정신이 산만해지며, 명상 중에 마음이 떠돌기도 한다. 이것이 현실이고 삶이다. 누구도 100% 완벽하게 현재에 집중할 수는 없다.

하지만 그렇다고 해서 자신을 내버려둘 수는 없다. 과거에 연연하거나 미래를 지레짐작하고 있음을 알아차리는 순간, 나는 즉시 생각을 멈춘다. 아직 익숙해지지 않았으니 자책은 하지 않는다. 그저 내가 하던 일로 다시 마음을 돌릴 뿐이다. 지금만이 우리가 실제로 존재하는 순간이니까.

## 게임과 다른 게임

인생이 길다는 사실을 이해하고, 현재에도 계속되는 순간을 매번 충실히 살아가는 것은 모두 중요하다. 하지만 그것만으로는 시간에 대한 우리의 인식을 바꾸고, 앞으로 우리에게 주어질 수많은 시간을 어떻게 살아갈 것인지를 다시 생각해보기에 충분하지 않다. 우리는 한 걸음 더 나아가 진지하게 물음을 던져야 한다.

사회가 정한 규칙대로 살 것인가,
아니면 결과에 상관없이 스스로 규칙을 만들며 살아갈 것인가?

세상에는 기존 체제의 유지를 원하는 사람이 많다. 당신이 안전한 길을 따르지 않기로 마음먹는 순간, 그들은 당신의 결정을 개인적인 위협으로 받아들일 것이다. 당신이 틀에서 벗어나 남다른 선택을 시작하면, 그들은 예전처럼 당신에게 영향력을 행사하지 못한다. 이는 당신이 삶의 주도권을 스스로 되찾아왔음을 뜻한다.

삶은 규칙을 끊임없이 만들어 나가는 게임처럼 창조적인 과정이다. 이는 삶에 어려움이나 불평등이란 없다거나, 예측 불가능한 혼돈이나 운이 전혀 영향을 끼치지 않음을 뜻하지 않는다. 결국 우리가 마주하는 삶이란 스스로 만들어 내거나 받아들이기로 한 결과물이다. 우리는 누군가를 두고 '인생의 승리자'라고 칭하는 것을 보았을 것이다. 하지만 인생에 딱히 승리 같은 것은 없다. 특히 당신이 '무한 게임'을 하기로 했다면 더욱 그렇다.

지금은 별세한 뉴욕대 교수 제임스 카스(James Carse)는 삶의 방식을 '유한 게임(finite games)'과 '무한 게임(infinite games)'이라는 개념으로 나누어 설명했다. 유한 게임은 승자와 패자가 갈리듯 명확한 결말이 있는 게임을 말한다. 이와 다르게 무한 게임에서는 게임을 계속해서 이어 가는 데 목적을 둔다.

그 예로 체스는 유한 게임이다. 두 선수가 탁자에 마주 앉아서 합의된 규칙에 따라 게임을 시작한다. 체스에는 명확한 승자와 패자가 있으며, 게임이 끝나면 모든 것이 끝난다.

한편 훌라후프는 무한 게임이다. 훌라후프는 문자 그대로 어떠한 상황에서도 후프를 계속 돌리는 것이 목표이기 때문이다. 후프가 내내 허리춤에만 머물든, 다리나 팔, 아니면 정말 잘해서 목으로 옮겨가더라도 그다지 중요하지 않다. 그리고 실력과 상관없이 결과는 타인에게 아무런 영향을 미치지 않는다. 그저 각자만의 방식으로 후프를 돌리면 될 뿐이다. 운이 좋다면 함께하는 사람끼리 서로를 응원하고, 새로운 아이디어와 게임 방식을 나눌 수 있다.

가장 심각한 문제는 인생과 같은 무한 게임에 유한 게임의 사고방식을 적용할 때 생긴다. 당신이 안전한 길, 다른 사람이 만들어 놓은 길만 따라가고 있다면, 삶이 마치 결승선을 향한 광란의 질주처럼 느껴질 것이다. 우리는 그 와중에도 진척 상황을 끊임없이 남과 비교하면서 가능한 한 많은 성과를 쌓으려 애쓴다.

물론 그렇게 사는 사람이 모두 불행하다고 단언할 수는 없다. 하지만 나는 스스로 일군 성취조차 기뻐하지 못하는 사람을 여럿 만난 적이 있다. 남의 기쁨은 말할 것도 없고, 자신의 성공조차 축하하지 못하는 사람 말이다.

하지만 삶을 무한 게임으로 바라본다면, 모든 것의 형태와 규모가 흥미롭게 바뀌어 간다. 우리 앞에 놓인 여러 이정표가 줄어들거나 남김없이 사라진다면, 제대로 하고 있는지 또는 실패해서 망신당하지는 않을지 걱정할 필요가 없어진다. 이때 당신만의 호기심에 집중하며, 오직 당신만 상상할 수 있는 미래를 그려 나갈 길이 열린다.

무한 게임에서는 앞으로 나아가고 배우며 성장하는 것만으로도 게임을 훌륭히 해내고 있음을 나타낸다. 그동안에는 실패조차도 소중한 배움이 된다. 실패는 비극의 원흉이 아니다. 진정한 비극은 모든 것에 다른 이의 잣대를 들이대려는 발상에서 시작된다.

그렇다면 우리는 삶을 대체 어떻게 측정해야 할까? 우리는 학위, 돈, 명성 등의 범주를 넘어서는 척도로 삶을 평가해야 한다. 삶이 주는 기쁨과 고통의 기복까지 아우르는 기준 말이다.

인생은 길다는 전제하에 현재를 향한 집념으로 무한 게임을 하고 있다면, 단 한 번뿐인 소중한 삶 속에 실패하더라도 다시 도전할 여유가 생겨난다. 성장을 이어 가다 때로는 움츠러들기도 하면서 자신을 여러 차례 새롭게 바꾸어 갈 기회도 얻을 것이다. 삶의 의미를 찾는 것에 머무르지 않고 스스로 만들어 갈 용기만 있다면, 그 여유와 기회 속에 수많은 아름다움이 들어설 것이다.

## 몰입을 향한 흐름

몰입이 찾아올 때의 경이로움은 누구나 한 번쯤 경험해 보았을 것이다. 힘을 조금도 들이지 않은 듯함에도 생산성은 평소의 열 배에 달한다. 그리고 시간 감각이 사라지면서 몰입과 이완이 완벽한 균형을 이룬 상태에 다다른다. 이 상태는 뇌에서 도파민과 노르에피네프린의 분비로 인지 부하가 줄어들고 있다는 신호이기도 하다. 따라서 우리는 바로 눈앞에 있는 대상에 집중할 수 있다. 이에 몰입 상태를 두고 의도적으로 만들 수 없는 신비스러운 순간이라 여기는 사람이 많지만, 이는 완전히 잘못된 생각이다.

플로우 리서치 콜렉티브(Flow Research Collective)[14]의 공동 창립자이자 대표인 스티븐 코틀러(Steven Kotler)는 그 주제를 수년간 연구하면서 저술 활동도 계속해 왔다. 그와 대화를 나눌 때마다 기억에 남는 정보가 하나 있다. 바로 몰입 상태가 찾아오기를 기다릴 필요가 없다는 것이다. 신경과학자들은 이미 몰입을 유도하는 스물두 가지 조건을 밝혀낸 바 있으며, 이들 전략을 활용한다면 우리는 매일 의식적으로 몰입 상태에 진입할 수 있다.

아이러니하게도 가장 당연하고 쉬워 보이는 몰입의 조건은 '완전한 집중'이다. 집중이야말로 몰입에서 떠올릴 법한 '시간이 멈춘 듯한 감각'에 가장 근접한 지점으로 데려다준다. 물론 멀리서 짖는 개나 갑자기 찾아오는 방문객까지는 우리가 어찌할 수 없지만, 집중력을 가장 많이 깨뜨리는 요인은 스스로 해결할 수 있다. 휴대전화를 무음으로 설정한 다음 손과 눈이 닿지 않는 서랍에 넣어 두거나, 컴퓨터의 모든 알림

14 / 몰입 상태에 관한 과학적 연구와 실전 적용을 목표로 하는 성과 최적화 연구 및 교육 기관.

을 꺼 버리면 된다. 이 정도는 누구나 알고 있지만, 그렇기에 오히려 더 놓치기 쉬워서 꾸준히 실천하는 사람은 드물다.

또 다른 시간 기반 전략은 일과를 90~120분 단위로 나누는 것이다. 개인적으로 애용하면서도 원리를 제대로 이해하기 전부터 수년간 써 온 방법이다. 90~120분은 내가 문제를 해결하거나 특별한 창의적 몰입 상태로 들어가고 싶을 때, 진전을 낼 수 있는 최소한의 시간을 말한다. 그리고 자율성, 참신성, 복잡성, 창의성 등 몰입을 유발하는 요소가 작용할 수 있는 환경을 가장 안정적으로 만들어 준다.

어느 날은 90분 동안 잡념을 배제한 채 한 가지 일에만 몰두한다. 또 다른 날에는 회의나 전화 통화, 자잘한 업무처럼 꼭 처리해야 하지만, 큰 프로젝트의 흐름을 방해하기 쉬운 전략적 업무로 채운다. 시간을 큰 문제 하나를 해결하는 데 쓸지, 여러 사소한 일을 빠르게 처리하는 데 쓸지는 상황에 따라 다르다. 다만 나는 이상과 같이 분배한 시간 단위를 기준으로 하루를 계획한다. 그리고 나는 분할해 놓은 시간마다 전력을 다해 몰입한다.

나는 긴 시간 동안 방해받지 않고 집중할 때 크나큰 자유를 느낀다. 그리고 위와 같은 방식으로 일하면 적게 일하면서도 더 많은 성과를 낼 수 있다. 하루 24시간을 늘릴 수는 없지만, 시간제한을 두고 일하면 에너지와 집중력, 활력이 훨씬 높아진다.

이처럼 90분은 나를 비롯한 수많은 사람이 하루를 구성하는 기본 시간 단위로 즐겨 이용한다. 때로는 두 개의 단위를 하나로 통합하여 전략적인 집중 시간으로 활용하기도 한다. 한 프로젝트에 90분 동안 몰입하는 것보다 세 시간을 들여 깊이 파고드는 것이다. 이러한 연습을 통해 나는 스스로 놀랄 만큼 더 효과적으로 일하게 되었음을 실감했다.

나는 아침 루틴을 위한 하루의 첫 90분만큼은 거의 강박적으로 사수하는 편이다. 이 시간이야말로 하루와 일주일, 나아가 삶 전체에 큰 영향을 미친다는 것을 누구보다 잘 알기 때문이다. 상황에 따라 일정을 조정할 때도 있지만, 나는 아침 일과를 지키는 데 상식을 넘어서는 노력을 기울인다. 하루를 시작하는 시간에 무엇을 하느냐는 날마다 다르겠지만, 나름의 자기 관리와 운동, 하루를 또렷한 마음으로 보내기 위한 마음챙김은 빼놓지 않는다.

그다음 이어지는 90분 구간에는 그날 반드시 끝내야 할 가장 중요한 일을 우선 배정한다. 핵심적인 일을 일찍 끝내두면, 이미 큰 진전을 이뤘다는 확신으로 다음 일정을 소화하기 수월해진다. 그 뒤의 시간은 예정된 업무를 처리하는 데 쓴다.

첫 90분 아침 루틴과 중요도에 따른 업무 처리는 개인적으로 몰입을 위해 가장 애용하는 방법이다. 자신에게 맞는 몰입 요인을 찾으려면 여러 가지를 시도해 보고, 지금까지와 다른 방식으로 일하고 살아가겠다는 열린 마음이 필요하다. 이는 현재 당신의 일 처리 방식과 더불어 대다수 사람과도 다를 수 있다. 하지만 이 또한 몰입으로 향하는 과정이다. 당신에게 중요한 일을 해낼 수 있는 시간을 확보하려면 일관된 작업 방식이 필요하기 때문이다.

### 몰입 요인 선택하기

몰입은 마법 같은 상태이지만, 외부에서의 영감이나 특출난 행운까지 요구하지는 않는다. 몰입을 유발하는 당신만의 요인을 찾아낸다면, 몰입은 언제나 가능하다. 이는 호기심이나 새로움, 또는 누군가와 함께 위험을 감수하는 상황일 것이다. 또는 아래에 소개할 스물두 가지 요인 가운데 일부가 결합한 형태로 나타나기도 한다. 코틀러와 플로우 리서치 콜렉티브 팀에서는 몰입 유발 요인을 네 범주로 나누었으며, 구체적인 유형화는 다음과 같다.

#### ❶ 내적 요인

자연스럽게 몰입 상태로 이끄는 인지적 요소

· **자율성**: 스스로 판단하고 움직일 수 있을 때

· **완전한 집중**: 오직 한 가지에만 몰입할 때

· **열정, 목적, 호기심**: 중요하게 여기는 것과 일치하는 활동을
할 때

· **즉각적인 피드백**: 현재 상태를 파악하고, 방향을 매 순간 수
정할 수 있을 때

· **명확한 목표**: 목표에 대한 확신이 있을 때

· **도전 과제**: 당면한 과제에 당신의 역량이 필요할 때


### ❷ 외적 요인

특정 과제나 활동 중 몰입을 유도하는 기법

· **참신성**: 낯설고 역동적인 요소가 있을 때

· **위험 요소**: 어떠한 결과가 따르는 상황일 때

· **복잡성**: 다양한 변수로 집중해야 하는 상황일 때

· **예측 불가능성**: 당신의 행동이 결과에 영향을 줄 수 있을 때

· **깊은 체화**: 몸과 마음이 어우러져 몰입할 때


### ❸ 창의적 몰입 요인

창의적인 흐름을 돕는 전략

· **창의성**: 새롭고 독창적인 아이디어를 키워 낼 때

· **패턴 인식**: 다른 사람들이 놓치기 쉬운 연결점을 발견할 때

# ❹ 집단 몰입 요인



- **공동의 목표**: 같은 목표를 향해 나아가며 소속감과 헌신이 생길 때

- **경청**: 적극적인 소통이 신뢰와 이해를 낳을 때

- **수용과 확장**: 즉흥적 아이디어를 받아들이고 그 위에 무언가를 더할 때

- **통제감**: 각자가 영향력을 발휘하고 성공한다고 믿을 때

- **자아 융합**: 팀워크가 살아 있고 상호 존중이 이루어질 때

- **동등한 참여**: 모두가 참여할 수 있고 서로의 재능을 인정할 때

- **친밀감**: 각자의 고유함을 자연스럽게 받아들일 수 있을 때

- **지속적인 소통**: 아이디어가 자유롭게 오갈 때

- **공동의 위험 감수**: 이것은 우리 모두의 일이고, 그 사실이 중요할 때

※ 출처:

플로우 리서치 콜렉티브,

스티븐 코틀러

# 쉼표를 찍을 지점

생산성을 다룬 기존의 책에서는 더 많은 일을 하려면 쉬어야 한다고 말한다. 물론 휴식이 생산성을 높일 수는 있다. 하지만 우리가 쉬어야 하는 진짜 이유는 애초부터 인간이 그렇게 설계된 존재이기 때문이다. 우리는 살려면 잠을 자야 하고, 회복을 위해 쉬어야 한다. 우리 인간은 정기적으로 휴식하도록 프로그래밍되어 있다. 이는 시스템의 오류가 아니라 원래부터 설계된 특징이며, 반드시 지켜야 하는 필수 조건이다.

머릿속에 여유가 없으면, 새로운 생각은커녕 몰입에 다가가는 것조차 불가능하다. 여기서 핵심은 '전략적 재정비'를 실천하는 데 있다. 전략적 재정비는 에너지 프로젝트(The Energy Project)의 창립자이자 CEO인 토니 슈워츠(Tony Schwartz)가 따뜻한 커피 한 잔을 사이에 두고 내게 전한 것이었다.

전략적 재정비는 이제 내 삶에서 결코 빼놓을 수 없으며, 토니 덕분에 지금도 꾸준히 실천하고 있다. 전략적 재정비의 개념은 아주 단순하지만, 핵심적인 전략이다. 나는 90분 동안 몰입해서 일한 뒤에 반드시 30분 정도 몸과 마음을 재충전하는 데 쓴다.

그 시간에는 대부분 자리에서 일어나 걸어 다니거나, 간식이나 점심을 먹는다. 아니면 밖에 나가서 신선한 공기를 마시기도 하고, 아내에게 전화를 걸어 하루를 어떻게 보내고 있는지 안부를 묻는다. 간단하게 말하자면, 나는 의도적으로 여유를 만들어 마음을 잠시 풀어놓거나 머리를 식힐 만한 재미있는 활동을 한다.

가끔은 점심시간을 '식사 미팅'이나 '산책 미팅', 때로는 두 활동을 한꺼번에 소화하는 데 활용하기도 한다. 이러한 상황을 제외한다면 다음 업무를 시작하기 전에 머리를 식히는 시간으로 쓰는 편이다. 이렇게 의도적으로 일하는 시간과 그렇지 않은 시간을 구분하면, 결정적인 순간에 중요한 일에 집중할 수 있고, 스스로 원할 때 몰입을 해낼 확률도 키울 수 있다.

하루 24시간을 늘릴 수는 없지만, 그 시간을 채우는 에너지와 집중력의 양은 늘릴 수 있다. 이를 통해 우리는 주어진 시간 속에서 더 충만하고 평화로운 삶을 영위할 수 있다. 하루 중 정해진 시간에 휴식을 취하면 몸과 마음이 회복되고, 현재에 집중할 수 있다. 이뿐 아니라 해야 할 일도 그저 하기 싫은 잡일이 아닌, 삶 속의 의미 있는 요소로 받아들이면서 해 나갈 수 있다.

일상 업무 중 짧은 휴식을 챙기는 것도 중요하지만, 그보다 더 긴 회복의 시간도 계획적으로 마련해야 한다. '일상을 벗어나 인생을 즐기는' 시간은 오전이나 오후 시간 또는 종일로 설정하여 정규 일정 안에 얼마든지 편성할 수 있다. 골프나 자전거 타기, 하이킹, 가족과 함께하기 등 안정감을 주면서 머리를 식히는 활동이라면 무엇이든 좋다.

영화 제작자 티파니 슐레인(Tiffany Shlain)의 '테크 샤밧(tech shabbat)'[15]이나 리더십 코치 웨인 뮬러(Wayne Muller)의 '안식일' 도 바로 위의 맥락에서 등장한 것이다. 그들은 종교나 신앙과 무관하게, 하루를 온전히 쉬는 것도 신성한 행위의 일환이라고 말한다.

실제로 휴가를 떠나는 방법도 있다. 이때 휴가란 자동응답 메시지를 '부재중'으로 설정한 뒤, 일상에서 완전히 벗어나는 것을 말한다. 사람들이 휴가를 갈 수 없다는 가장 흔한 핑계는 다음과 같다.

"휴가는 안 돼요. 제가 없으면 저희 회사도, 제 일도, 삶도 무너질 거예요."

혹시 이 말이 당신 이야기처럼 들린다면, 그 생각이 사실인지 잠시 되짚어 보자. 과연 그럴까? 대부분은 그렇지 않다. 물

15 / 유대교의 안식일 개념에서 착안해, 매주 하루 동안 스마트폰, 컴퓨터 등 모든 디지털 기기 사용을 중단하고 오프라인으로 휴식과 재충전을 추구하는 실천 방식. 영화감독 티파니 슐레인이 제안한 바 있다.

론 시간을 내기 쉽지 않을 수도 있으며, 설사 여유를 마련하더라도 잠깐에 불과할 것이다.

하지만 꼭 기억해야 할 중요한 사실이 하나 있다. 바로 쉬는 날을 스스로 정하지 않으면, 언젠가는 질병이 당신의 몸을 폭격하며 쉬는 날을 강제로 정해 주리라는 것이다. 이처럼 휴식 없이 버틸 수 있는 사람은 없다.

## 현재를 즐겨라

생사를 가르는 순간에는 자연스럽게 현재에 온전히 집중하게 된다. 하지만 그렇지 않은 대부분의 나날은 어떻게 보낼까? 가령 설거지를 하고 있을 때는 어떠한가? 아드레날린 중독자가 되지 않으면서 현실적으로 현재에 초점을 맞추어 살아가려면 어떻게 해야 할까? 이들 질문에 해답이 될 만한 아이디어를 아래에 제시하겠다.

### 체계를 주도하라

우리의 하루는 회의, 병원 예약, 식사 약속 같은 일정으로 빽빽하다. 어찌 되었건 우리는 해야 할 일을 일정에 따라 처리해야 한다. 하지만 그 기본적이면서도 필수적인 틀 안에서도 새롭고 재미있는 삶을 만들 수 있지 않을까? 그렇다면 한 주, 나아가 한 해가 지나고 나서 돌아볼 때, 그 시간이 더 길고 풍요로워 보일 것이다.

따라서 나의 해법은 일정보다 체계를 우선시하는 것이다. 둘의 차이는 무엇일까? 일정은 대개 고정되어 있으며, 타의로 결정될 때가 많다. 즉 세상이 모두를 같은 방식과 방향으로 움직일 목적으로 만든 시간표에 가깝다. 반면 체계는 자신을 위한 루틴과 실천이다. 쉽게 말하면 세상이 원하는 방향보다 자신을 지지하면서 창의성과 적응력을 유지하는 구조라 할 수 있다.

나는 활발하게 활동하는 전문 사진작가로 성장하는 데 필요한 일을 중심으로 체계를 만들어 갔다. 그러자 절실하게 바라던 결과가 빠르게 현실로 이루어지기 시작했다. 이와 동시에 내가 정말 좋아하는 일에 쓸 시간도 더 많아졌다.

나는 이제 일정표를 들여다보며 하루 중 겨우 몇 분 남는 시간을 쥐어짜서 무엇을 해낼 수 있을지를 따지느라 씨름하지 않는다. 나에게 정말 중요한 일을 중심으로 하루를 설계한다. 몸을 깨우는 활동이나 명상 외에 무슨 일이 있어도 아침마다 아내와 커피를 마시러 가는 산책 같은 일 말이다.

이러한 루틴은 내가 최상의 상태로 일할 수 있도록 도우며, 삶의 방향성과 주도권을 되찾는 감각을 선사한다. 신기하게도 아침 루틴은 분명 하루 일정에서 시간을 차지하는 일이다. 그러나 이를 통해 생겨나는 명료함과 창의성은 오히려 내가 진정으로 원하는 일을 모두 할 수 있는 시간을 선사한다.

### 무엇을 포기할 것인가

방해 요소로부터 주의력을 되찾는 법에 대해서는 제1장에서 이야기한 바 있다. 비단 주의력뿐 아니라 시간도 되찾기 위해 반드시 알아야 할 중요한 전제가 하나 있다. 바로 할 일뿐 아니라 하지 않을 일도 적극적으로 선택해야 한다는 점이다.

현재에 몰입하려면 시간을 온전히 자기 것으로 삼아야 한다. 따라서 주도권을 쥐고 그 경계를 분명히 하자. 그리고 이제는 그저 바빠 보이고 생산적인 척만 하게 만드는 헛일을 그만두자. 올리버 버크먼(Oliver Burkeman)은 저서 《4,000주(Four Thousand Weeks)》에서 다음과 같은 글을 남겼다.

"모든 일을 다 해낼 수 있다는 것이 마냥 좋은 일은 아니다. 무엇을 포기할까를 결정하지 않아도 된다면, 당신의 선택에 진정한 의미란 없을 것이기 때문이다. 이러한 마음가짐이라면 즐거움을 포기하거나, 책임에 잠시 소홀한 현실마저 받아들일 수 있다. 가족을 부양하기 위해 돈을 벌거나, 소설을 쓰거나, 아이를 목욕시키거나, 산길을 걷다 겨울 저녁의 옅은 햇볕이 지평선 아래로 저무는 순간을 바라보는 것처럼 당신이 무언가를 포기하고한 일 모두 애초부터 주어졌다고 생각할 수 없었던 시간을 스스로 선택해 사용한 결과이기 때문이다."

우리는 이제 '바쁨'을 미화하는 문화에서 벗어나야 한다. 여기에서 바쁨은 많은 사람이 느끼는 불안에서 비롯되며, 불안을 더욱 키우는 방향 없는 활동을 말한다. 세계적인 운동선수이자 배우 겸 정치인인 아놀드 슈워제네거(Arnold Schwarzenegger)는 인터뷰에서 요즘 사람들 대부분이 해야 할 일을 할 시간을 찾아야 한다는 고민에 사로잡혀 있다는 사실에 짧은 의견을 덧붙였다. 그는 요즘 사람들의 고민이 잘못된 접근이라 지적한다.

"시간은 찾는 것이 아니라 만드는 것이다."

뻔한 말 같아 보이지만 사실이다. 시간을 비롯하여 우리가 그것을 어떻게 경험하느냐는 전적으로 우리의 선택과 태도에 따라 달라진다.

## 시간의 주인이 되는 법

내 친구는 시간에 관해서라면 누구보다 일가견이 있다. 정확히 말하자면, 그는 '시간 관리'라는 강박에서 벗어나 이제는 '시간을 주도적으로 운용하는 사람'으로 거듭났다. 그 친구는 바로 팀 페리스(Tim Ferriss)이다.

팀은 현재에 몰입하는 한 가지 방법으로, 시간 팽창이 일어나는 환경을 일부러라도 만들기를 제안한다. 그는 뉴멕시코 산악지대에서의 일주일간 하이킹 여행을 예로 들었다. 낯선 장소와 새롭고 다양한 지형, 끊임없이 변화하는 환경이 시간 감각을 극적으로 확장했다는 설명을 이어 갔다.

> "며칠이 지난 뒤에 여행 첫날이나 이튿날 아침을 떠올리면, 마치 3~4주 전에 겪은 일처럼 멀게 느껴졌다."

그의 판단에 따르면, 우리는 이처럼 시간을 경험하는 전략을 삶에 계획적으로 설계해 적용할 수 있다. 해마다 일주일 동안의 여행을 두 차례 가겠다고 생각해 보자. 여행 내내 새롭고 역동적인 경험으로 가득하도록 일정을 정교하게 짠다면, 총 2주간의 여행이 몇 주에서 몇 달이나 지난 일처럼 보일 것이다.

결과적으로 우리는 체감하는 삶의 길이를 나타내는 경험

수명이 최대 50%, 즉 반년 가까이 확장되는 효과를 누릴 수 있다. 이는 우리가 무엇을 어떻게 하느냐에 따라 삶의 길이가 늘어남을 보여 주는 유의미한 증거이다.

## 현재를 방치하는 기다림

이 순간에 존재하는 사실이야말로 모두에게 주어진 최고의 선물임을 알면서도, 현재를 외면한 채 머나먼 미래만을 바라보는 일이 비일비재하다. 영원히 오지 않을 순간만 기다리며 시간만 흘려보내는 꼴이다. 하지만 현재가 우리의 전부라면, 우리가 그 시간을 허비하려 드는 이유는 무엇일까?

지금을 누리자. 그 순간과 함께하자.

에크하르트 톨레는 《이 순간의 나》에서 '기다림'이라는 마음의 습관을 내려놓기란 무엇인가를 이야기한다. 기다림은 현재에 집중하지 않은 채 그냥 흘러가도록 방치하는 태도이다. 이러한 점에서 현재의 가치를 떨어뜨리는 주범이라 할 만하다. 따라서 당신에게 아주 작은 실험을 제안하고자 한다.

카페 앞에서 커피를 주문하기 위해, 아니면 병원에서 진료를 기다릴 때, 그 시간을 기다림이 아니라 현재에 주의를 기울이는 연습의 시간으로 바꿔 보자. 통화를 비롯하여 스마트폰에 손대거나, 장 볼 계획도 잠시 멈춘 채 지금 있는 자리에 머물러 보자. 바닥에 닿는 발의 감각을 느끼고, 호흡에 집중하자.

이상의 순간은 모두 당신의 삶에서 잠시 쉬어 가는 틈이 아니다. 그 자체가 바로 당신의 삶이다. 그러므로 시간을 기다림으로 흘려보내지 말고, 삶이라는 놀랍고도 찬란한 경험을 온전히 느낄 수 있도록 지금의 순간에 머물기를 선택해 보자.

LEVER
3

직관:

당신이 답이다

NEVER PLAY IT SAFE

〰〰〰〰

“메이데이, 메이데이, 메이데이. 여기는 US 에어웨이즈 1549편, 새와의 충돌로 양쪽 엔진 모두 동력을 상실했다….”

조종사가 관제탑에 긴급 무전을 보냈다. 약 90초 후인 오후 3시 31분, 비행기는 얼음처럼 차가운 허드슨강 위에 불시착했다.

인생을 살다 보면 한순간의 판단으로 생사를 가르는 순간이 찾아온다. 2009년 1월 15일, 체슬리 설렌버거(Chesley Sullenberger) 기장은 뉴욕시 상공 약 860m에서 상상할 수 없는 위기 상황에 직면했다. 라과디아 공항을 이륙한 직후의 일이었다. 그 순간이 오기 전까지는 모든 것이 평소와 다름없는 평범한 비행이었다.

기러기 떼와의 충돌로 갑작스럽고 치명적인 엔진 손실이 발생하자, 에어버스 A320기는 인구 밀집 도시를 향해 급강하하기 시작했다. 부기장이 점검표대로 엔진 재시동 절차를 수행하는 동안 설렌버거 기장이 직접 조종간을 잡았다. 표준 절차 및 라과디아 공항 관제탑의 지시에 따르면, 조종사는 출발한 공항으로 회항하거나 뉴저지에 있는 티터버로 공항으로

우회해야 했다. 하지만 설렌버거 기장은 직관적으로 지시 이
행이 불가능함을 깨달았다.

**"안 됩니다. 허드슨강으로 가야 합니다."**

조종사의 임무는 끊임없이 점검표를 확인하고 절차를 따
르는 것이다. 절차에서 벗어나거나, 즉흥적인 행동은 할 수
없다. 따라서 조종사는 직관마저도 훈련으로 지워 내야 하는
직업이다. 설렌버거 기장은 그 사실을 알면서도 공항으로 가
려는 시도가 답이 아님을 본능적으로 느꼈다.

공항으로 갔다면 기내의 모든 탑승객은 물론, 지상의 수많
은 이들까지 목숨을 잃는 재앙으로 이어졌을 것이다. 모든 엔
진이 멈춘 채 섬뜩할 만큼 조용히 하강하던 그 일촉즉발의 순
간, 설렌버거 기장은 민항기 역사상 누구도 시도한 적 없는
결단을 내렸다. 여객기를 동체 착륙 방식으로 허드슨강 수면
에 착수(着水)하겠다는 것이었다.

비행기가 급강하하던 와중에도 기장은 수십 년간의 비행
경험으로 다듬어 온 본능에 의지해 고장 난 항공기를 얼어붙
은 강 쪽으로 유도했다. 1970~1980년대에 전투기를 몰았던
그는 총 1만 9,663시간의 비행 경력을 지닌 베테랑으로, 그중
4,765시간은 해당 사고 당시 조종 중이던 A320에서 쌓은 기

록이었다. 40년이 넘는 시간을 하늘에서 살아온 셈이다.

그뿐 아니라 설렌버거 기장은 대부분의 민간 항공기 조종사와 다르게 무동력 글라이더 조종 및 착륙 방법을 아는 정식 글라이더 조종사이기도 했다. 그는 놀라울 만큼 침착하고 또렷한 판단력으로 교과서에 실릴 만큼 완벽한 수상 비상착륙을 해냈다. 충격을 최소화한 상태로 기체를 강물 위에 착수시켜 탑승객 155명의 생명을 지켜 낸 것이다. 오늘날 그의 용맹한 업적은 '허드슨강의 기적'이라 불린다.

사고에 대한 조사를 진행하면서 과학적 시뮬레이션과 정밀 분석이 이루어지면서 한 가지 사실이 명확해졌다. 비상 상황이 성공적으로 마무리된 데는 설렌버거 기장의 직관에 따른 판단이 결정적인 역할을 했다는 것이다. 이에 미국 국가교통안전위원회(National Transportation Safety Board, NTSB)에서도 당시의 시간과 상황을 고려할 때, 수상 착륙이 승객의 생존 가능성을 최대한 높이는 선택이었음을 공식적으로 인정했다.

물론 표준 절차는 설렌버거 기장의 판단에 중요한 토대가 되었다. 하지만 수십 년간 쌓아온 비행 경험과 전문성이 뒷받침된 그의 직관적인 상황 판단이야말로 그날 탑승자 전원의 생명을 구한 결정적인 요인이었다. 설렌버거 기장의 관례를 거스르는 결단력과 직관은 단순히 참사를 막은 데 그치지 않았다. 그의 선택은 우리 모두 느끼고 있지만 잊고 지내던 감

　〰〰〰〰〰　

각, 바로 내면 깊은 곳의 본능적인 느낌을 일깨워 주었다.

신경과학자 질 볼트 테일러(Jill Bolte Taylor)는 좌뇌에 심각한 출혈성 뇌졸중이 발생했을 때, 무엇을 어떻게 해야 할지 정확히 알 수 있었다. 그 순간 그녀를 이끈 것은 바로 본능적인 직감이었다. 수십 년간 타인의 뇌졸중을 연구해 온 그녀는 실시간으로 진행되는 증상을 직접 겪는 와중에도 침착함과 차분함을 유지했다.

그녀는 고도로 훈련된 신경해부학자로서 뇌졸중이 시작되던 순간부터 자기 몸과 뇌에서 벌어지는 일을 직접 인지할 수 있었다. 이는 그야말로 보기 드문 상황이었다. 당시 그녀는 뇌에서 언어와 분석적 사고, 순차적 처리 능력을 담당하는 기능이 차츰 멈추기 시작함을 느꼈다.

테일러는 테드 강연과 그 후에 출간한 저서 《나는 내가 죽었다고 생각했습니다(My Stroke of Insight)》에서 그때의 일을 회고한다. 뇌졸중이 시작된 순간, 해야 할 일을 미리 정해 놓기라도 한 듯 자연스럽고 명확하게 깊은 직관과 내적 자각으로 이행되었다고 설명했다. 그녀는 그 일생일대의 사건 속에서 발휘한 직관이 뇌졸중을 더 깊이 이해할 수 있는 특별한 계기가 되었다고 말한다.

테일러는 회복 후에도 뇌졸중을 더욱 명확히 인식하려 그 흐름에 몸을 맡겼다고 전했다. 그렇게 그녀는 시간이 천천히 흐르는 듯한 느낌 속에서 그 경험에 더욱 깊이 집중할 수 있었다. 증상이 일어나는 와중에도 그녀는 당시의 사건을 자신에게 주어진 기회로 받아들였다. 그리고 그 순간에 저항하기보다 미지의 흐름에 자신을 맡기는 것이야말로 뇌졸중의 메커니즘과 경험을 이해하는 데 이성적 접근을 뛰어넘는 통찰을 가져다주리라 믿었다.

현재의 순간을 온전히 인식하고, 특히 그 안에서 자신의 직관에 귀 기울이는 침착함 덕분에 테일러는 과학적 발견이라는 특별한 기회를 얻었다. 하지만 그녀는 그 경험이 회복 과정 전반에 걸쳐 자신에게 깊은 통찰과 방향을 제시해 준 특별한 내적 지도자가 되어 주었다고 말한다.

사람들이 위기에서 살아남는 이야기를 주의 깊게 살펴보기 시작하면, 직관의 중요성을 분명히 알 수 있다. 이는 일상생활에서도 마찬가지다. 트래비스 라이스(Travis Rice)처럼 수많은 위험에, 그것도 극한의 수준으로 뛰어들고도 살아남아서 그 경험을 얘기할 수 있는 사람은 극히 드물다.

역대 최고의 빅마운틴 라이더(big mountain rider)[16]로 손꼽히는 트래비스는 지난 15년간 제작된 스노보드 영화의 명장면

---

16 / 스노보드나 스키 분야에서 헬리보딩이나 비포장 산악 지형인 백컨트리를 포함한, 크고 험준한 산의 자연 지형을 타는 사람을 의미한다.

에 거의 빠짐없이 등장했다. 그는 극도로 위험천만한 환경 속에서도 어떻게 목숨을 유지하고, 건강한 상태로 안전하게 생업 활동을 이어 나가느냐는 질문에 운도 한몫했다고 답한다. 하지만 자신이 아직 지구상에 존재할 수 있는 이유는 대부분 매우 구체적이고 다양한 형태의 훈련 덕분이라고 덧붙였다.

놀랄 것도 없이, 트래비스는 1년 내내 스노보드 기술을 연마하며 살았다. 그는 인생 대부분을 그렇게 살아왔다. 체력 단련은 물론이고, 사고방식 훈련, 영양 관리, 경로 탐색 외에도 수백 가지에 달하는 세부 기술에서도 역대 최고 수준에 속하는 실력을 지녔다.

그러던 어느 날, 그가 맥주 한 잔을 앞에 두고 내게 털어놓은 말이 큰 울림을 주었다. 그는 지금까지 해 온 훈련만큼이나 직관을 활용하는 데서 힘과 지혜를 얻었다고 말했다. 특히 그는 '첫 반응'이라 부르는 직감적인 반응을 매우 중요하게 여기며, 마음속에서 처음 떠오른 반응을 언제나 믿고 행동에 옮긴다. 망설임이나 그 직감을 억누르려는 충동이 들 때조차도 마찬가지다. 트래비스는 이상의 특징이 자신을 다른 정상급 선수들과 구별하는 핵심적인 차이라고 강조한다.

또한 그는 스노보드의 최전선에서 여러 위험 요소를 관리할 수 있도록 도와준 인물을 언급했다. 그 사람은 전설적인 산악 가이드이자 설상 안전 전문가인 존 버퍼리(John

Buffery)이다.

"우리가 백컨트리[17]에서 활동할 때 지켜온 핵심 원칙 하나가 있습니다. 예컨대 팀이 백컨트리로 나가려 할 때, 뭔가 느낌이 이상해서 망설이거나 한발 물러설 때가 있어요…. 아니면 적설층이나 눈사태 위험 평가용 구덩이에서 뭔가를 발견했을 수도 있고요. 그래서 물러서기로 마음먹는다면, 그게 그날의 최종적인 결정입니다. 그걸로 끝이에요…. 그 결정을 뒤집으려 하지도 않아요. 위험한 일을 하러 나설 때 자신도 모르게 흐름이나 관성이 살짝 꺾이는 순간이 찾아오기도 합니다. 그건 망설임의 신호예요. 신호가 오는 순간, 우리는 그대로 멈춰야 합니다. 두 번 생각하지 않죠."

위의 이야기는 우리가 수백 명의 생명을 책임지는 위치에 있거나, 그저 자신을 지키는 데 집중하는 것에 상관없이 한 가지 중요한 진실을 말해 준다. 우리가 매일 크고 작은 모든 순간 속에서 느끼는 감정을 결코 무시해서는 안 된다는 것이다. 진정으로 바라는 것에 귀 기울이는 일이 익숙지 않다면

---

**17** / 일반적으로 도로, 건물, 리조트 슬로프 같은 인공 시설이 없는, 자연 그대로의 외딴 산악 지형을 말한다. 스키나 스노보드 맥락에서는 특히 정비되지 않은 설산 지대를 가리킨다.

어디서부터 시작해야 할지 막막할 수도 있다.

하지만 직관은 애초부터 당신 안에 있다. 만들어야 하는 것이 아니라는 얘기다. 당신의 내면에는 잠시 멈춰 서서 귀 기울일 의지가 있다면 언제든 닿을 수 있는 고요한 공간이 있다. 체슬리 설렌버거, 질 볼트 테일러, 그리고 트래비스 라이스의 사례에서 우리는 여느 사람과 다른 점을 알 수 있다. 그들은 관습이나 타인의 조언에 의존하지 않고, 내면의 목소리에 귀 기울였다. 그리고 그 가치를 인정하면서 몸을 맡겼다. 그리고 이제 당신의 차례가 왔다.

우리 모두 한 번쯤은 내면의 강한 힘이 가야 할 길을 알려주는 듯함을 느낀 적이 있을 것이다. 물론 그 느낌을 따랐는지는 사람마다 다르기는 하겠다. 다만 안전한 길만 고집하지 않고 진짜 나만의 길을 찾고자 한다면, 직관이 답이다. 그러니 지금부터 당신 안에 이미 존재하던 직관이라는 지렛대를 적극 활용해 보자.

## 열쇠는 우리 안에 있다

우리는 오랫동안 의식적, 이성적인 사고야말로 신뢰할 만한 효율적인 의사 결정 방식이라고 여겨 왔다. 그러한 사고방식만이 신중하고 철저하며, 올바른 판단을 내릴 수 있는 가장 확고한 기반이라고 믿었다.

하지만 최근 심리학 연구에서는 이상의 통념에 의문을 제기한다. 의식적 사고는 신중하기는 하지만, 속도가 느리고 판단이 엉키기 쉽다는 것이다. 이에 관하여 당신이 복잡한 미로 속을 손전등 불빛에 의지해 걸어가는 상황을 상상해 보자. 빠르게 나아가는 것은 고사하고 손전등으로 경로 중 극히 일부분만 겨우 비추어 볼 뿐이다.

최근 밝혀진 사실에 따르면 직관은 우리의 의식이 닿지 않는 곳에서 작동하는, 훨씬 강력하면서도 신비로운 과정이다. 직관은 과거의 경험, 내면의 신호, 환경적 단서를 끌어옴으로써 놀랍도록 빠른 속도로 우리를 결정으로 인도한다. 그 과정에서 의식적 사고를 완전히 건너뛰기도 하는데, 이는 마치 잔잔한 속삭임과 번쩍이는 전기 충격이 어우러지면서 자아내는 감각과 같다. 직관은 이성적으로는 이해되지 않더라도 어딘가 옳다고 느끼거나 안다고 확신하는 방향으로 순식간에 우리를 이끈다.

직관의 복잡함과 정교함은 최신 신경과학 연구를 통해 점차 명확해지고 있다. 우리의 뇌는 매초 수백만, 어쩌면 수십억 개에 달하는 방대한 정보를 처리한다. 뇌는 인지 과부하를 막기 위해 전체 정보 중 약 90%를 의식 수준 밖에서 걸러낸다. 이러한 사실과 여러 연구 결과를 종합한다면, 우리의 몸에서도 장내 세포나 인간을 구성하는 36조 개 세포의 일부는 과거 경험에서 얻은 통찰을 보관하는 지혜의 저장소 역할을 할 수도 있겠다.

일정한 조건이 갖추어진다면, 지혜의 저장소에 접근하여 의식적 사고의 영역을 넘어선 방대한 정보에 닿을 수 있다고 보는 과학자도 있다. 하지만 이처럼 막대한 영향력에도 직관은 여전히 인간의 경험으로 가장 파악하기 어려우면서 신비스러운 영역으로 남아 있다. 직관은 모두에게 존재하는 능력이지만, 그에 관한 우리의 이해는 아직도 제한적이다. 마치 제대로 단련되지 않은 근육처럼 잠재력을 온전히 끌어내지 못하고 있다.

직관을 믿어도 될까를 망설이고 의심한 적이 있는가? 그렇다면 이 고민이 당신의 것만은 아니라는 사실을 명심하자. 직관은 우리 안의 가장 강력한 지렛대일 수 있겠지만, 정작 우리는 그것에 대해 아는 바가 거의 없다. 안타깝게도 사회는 우리에게 직관보다 이성을 우선시하고, 내면의 속삭임을 믿지 말라고 훈육해 왔다. 이에 따라 우리는 값비싼 대가를 치르게 되었다.

안전한 길만 고수하며 살려는 태도를 깨뜨리는 데 직관만큼 강력한 수단은 드물다. 그러니 안심해도 좋다. 자신을 믿는 힘은 이미 당신 안에 존재한다.

형이상학이나 양자장 이론, 플라시보 효과, 심지어 말도 안 되는 우주 원숭이의 장난처럼 외부의 개입으로 직관이 생겨나는가의 문제는 이제 중요하지 않다. 안전만을 좇지 않기로 한 사람들은 그 원리를 낱낱이 이해할 필요조차 느끼지 않는다. 어차피 그들은 직관의 강력함을 무시하는 것이 어리석은 일임을 최신 과학의 흐름과 이 책의 이야기, 그리고 경험을 통해 이미 알고 있기 때문이다.

## 지도와 나침반

세상은 당신의 여정을 안내할 지도 한 장을 내민다. 지도에는 당신의 현재 위치를 나타내는 빨간 점 하나가 찍혀 있다. 지도에 그려진 점선대로 강을 건너고, 숲을 지나서 계곡을 따라 착실히 걸어가기만 하면 목적지에 도착할 수 있다. 그러면 최소한 당신이 반드시 가야 한다고 여기는 목적지에는 도달할 것이다.

해야 할 일도 마찬가지로 단순하다. 그저 대학에 가서 적당한 성적을 받아 괜찮은 직장에 취업하면 된다. 그렇게 산다면 모든 일이 잘 풀릴 것이라는 얘기다.

하지만 그 모두가 당신에게 진정한 행복을 주지 못한다면, 목표에 도달했음에도 마음이 허전하다면 어떻게 할 것인가? 더 현실적으로, 그 지도가 애초에 엉터리라면, 점선을 따라가더라도 진정으로 원하는 목적지에 닿을 확률이 동전 던지기와 다르지 않다면 당신은 어떻게 할 것인가?

이제는 지도를 내려놓고 당신 안의 나침반을 바라보며 길을 찾을 때다. 지도와 나침반은 처음에 비슷해 보이지만, 그 차이가 가져오는 결과는 전혀 다르다. 나침반은 단지 방향만을 가리킨다. 가리키는 방향은 명확하지만, 당신과 목적지 사이에 무엇이 있는가에는 관심이 없다. 그저 스스로 헤쳐 나가리라 믿을 뿐이다.

반면 지도는 특정한 경로를 보여 준다. 가야 할 방향까지 정확하게 알려 준다는 점에서 지도가 더 유용해 보일 수 있다. 하지만 지도의 정밀함은 오히려 우리를 어려움에 빠뜨린다. 본질적으로 변화무쌍한 인간의 삶에서 단 하나의 길만이 목적지로 이어진다는 것은 허상에 불과하다.

따라서 우리는 지도가 아닌 나침반, 즉 직관을 선택해야 한다. 나침반은 작은 우회도 여정의 일부임을 알고 있다. 그보다는 어떠한 길을 걷더라도 '나만의 북극성'을 잃지 않는 것이 가장 중요하다.

누구나 마음속에 꿈이나 생각, 또는 간절한 바람 하나쯤은 품고 있을 것이다. 하지만 우리는 비현실적이라거나 부끄럽다는 이유로, 당장 할 일이 아니라는 이유로 열망하던 바를 미루고 외면하거나 파괴하며 살아왔다.

이쯤이면 당신의 머릿속에도 무언가 떠올랐을 것이다. 그렇지 않다면 눈을 감고 지난날을 떠올려 보자. 당신을 설렘으로 반짝이게 한 것, 진심으로 사랑한 것은 무엇인가? 완벽한 형태를 갖추지 않은 답이라도 괜찮다. 희미하게나마 윤곽을 갖춘 꿈이면 충분하다.

질문에 어떠한 답을 내리더라도, 이 순간만큼은 그 존재를 인정하자. 당장 무언가를 하려고 애쓰지는 말자. 애써 모른 척하지만 않으면 된다. 그 뒤부터는 당신 안의 나침반이 다음으로 갈 길을 알려줄 것이다.

준비가 되었다면 그 생각을 조금씩 확장해 보자. 일단 작은 실험부터 시작하도록 하겠다. 하루 중 몇 분이라도 당신이 떠올린 바를 탐색하며, 가고 싶은 방향으로 걸어가 보자. 지금껏 느끼지 못한 거센 에너지의 끌림을 머지않아 실감할 것이다.

무언가에 진심으로 관심을 기울이는 것만으로도 큰 변화가 일어난다. 그리고 지금 느낄 에너지의 끌림은 그 열 배 정도로 훨씬 강력하다. 이는 인생 자체를 송두리째 뒤엎으라는 말이 아님을 기억하길 바란다. 다만 시간을 들여 꿈에 대한

　〰〰〰〰〰〰　LEVER 3 / 직관: 당신이 답이다

자각을 조금씩 키우면서 현실적인 방식으로 다가가 보자. 그것만으로 당신은 분명한 진전을 체감할 것이다. 이상의 과정을 반복하는 것이 그다음 목표이다.

위에서 제시한 활동은 생각만으로 이룰 수 없으며, 행동이 반드시 수반되어야 한다는 점에 주의하자. 대다수가 바로 그 지점에서 멈칫하기 때문이다. 나침반이 분명한 방향을 가리키더라도, 우리 모두에게는 바늘을 흔들거나 잠시 엉뚱한 방향으로 안내하는 '자기장' 같은 것이 있다. 그 예로 당신이 뮤지션으로 성공하고 싶다는 생각을 할 때, 내면의 목소리가 말을 건네는 상황을 상상해 보자.

**"나 같으면 안 해. 위험하잖아."**

당신의 내면이 전하는 말을 듣는 순간, 바늘이 요동치면서 당신은 북극성에서 멀어져 버린다. 당신을 가장 사랑하는 사람들마저 종종 안전한 길로 가라는 조언으로 방향을 흐린다. 그 조언은 진심으로 당신을 아끼고 도와주려는 마음에서 우러난 말이겠지만, 방식은 완전히 엇나갔다.

안전한 길만 고집하는 선택은 가장 위험하다. 타인이 짜 놓은 계획을 따르거나, 그들이 바라는 삶을 대신 살아간다면 진정한 행복은 요원해지고 만다. 그렇게 타인의 결정에 떠밀려 자신의 삶을 선택할 권리를 묵살하며 살아온 사람들은 죽음이 눈앞으로 다가올 때가 되어서야 후회하곤 한다.

이러한 점에서 당신은 운이 좋은 사람이다. 당신은 안전한 삶에 함정이 있음을 알며, 그것을 제때 막아낼 수 있는 능력과 책임도 갖추고 있기 때문이다. 또한 함정이 다시 고개를 드는 즉시 경보음을 울릴 장치를 지금부터 마련할 수 있을 것이다.

세상은 그 어느 때보다 더욱 빠르게 변해 가고 있다. 10년 전까지만 해도 존재하지 않던 기술직이 얼마나 많아졌는가. 가족의 형태도 훨씬 다양해졌고, 일의 개념 역시 지난 10년 사이에 완전히 달라졌다. 이러한 변화는 곧 기회다. 저마다 가장 어울리는 삶과 일의 방식을 찾도록 직관을 발휘할 가능성의 문이 열린 것이다.

물론 시작은 쉽지 않다. 그러나 '행운은 용감한 자를 돕는다(Audentes fortuna iuvat).'라는 라틴어 격언이 있다. 이는 안전이라는 환상에서 벗어나 일곱 가지 지렛대와 함께 창의적이고 의미 있는 삶으로 나아가는 여정의 진실한 원칙으로 와닿을 것이다.

여정 가운데 실수도 있을 것이며, 때로는 잘못된 방향으로 빠지기도 할 것이다. 하지만 헛된 노력이란 없다. 미약한 움직임이라도 나름의 의미가 있는 법이다. 이 책을 읽고 있는

　　　　　　　　　　LEVER 3 / 직관: 당신이 답이다

당신이라면 더 나은 것을 향한 갈망이 이제 막 움트기 시작했거나, 오래전부터 "정말 이것뿐일까?"라는 물음만 되뇌고 있었을 것이다.

당신의 상황은 중요하지 않다. 이제라도 마음의 고요를 찾고, 이성적 사고와 직감적 감각을 다시 연결하며, 직관이 우리 몸에 보내는 신호를 포착하는 방법을 살펴보도록 하자. 또한 단기적으로는 대가가 따를지라도 당신다운 삶으로 향하는 길도 함께 모색해 보자.


## 마음의 소리

당신의 직관은 당신이 그 목소리에 경청해 주기를 바란다. 하지만 우리 삶의 터전인 현대 사회에서는 기술과 불안, 분주함, 멀티태스킹, 조급함, 그리고 몸의 신호를 알아차리지 못하는 신체 감각의 둔화 등 너무나 많은 요소가 직관의 목소리를 가로막는다. 그러므로 직관과 다시 소통하려면, 속도를 늦추어 내면이 전하는 조용한 확신의 소리를 들을 수 있도록 여유를 마련해야 한다.

당신만을 위한 선물로 남을 토요일을 만들어 보자. 줄리아 캐머런(Julia Cameron)의 명저 《아티스트 웨이, 마음의 소리를 듣는 시간(The Artist's Way)》에 제시된 '아티스트 데이트(Artist Date)'[18]를 떠올리며, 오롯이 끌리는 것만으로 하루를 채우자.

❶ 휴대전화와 각종 기기를 잠시 내려놓는다.

❷ 직관이 몸에 깃들어 있음을 기억하며, 자연을 벗 삼은 산책으로 하루를 시작한다. 도시에 산다면 가까운 공원도 괜찮다.

❸ 산책 도중 신체의 감각에 온전히 집중한다. 느낌과 냄새는 어떠하며, 무엇이 보이는가? 당신이 원하는 만큼 걸으며, 연결과 이완의 상태 속에서 당신의 의식을 활짝 열어 보자. 그 안에서 고요하게 피어나는 기쁨을 마주하게 될 것이다.

❹ 마음의 준비가 끝났다면, 마음속으로 "다음에는 뭘 할까?"라는 질문을 하루 내내 던져 보자. 그리고 당신의 길잡이가 되어 줄 조용하고 미세한 직관의 목소리에 귀 기울이자.

배가 고픈가? 그렇다면 지금 어떠한 음식이 가장 먹고 싶은가? 그 감각을 잘 살펴보자. 마트에 들러 장을 봐도 좋고, 좋아하는 식당 몇 곳을 떠올려도 괜찮다. 중요한 것은 현재

18 / 창의성을 회복하기 위해 혼자만의 시간을 갖고 자신이 끌리는 활동을 따라가 보는 일종의 창조적 데이트를 뜻한다.

　〰〰〰〰〰　

당신의 몸에 집중하는 연습이다. 몸이 확장되고 개방된 듯한 느낌이라면, 이는 "그래, 바로 이거야!"라는 신호이다. 반면 몸이 조여들거나 수축하는 듯한 반응을 보인다면, 다른 것을 선택해야 함을 암시한다.

그다음에는 무엇을 할까? 피곤하다면 잠깐 눈을 붙여도 좋다. 색다른 것에 도전해 보고 싶다면, 등산을 가거나 벼룩시장 또는 미술관을 둘러보자. 아니면 집에서 춤을 추거나, 공원에 앉아 있거나 그림을 그려도 좋다. 매 순간 당신의 마음을 끌어당기고, 기분을 환하게 밝히는 일을 찾았다면 바로 행동에 옮기자. 그리고 스마트폰은 잠시 멀리하자.

어디서부터 시작해야 할지 막막하다면, 어릴 적 좋아하던 것이나 평소에 시간이 난다면 하고 싶었던 일을 떠올려 보자. 하루쯤은 몇 가지뿐인 선택이라도 자신을 칭찬할 시간을 주자. 바쁘게 굴 필요도, 서두를 이유도 없다. 그저 직관이 말하는 바에 귀 기울이고 행동하며 느끼는 것만으로 충분하다.

실험이 끝나면, 그동안의 과정을 찬찬히 돌아보자. 당신은 직관이 전하는 말을 어떻게 경청하였으며, 실험을 진행하는 동안 무엇을 느꼈는가?

여력이 된다면 전날 밤부터 연습을 시작해 보자. 잠자리에 들 때, 어떠한 전자기기도 머리맡에 두지 말고, 알람도 설정하지 않은 채 자연스럽게 잠들어 보자. 그리고 충분히 휴식을 취한 뒤 자연스럽게 아침을 맞이하자. 이처럼 직관에 귀 기울이며 행동하는 하루를 시작하기를 바란다.

내면 가장 깊은 곳에서 당신이 진정으로 바라는 것을 알고 있는 직관과 다시 연결되었음을 기뻐하고 축하해 보자. 나아가 이상의 연습을 일상생활에도 적용하면서 직관을 꾸준히 단련해 나가자.

어맨다 크루(Amanda Crew)는 스스로 원하던 바를 모두 이루었다. 그녀는 어릴 적부터 배우를 꿈꾸었다. 그녀의 꿈은 열 살에 뮤지컬 〈드래곤 테일즈(Dragon Tales)〉에 캐스팅되면서 현실이 되어 가기 시작했다. 빠르게 흘러가는 삶 속에서, 그녀는 광고 촬영을 시작하며 뉴욕의 명문 학교인 미국연극예술아카데미(American Academy of Dramatic Arts, AADA)에서 연기를 배웠다.

그 사이 그녀는 TV 드라마와 영화에서 작은 배역들을 따내어 활동했다. 서른 살이 되었을 무렵, 어맨다는 할리우드라는 거대한 시스템의 일원으로 완전히 자리매김하였다. 이때부터 그녀는 오디션과 연기 수업, 헬스장을 오가는 바쁜 일상을 보냈다. HBO 드라마 〈실리콘 밸리(Silicon Valley)〉, 영화 〈섹스 드라이브(Sex Drive)〉와 〈쉬즈 더 맨(She's the Man)〉으로 인지도가 오르자, 그녀는 쉬지 못했다. 쉬는 순간 모든 것을 잃어버릴 것이라는 생각 때문이었다.

 

"그러다 모든 것이 한꺼번에 무너져 내렸어요."

서른 번째 생일이 다가올 즘, 어맨다의 영혼은 어느새 깊은 밤의 색채로 물들었다.

"겉보기에 제 삶은 완벽했어요. 〈실리콘 밸리〉 촬영도 계속하던 중이었고, 남편과의 관계도 아주 좋았죠. 그런데 제 속은 엉망이었어요. 무엇도 저에게 아무 의미조차 주지 못했어요. 예전에는 기분을 밝게 해 주면서 당당하고 가치 있는 사람이라는 생각을 심어 주던 것들이 모두 갑자기 공허하게 느껴졌어요."

그녀는 어떻게든 상황을 유지하려고 발버둥 쳤지만, 터져 나오는 울음을 멈출 수 없었다. 어린 시절부터 바라던 것은 전부 손에 넣었다고 생각했지만, 그녀에게 아직 채워지지 않은 무언가가 있었다. 그제야 어맨다는 거의 20년 만에 처음으로 질주를 멈추었다. 이때 비로소 직관의 목소리를 들을 수 있었다.

"더는 이렇게 살 수 없어."

어맨다는 여전히 연기를 사랑했지만, 자신에게 허락한 그

고요한 시간 속에서 그간 달리던 속도가 자신과 맞지 않음을 깨달았다. '기회가 있을 때 쉬지 말고 일하라.'라는 업계의 오랜 관행에도 불구하고 말이다. 하지만 그 관행은 그녀의 정신을 짓눌렀으며, 배역에 캐스팅되어 출연료를 받도록 건강까지 희생시켰다.

어맨다는 놀랍게도 업계에서 좀처럼 보기 드문 선택을 했다. 바로 쉼을 선택한 것이다. 그것도 확고한, 수년에 걸친 긴 휴식이었다. 그 시간 동안 그녀는 오롯이 흥미 본위의 프로젝트에 도전하기 시작했다. 100일간 매일 사진을 찍어 공유하는 일을 시도했으며, 여자아이들을 위한 방과 후 프로그램에도 뛰어들었다.

그녀는 잠시 멈춰 서서 자신만의 나침반을 들여다보고, 처음으로 자신의 욕구를 마주보기 시작했다. 가장 최근에 나눈 대화에서 어맨다는 직감과 다시 연결되기 위하여 프로젝트 사이에 일부러 더 긴 휴식 시간을 두기 시작했다고 말했다.

"음, 오렌지 나무에서 오렌지가 항상 열리지는 않잖아요. 겨울이 오면 잎과 열매가 모두 떨어지면서 모든 것이 다 사그라들어야 흙과 나무를 살릴 영양분이 만들어져요. 그래야 완전히 새로운 것을 다시 키워 낼 수 있거든요. 끊임없이 무언가를 만들어 내는 것은 너무 버거운 일이에요."

간혹 직관은 우리에게 행동을 지시한다. 그러다가도 어느 날에는 잠시 멈추고 휴식을 취하라는 신호를 보내기도 한다. 이처럼 휴식의 신호는 우리가 원할 때 찾아오지는 않는다. 하지만 일상이라는 쳇바퀴에서 잠시 내려와 고요함을 만들어 낼 때, 우리는 앞으로 나아갈 길을 훨씬 더 또렷하게 볼 수 있다. 정신없이 싸우고 있을 때는 직관의 목소리가 잘 들리지 않는 법이다.

직관을 따르는 것은 숨쉬기만큼 자연스러운 일이므로, 반드시 거창할 필요는 없다. 무조건 퇴사나 독립, 아니면 멕시코로 이주하여 그림을 그리겠다는 결단처럼 극적인 것만을 의미하지는 않는다. 오히려 직관은 조용한 확신처럼 다가와서 해야 할 일과 하면 안 되는 일을 알려 준다. 직관은 타고나는 능력이며, 근육처럼 쓸수록 더 강하고 건강해진다. 직관은 따르지 않으면 잃어버린다.

주변은 빠르게 변화하지만, 인간의 몸만큼은 그 속도를 따라가지 못한다. 따라서 직관을 다시 깨우기 위한 첫걸음은 이성과 직감을 다시 연결하는 데서 시작해야 한다.

직관에 처음으로 귀 기울여 본다면, 아직은 침묵하고 있을 것이다. 특히 직관을 오랫동안 억누른 채 살아왔거나, 대부분이 그렇듯 당신 역시 원하는 것을 나중으로 미루는 습관이 몸에 밴 상태라면 더욱 그러할 것이다. 하지만 직관의 소리를 당장 듣지 못하더라도 걱정할 필요는 없다. 이때 필요한 것이 신체의 본능적인 반응이다.

누구에게나 다음과 같은 경험 한 번쯤은 있지 않은가. 감정이 몸에 드러나는 방식은 저마다 다르지만, 우리가 신경 쓰지 않으려 해도 감정은 반드시 우리 몸 어딘가에 모습을 드러낸다.

- 과도한 긴장으로 토할 것 같은 순간
- 너무 설레서 뱃속이 간질거린 순간
- 너무 우울해서 입맛조차 없던 날
- 불안에 사로잡혀 종일 화장실을 들락날락하던 날

결정을 내려야 하는 상황에서는 우리의 몸, 그중에서도 특히 복부를 통해 감정을 살펴야 한다.

- 복부 근육이 잔뜩 긴장되는가, 아니면 몸이 곧고 이완된 상태인가?
- 뱃속이 요동치는 듯하거나 불편한가, 아니면 편안한가?
- 밥을 먹을 수 있는가, 아니면 억지로 몇 술만 뜰 수 있을 정도인가?

인정하고 싶지 않더라도, 위에서 제시한 감각 모두 당신의 건강 상태를 알리는 신호다. "다음에는 뭘 할까?" 또는 "내가 진짜 원하는 게 뭘까?"라는 질문에 답을 찾기 어렵다면, 직관의 소리가 생각만큼 크게 들리지 않는다면, 먼저 행동을 취하고 몸의 반응을 살펴보는 편이 쉬울 수도 있다. 장담하건대 해답은 반드시 그 안에 있다.

우리는 힘들어도 마냥 밀어붙여야 한다는 믿음에 익숙해졌다. 뇌와 마음이 보내는 신호를 무시하도록 학습해 온 것이다. 하지만 그렇게 살면 대가가 따른다. 한동안은 직관을 무시하고 살아갈 수 있을지 모른다. 하지만 언젠가는 우리가 진짜 누구이며, 무엇을 원하는가 하는 질문을 맞닥뜨리는 때가 온다.

반복되는 위장 문제나 번아웃 외에 전혀 다른 문제가 원인이기도 하겠지만, 지금까지 해 오던 방식으로는 계속 나아갈 수 없겠다는 사실이 분명해질 것이다. 부디 당신이 그 지경까지 몰리지 않기를 바란다. 설령 그렇더라도 너무 늦은 때는 없다. 당신의 직관은 언제나 그 자리에 창의적인 삶을 위한 가장 강력한 지렛대의 형태로 존재한다.

# 직관의 신호

직관에 따라 결정을 내리는 일이 익숙지 않다면, 처음에는 회의감에 빠질 수 있다. 그러면 그 길을 계속 가기도 쉽지 않을 것이다. 지금껏 늘 받아 오던 외부의 확신이나 인정이 없으니, 당연히 혼란스러울 수밖에 없다. 다음은 완전하지는 않지만, 당신의 직관이 작동하고 있음을 알아채는 데 도움이 될 만한 내면의 신호이다.

## 몸의 신호

직관이 작동하고 있음을 알 수 있는 '뱃속 느낌(gut feeling)'이나 차분해지는 느낌을 비롯한 생리적 반응에 관심을 기울여 보자. 이는 관심이 중요한 이유이기도 하다.

나는 오랜 연습으로 '내게 진실한 것'이 무엇인지 몸으로 빠르게 감지하는 능력을 다듬어 왔다. 그 감각은 체내에서 확장감과 가능성, 때로는 기쁨이나 낙관의 형태로 나타난다. 몸이 가벼워진 듯한 느낌과 함께, 정말 가능하다면 어떡하나 싶을 만큼 설렌다.

한편 그 반대는 수축 또는 몸이 닫히는 듯한 신체 감각이다. 이때는 대개 "좀 더 생각해 봐야겠어."라는 생각이 든다. 그리고 사고의 중심이 본능에서 이성과 논리로 옮겨가기 시작한다.

## 즉각적인 인상

머릿속에 불쑥 떠오르는 생각이나 감정을 인식하고, 느리지만 논리적인 의식적 사고 과정과 인식한 바를 비교해 보자. 나는 늘 "무조건 해야겠다는 마음이 들지 않으면, 하지 말라(It's a hell yes, or it's a no)."라는 데릭 시버스(Derek Sivers)의 의사 결정 체계를 떠올린다. 이는 내가 감각에 귀 기울일 때, 그리고 특정 주제에 대한 내 입장을 파악하고자 할 때 쉽게 활용할 수 있는 방식이다.

시버스의 의사 결정 체계는 미지근하거나 애매한 기회에 휘둘리지 않고, 마음이 동하는 일에만 몸을 움직여 전념하라는 메시지가 핵심이다. 나는 그 방식을 저녁 모임 참석 여부부터 강연 수락, 차기 창작 프로젝트를 결정하는 데까지 두루 활용하고 있다.

## 과거의 경험

당신의 직관이 정확히 들어맞았던 순간을 떠올려 보자. 대개는 깊이 고민하지 않고 즉석에서 내린 판단이나, 순간적인 기지에서 비롯되었을 것이다. 그렇다면 결과는 어땠는가?

과거에 직감을 따르지 못해 후회한 경험이 누구에게나 한 번쯤은 있을 것이다. 이는 트래비스 라이스가 말한 '흐름 전환'의 법칙과도 일맥상통한다. 즉 과거의 경험과 현재의 반응이 결합되어 감정의 변화를 느끼고 말로 표현하는 순간이 온다면, 멈추겠다는 결정을 절대 번복하지 않겠다는 것이다.

## 에너지와의 조화

에너지가 갑자기 샘솟거나, 자신감이 살짝 높아지는 순간을 포착해 보자. 이처럼 당신이 제대로 된 길을 가고 있다는 순수한 감각이야말로 당신 안에서 직관이 작동하고 있다는 뜻이다.

그 활동을 계속 이어 가다 보면, 그 자체로 더 많은 에너지를 얻을 수 있다. 몸에서 느끼는 그 감각은 "더 하고 싶다!"라는 간절함이나, "정말 좋은데!"라는 말을 건네는 뚜렷한 자각으로 다가온다. 에너지와의 조화는 개인적으로 내면에서 느끼는 강력한 신호에 해당한다. 그리고 나는 그 신호를 절대 무시하지 않는다.

## 감정적 일치감

직관은 종종 긍정적 또는 부정적 감정과 맞물려 나타난다. 진정한 직관은 상황마다 옳고 그름의 감각을 자연스럽게 불러일으키는 경향이 있다. 감정이 풍부하거나, 신경 발달 특성이 다르거나, 또는 예민한 기질을 지닌 이들은 대부분 옳고 그름을 비롯하여 참과 거짓이라는 도덕적 직관을 유독 뚜렷하게 느끼기도 한다. 그리고 이러한 감정이 생긴 이후에는 결정을 논리적으로 재검토하려 하지 않는다.

개인적으로 감정적 일치감을 느낀 경험은 많지 않다. 다만 개인적으로 관찰한 바에 따르면, 사람들은 대체로 에너지 중심의 직관이나 감정 중심의 직관 중 한쪽을 더 강하게 체감한다.

## 고요한 마음챙김

마음챙김이나 명상과 같은 수행은 의식적 사고를 잠재워 직관적 통찰이 더 자연스럽게 떠오를 수 있도록 돕는다. 나는 초월명상을 꾸준히 실천하고 있다. 아침이나 저녁마다 명상을 마친 직후에 고요하고 평온한 순간이 찾아온다. 따라서 나는 결정을 미루는 일이나 선택이 필요한 문제를 두고, 진심은 어떠한지 자문하는 기회로 명상을 자주 활용한다.

## 애슬레틱 마인드

스포츠 심리학의 대가 밥 로텔라(Bob Rotella)가 사용한 표현인 '애슬레틱 마인드(athletic mind)가 있다. 이는 일의 결과를 또렷하게 그려 낸 후, 실행 과정에서 자연스럽게 잠재의식에 믿고 맡기는 것을 의미한다.

애슬레틱 마인드는 기술적 측면을 의식적으로 하나씩 따져 가며 일을 수행하는 방식과는 차이가 있다. 물론 기술과 숙련도 모두 중요하며, 큰 도움을 준다. 하지만 농구와 골프를 비롯한 어느 종목이라도 목표에 대한 또렷한 이미지 외에 다른 생각이 끼어든다면, 이미 최상의 퍼포먼스는 어렵다고 봐야 한다.

운동선수뿐 아니라 넓은 의미에서 성과를 내려고 애쓰는 사람도 기술과 동작의 기본 구성과 같은 세부 요소에 집착한다면 좋은 결과와 사실상 멀어지고 만다. 다시 말해, 요다의 말이 옳았다.

"하는 것과 하지 않는 것만 있을 뿐, 해 본다는 것은 없단다."[19]

기술이 완전히 몸에 밸 때까지 반복한다. 그리고 내면의 능력이 자연스럽게 작동하리라는 신뢰 속에서 오직 목표에만 집중한다. 이것이 애슬레틱 마인드의 핵심이다.

이상에서 소개한 여러 방식을 마음에 새겨 집중한다면, 당신의 직관은 그중 하나 또는 여러 가지 형태로 일제히 모습을 드러내기 시작할 것이다. 그리고 관심을 기울일수록 당신은 그 경험을 더 많이 인식하고, 결과적으로 이를 신뢰할 만한 길잡이로 받아들일 것이다.

## 내려놓을 용기

글레넌 도일(Glennon Doyle)이 저서 《용감하게 나아가라(Carry On, Warrior, 국내 미출간)》의 홍보 투어를 시작하기 일주일 전의 일이었다. 그녀의 남편이 결혼 생활 내내 자신을 배신해 왔다

---

19 / 요다는 영화 〈스타워즈(Star Wars)〉에서 늪에서 전투기를 꺼내기 주저하는 루크에게 "Do or do not. There is no try."라고 말한다.

는 사실을 알게 되었다. 그런데도 두 사람은 화해를 시도하며 관계를 회복해 보기로 했다. 이에 글레넌은 자신의 두 번째 저서인 부부 관계 재건을 다룬 회고록 집필에 들어갔다. 그 책은 완성되기도 전부터 오프라 윈프리가 이미 북클럽 추천 도서로 선정한 작품이었다.

하지만 남편의 외도 사실을 안 때부터 두 번째 책이 출간되기까지의 시간 동안, 글레넌은 자신이 비밀을 숨기고 있음을 자각했다. 그리고 이는 그녀를 조금씩 무너뜨리고 있었다. 하지만 글레넌은 이미 다른 여성과 사랑에 빠져 있었다. 이 중대한 갈림길에서 그녀는 두 가지 선택지를 눈앞에 두고 있었다. 진실을 숨긴 채, 이제는 떠날 계획을 세우는 남편과의 화해를 주제로 전국을 돌며 책을 홍보할 것인가, 아니면 모든 것을 털어놓을 것인가.

쉽게 결정할 일은 아니었다. 책을 통해 강한 인상을 남겨야 한다는 압박이 컸던 데다, 커밍아웃은 여러 의미에서 글레넌을 두려움과 불확실성 속에 무방비로 드러내는 일이었다. 그 선택은 가족 관계는 물론 경제적 안정, 그리고 직업적인 위상에까지 큰 파장을 미칠 위험이 있었다. 하지만 모든 것을 마음속에 묻어 둔 채 지내는 것도 그녀에게 편한 선택은 아니었다.

가까운 친구들은 그녀에게 발표를 최소 6주 뒤로 미루라고 조언했다. 이혼 소식을 안고 북 투어에 나선다면, 책은 실패할 가능성이 크기 때문이었다. 결혼 생활이 끝나 가는 사람의 구원 서사를 누가 읽고 싶겠는가. 한 에이전트는 글레넌에게 이렇게 말했다.

**"지금 진실을 밝히면, 커리어가 끝장날 수도 있어요."**

10년이 넘는 시간 동안, 글레넌은 성소수자(LGBTQIA+)[20] 인권을 지지하며 사회적 규범에서 벗어난 이들을 포용하는 연결망을 독자와 함께 만들어 왔다. 하지만 그녀는 동시에 기독교 공동체에서도 영향력이 있는 인물이었다. 그렇게 글레넌은 두 아이의 어머니이자 주일학교 교사, 그리고 교회에서 정기적으로 강연하는 기독교 작가로 살아왔다. 진실을 말하거나 침묵하기 중 무엇을 선택하더라도, 그녀가 의지하는 집단 가운데 최소 한 곳과는 어긋날 수밖에 없는 상황이었다.

물론 그녀도 옳은 선택을 하고 싶어 했다. 하지만 문제는 어느 쪽의 옳음인가였다. 하나는 교회에서 배운 기독교적 관

---

20　/ 'LGBTQIA+'는 성적 지향이나 성 정체성이 전통적인 기준에 속하지 않는 사람들을 말한다. 구체적으로 레즈비언, 게이, 양성애자, 트랜스젠더, 퀴어 또는 탐색 중인 사람, 남녀의 생물학적 특징이 공존하는 간성, 무성애자, 또는 그 지지자 외에도 다양한 정체성을 포괄하는 표현이다.

점에서의 대응이었고, 다른 하나는 페미니스트 동료들이 권하는 접근법이었다. 당시 글레넌은 술을 끊은 지 13년째였고, 그 이유는 오직 자신에게 진실한 삶을 살기 위해서였다.

그렇다. 진실을 말하면 분명 대가를 치러야 했지만, 안전한 길만 고수하는 것은 이제 그녀의 선택지에 없었다. 글레넌은 어떠한 대가를 치르더라도 내면의 지혜를 따라야 한다는 것을 알고 있었다. 예전에는 친구나 동료, 멘토에게 조언을 구하곤 했지만, 이제는 자신에게 물어야 할 차례가 되었다. 그녀는 외부의 소음을 가라앉히고 내면의 목소리에 집중했다. 그리고 그 목소리가 말하는 바에 조용히 귀 기울였다.

글레넌은 경력이 끝장나는 한이 있더라도 '영혼을 저버리는 일'은 하지 않겠다는 결심 아래 자신의 이야기를 공개적으로 알렸다. 이는 자신의 세계를 뒤흔드는 선택이었다. 그녀는 남편과 이혼한 뒤 사랑하는 여자를 선택했다는 사실을 세상에 밝혔다.

글레넌의 용기는 수많은 이에게 자신의 직관에 귀 기울이는 법을 일깨워 주었다. 그 뒤로 그녀는 베스트셀러를 잇달아 펴내면서 더 넓은 독자층과 지지자, 친구들이 모여들기 시작했다. 그보다 더 중요한 점은 그녀가 아내 애비 웜백(Abby Wambach)과 사랑이 가득한 관계를 이루어 가면서 진정한 가족으로 지내고 있다는 점이다.

물론 대열에서 이탈하여 자신만의 길을 가는 데는 대가가 따른다. 하지만 글레넌이 가장 힘들었던 순간, 오랜 기간 안전망이 되어 준 사람들이 곁을 지킨 일은 어쩌면 당연한 일이었다. 브렌트 언더우드의 이야기에서도 알 수 있듯, 위대한 성취를 이루려면 때때로 대단한 것까지 내려놓아야 한다. 글레넌의 말에 따르면, 그럭저럭 괜찮은 상황에 숨은 가장 큰 문제는 당신이 마땅히 누려야 할 삶보다 못한 삶에 안주하도록 하는 것이다.

결국 그럭저럭 괜찮은 수준에 안주하면, 장기적으로는 당신의 진정성을 해친다. 언젠가 더 나은 삶을 갈망하며 예상 밖의 선택을 하는 순간, 그동안 쌓아 온 것이 모두 모래성처럼 한순간에 무너지기 마련이다. 설령 그러한 일이 일어나지 않더라도, 그 상황에서 달성할 수 있는 최선의 결과는 남이 정한 게임에서 성공하는 것뿐이다. 하지만 이는 당신이 바라는 삶이 아니다.

지금은 고인이 된 스티븐 R. 코비(Stephen R. Covey)[21]의 말을 빌리자면, 인생이라는 사다리를 열심히 올라갔는데, 오르고 나서야 엉뚱한 벽에 기대어 있었음을 깨닫는 꼴이다. 그러

---

21 / 《성공하는 사람들의 7가지 습관(The 7 Habits of Highly Effective People)》의 저자로 잘 알려진 미국의 리더십 전문가.

니 당신에게 진정으로 옳은 길을 알게 되는 순간, 바로 그 길을 선택하자. 그리고 남들이 정한 규칙에 맞춰 살아가려 애쓰지 말자.

삶을 제대로 꾸려 가는 과정에서 가장 어려운 일은 성과와 이미지라는 포장에 숨은 진짜 자신의 모습을 이해하는 것이다. 사람들 대다수는 그 경지에 이르지 못한다. 그러나 당신이 더욱 깊이 파고들 수 있다면, 뜻밖의 진실과 마주하게 될 것이다.

리치 롤(Rich Roll)은 코넬대학교에서 법학 학위를 받은 뒤, 명문 로펌에서 파트너 승진을 앞두고 있었다. 하지만 그는 그 성공에도 깊은 불행을 느끼고 있었다. 서른한 살이 되던 해, 그는 자신에게 약물과 알코올 중독 문제가 있음을 인정했고, 그 후 9년에 걸쳐 술과 약물을 끊으며 삶을 다시 세워 나갔다. 그는 내게 다음과 같이 말했다.

"저는 '앞으로 상원의원이 될 사람'이란 말을 듣던 사람이었어요. 그런데… 밑바닥 신세로 전락했죠. 청소년기부터 20대 내내 약물에 의존하는 삶은 저와 제 의식 사이에 끊임없이 장벽을 쌓는 것과 마찬가지예요. 그러다 그 장벽을 걷어내고 나면… 스스로 누구인지조차 모르게 되고 말죠. 정말이지 혼란스러운 데다 방향 감각까지 완전히 잃어버리는 경험이죠."

술을 끊은 직후 몇 년 동안, 리치는 여전히 과거 성공의 기준에서 벗어나지 못하고 있었다. 이는 주로 다른 사람들에게 인정받는 것이었다. 그를 움직인 것은 부모님과 친구들 눈에 존경받을 만한 사람으로 비치고 싶은 욕망이었지만, 모두 헛된 착각이었음을 깨달았다. 그렇게 리치는 수년에 걸쳐 과거의 정체성을 해체해 갔다. 그 과정 끝에 그는 눈에 보이는 화려한 성과와 별개의 존재로서 자신을 이해하기 시작했다.

마흔을 앞둔 어느 날 밤, 리치는 계단을 오르던 중 가슴에 날카로운 통증을 느꼈다. 평생을 운동선수로 살아온 그에게는 결코 가볍게 넘길 수 없는 일이었다. 당시 비만은 아니었지만, 그는 30대 내내 무너진 삶을 다시 바로 잡기 위해 애쓰느라 쉴 틈 없이 일하고, 바쁜 일정에 치여 끼니를 대부분 패스트푸드로 때웠다.

그 결과 몸무게가 23kg 정도나 늘면서 쉽게 지쳤으며, 삶의 목적마저 느끼지 못했다. 결국 리치는 근본적인 전환의 필요성을 절실히 느꼈다. 리치는 그 일을 다음과 같이 회상했다.

"그 순간은 제게 상징적인 일이었죠. 비록 술은 끊었지만, 제 삶의 방식 자체가 더는 지속 불가능하다는 걸 깨달았죠…. 또 한 번 밑바닥으로 떨어진 순간이었어요. 예전에 금주를 결심한 날과 비슷한 감각이었죠. 그때처럼 이 순간 역시 제 삶의 방식을 완

　　　〰〰〰〰〰　　　

전히 바꿀 전환점이 될 거라는, 말로 다 할 수 없을 만큼 뚜렷한
예감이 있었어요."

두 번째 깨달음의 순간이 찾아오고 얼마 지나지 않아, 리치
는 잠시 멈춰 서서 자신의 직관이 전하는 새로운 신호에 귀를
기울였다. 그는 이미 삶에 큰 변화를 이룬 상태였음에도 채식
위주의 식단으로 바꾸고 달리기와 지구력 훈련을 시작했다.
그 훈련 여정은 수영, 자전거, 달리기를 합쳐 약 515km에 이
르는 울트라맨[22] 경기 참가로 이어졌다. 첫 경기를 완주한 뒤
에도 그의 도전은 멈추지 않았다. 그는 일주일도 안 되는 동
안 하와이의 다섯 개 섬에서 치러지는 아이언맨[23]급 철인 3종
경기를 총 5회 완주하는 기록까지 세웠다.

핵심은 리치의 비건 식단이나 일주일 동안 철인 3종 경기
를 5회 완주한 기록이 아니다. 우리 삶에 찾아오는 경고 신호
를 눈치채고, 우리가 입으로만 부르짖던 변화를 스스로 실천
해 낼 책임이 우리에게 있다는 사실을 깨닫는 것이 정말 중
요하다.

22 / 3일간 수영, 사이클, 마라톤으로 구성된 320마일(약 515km) 코스를 완
주하는 초장거리 철인 경기.

23 / 수영 3.86km, 사이클 180.25km, 마라톤 42.195km를 연속으로 완주
하는 철인 3종 경기.

이후 리치는 여러 권의 베스트셀러를 집필하였으며, 전 세계적으로 가장 인기 있는 건강 및 웰빙 팟캐스트를 계속해서 진행하고 있다. 하지만 불과 몇 년 전, 그는 자신이 누구이며 무엇을 위해 살아가는지 전혀 알지 못했다. 하지만 그는 진정한 내면의 목소리에 귀 기울임으로써 삶의 의미를 새롭게 만들어 냈다.

## 인생을 바꾸는 믿음

한때 나는 이성 중심적 인간이었다. 적어도 아내 케이트를 만나기 전까지는 말이다. 그때 당신이 사전이나 인터넷에 '자기 직관을 못 믿는 사람'이라고 검색하면 내 사진이 나왔을 것이다.

우리는 고등학교를 막 졸업한 즈음 해변에서 처음 마주쳤다. 그녀와 나는 모두 친구들과 함께였다. 첫눈에 반했다는 이야기는 많이 들어 보았겠지만, 케이트와의 만남은 그렇지 않았다. 물론 그녀가 단번에 눈에 띄면서 말로 설명하기 어려운 즉각적인 연결감도 분명히 느꼈다. 하지만 다른 사람들을 처음 만났을 때와는 분명히 달랐다.

처음 만났을 때는 묘한 기류가 있었을 뿐, 마음을 송두리째 뒤흔드는 강렬한 감정은 없었다. 운 좋게도 그 무렵 나와 케이트의 가족은 같은 도시에 살고 있었다. 그 덕에 대학에 진학하고 방학을 맞아 집에 돌아왔을 때, 짧게나마 다시 만날 기회가 생겼다. 그동안 여러 여자와 데이트를 했고, 오래 사귄 적도 있었다. 하지만 케이트에게는 말로 설명하기 어려운 특별함이 있었다.

직관이란 바로 그러한 것이다. 마치 어린 시절 놀이의 즐거움을 다시 발견하는 것과 같다. 눈이 가려져 보이지 않는 상태에서도 믿음만으로 주변을 맴돌다 어느 순간 자신이 있어야 할 자리에 정확히 도착하게 되는 느낌이다.

아니면 어떠한 노래 한 소절이 흘러나오자마자 단숨에 그 울림에 붙들려 버리는 순간과도 같다. 대학 시절, 나는 경기장으로 향하던 길에 처음 너바나(Nirvana)의 〈Smells Like Teen Spirit〉을 들었던 순간을 여전히 기억한다. 그 노래가 내 몸에 전율을 일으키면서 영혼 깊숙이 파고들던 감각은 그것이 멋진 노래냐 아니냐와는 아무 상관이 없었다. 너바나의 노래는 내가 잘 알지 못하던 내면의 세계로 통하는 문을 열어 주었고, 나를 위해 만든 노래 같다는 생각을 하기에 이르렀다.

물론 케이트에 관해서는 '앎의 감각'이 훨씬 더 선명했다. 그녀는 지금도 설명하기 어려운 방식으로 내 안에 남아 있었다. 놀라웠던 첫 데이트 이후부터 서로 2,400km 넘게 떨어진

학교에 다니다 4년간 연락이 끊긴 적도 있었다. 그동안 케이트와 나는 그렇게 떨어져 지내는 편이 오히려 더 낫겠다고 믿으며 살아온 것 같다.

그녀가 운명의 상대일지도 모른다는 생각은 하지 않았다. 그때는 나와 전혀 다른 그녀만의 관점, 그리고 그녀의 다름을 기꺼이 받아들이고 누리는 경험 자체를 신뢰하는 것이 내 삶을 바꾸리라고는 예상하지 못했다.

우리가 다시 만났을 때, 나는 그 감정이 흔한 이끌림을 넘어 더는 외면할 수 없는 것임을 깨달았다. 직관은 내가 줄곧 케이트를 의식하도록 하였으며, 케이트는 그동안 사귀었던 여자들과는 전혀 달랐다. 내성적이고 조용하며, 수줍음도 많았지만, 그 안에는 내가 거부할 수 없는 강렬함이 있었다.

나는 대학 4학년 때 케이트와 장거리 연애를 시작했고, 졸업 후에 6개월 동안 유럽을 함께 여행했다. 그녀와 함께하면서 나는 그동안 익숙하게 만나 왔던 사람들과의 연애에서 느끼던 감정적 만족이 사실은 그만큼의 가치가 없었음을 깨달았다. 내가 타인의 기준에 따라 연애 상대를 선택했다면, 내 인생 최고의 축복인 케이트와 함께하는 삶을 놓쳐 버렸을 것이다. 그랬다면 그 일은 평생의 비극으로 남지 않았을까.

내 이야기에는 그저 특별한 사람과 사랑에 빠져 결혼하는 일이 얼마나 값진가를 드러낼 의도는 없다. 나는 케이트와의 연애담으로 그보다 훨씬 더 깊은 통찰을 제시하고자 하였다. 핵심만 말하자면 나는 모험을 택했고, 세상은 그에 보답했다는 것이다.

케이트가 내게 유일하고 특별한 사람이라는 내 직관을 온전히 믿게 된 순간부터 내 직관은 상상 이상으로 거대해지고 강력해지기 시작했다. 의대 진학처럼 언뜻 명망 있고 성공적인 인생처럼 보이지만, 정작 나와 맞지 않는 일만 하려고 수없이 꿈을 포기하는 삶은 결국 무의미함을 깨닫게 한 사람도 바로 케이트였다.

이렇게 점차 직관을 믿는 순간이 쌓이면서, 어느 순간 나는 자연스럽게 직관의 목소리에 귀 기울이는 법을 다시 떠올렸다. 그러나 이 변화가 단순히 인생을 바꾸었다고 말하기에는 턱없이 모자라다. 그것은 근본적인 차원에서 내 삶의 방향을 완전히 돌려놓았다.

만약 내가 그때 케이트를 선택하지 않았다면, 대학원을 그만두는 일도 없었고, 사진작가의 길을 걷지도 않았을 것이다. 그리고 안전이란 결국 학습된 환상에 불과하다는 깨달음에 이르는 여정도 떠나지 않았을 것이다. 이처럼 나는 한 편의 사랑 이야기가 시간이 흐를수록 쌓여 가는 신뢰의 힘이 되어 인생을 온전히 바꿀 줄은 상상조차 하지 못했다.

이상의 이야기를 하는 이유는 단지 아내를 처음 만난 순간을 떠올리는 일이 즐겁기 때문만은 아니다. 당신의 직관이 문을 두드릴 때, 직관이 전하는 목소리를 경청하라는 메시지를 전하기 위해서였다. 사람에서 도전이나 변화에 이르기까지 어떠한 유형이든 상관없이 말이다. 케이트와 함께해 온 31년의 세월은 내 삶의 전환점이자 마르지 않는 건강과 행복의 원천이 되어 주었다. 그리고 케이트 역시 나와 같은 마음일 것이라 믿는다. 이 글을 읽고 내게 그렇다고 했으니 말이다.

나는 살면서 단 한 번도 뒤돌아본 적이 없다. 이는 그동안 내면의 목소리에 귀를 기울여 자신을 믿는 법에 익숙해졌고, 그 순간부터 삶에 놀라운 변화가 믿을 수 없을 정도로 빠르게 찾아왔음을 알기에 가능한 일이었다. 안전하게만 살려는 태도를 버린 사람들이 가장 먼저 깨닫는 바이기도 하다.

직관이 주는 힘에 눈뜨기 시작하면, 그 힘은 어디에서나 모습을 드러낸다. 직관의 힘을 한 번 보기 시작하면, 다시는 못 본 척할 수 없다. 이처럼 직관은 우리를 깊은 의미와 만족감이 가득한 삶으로 날아오르게 할 강력하고 견고한 발판이다.

# LEVER
# 4

제약:

경계의 역설

NEVER PLAY IT SAFE

"통 안 풀리네."

"어떤 부분이? 무슨 작업 하고 있는데?"

내 말에 스테판 사그마이스터(Stefan Sagmeister)가 묻는다. 그는 오스트리아 출신의 세계적인 그래픽 디자이너이자 창의적 사고의 대가이다.

"책 표지 디자인 아이디어를 짜내는 중이야. 창의성에 관한 책이거든."

몇 해 전, 나는 저서 《인생의 해답(Creative Calling)》을 작업하던 중이었다. 부릅뜬 눈, 들썩이는 눈썹, 기울어진 머리, 걱정 가득한 표정, 내 몸짓 하나하나가 그 일이 얼마나 내게 중요하면서 두렵기까지 한 창의적 도전인지를 그에게 말하고 있었다. 특히 걱정되었던 것은 아래와 같이 책 뒤표지에 분명히 적어 둔 약속에 걸맞은 표지 디자인을 할 수 있을지였다.

"이 책을 읽고 그 원칙대로 살아간다면, 당신은 막강한 창의력을 얻게 될 것이다!"

사그마이스터는 창의성에 관한 책이니만큼 책의 표지 역

 LEVER 4 / 제약: 경계의 역설

시 창의적으로 만들어야 한다는 주제와 형식이 맞물리는 과제임을 단번에 알아차렸다. 그리고 그는 내가 접해 본 것 중 가장 유용하고, 지금도 꾸준히 활용하고 있는 창의적 발상법 하나를 알려 주기 시작했다.

'수평적 사고(lateral thinking)' 개념의 창시자인 에드워드 드보노(Edward de Bono)가 고안한 강력한 창의적 발상법은 문제와 동떨어진 관점에서 해결책을 떠올리는 방식이다. 표지 디자인을 예로 들어 보자. 사그마이스터는 물이 가득 담긴 유리컵을 들어 보이며, 이 유리컵의 모든 속성을 기준으로 책을 바라보면 완전히 새롭고 혁신적인 디자인 아이디어가 나올 수 있다고 설명했다.

책 표지가 투명하다면 어떨까?

반사되는 이미지를 디자인 요소로 활용할 수는 없을까?

물의 '흐름(flow)'과 예술가들이 추구하는 창의적 '몰입(flow)' 상태 사이의 개념을 잇는 연결 고리를 만들어 보면 어떨까?


아주 단순한 제약 하나를 발상 과정에 적용했을 뿐인데, 순간적으로 내 안에 견고히 쌓여 있던 댐이 무너져 버린 듯한 느낌이었다. 내가 직면한 문제를 해결할 아이디어가 물처럼 쏟아져 나오기 시작했다. 이 디자인 실험이 어떤 결과로 이어질지는 모르겠지만 그 출발점이 물 한 컵이었다는 사실을 눈 치챌 사람은 없을 것이다. 하지만 이 책이 남다르다는 사실은 누구나 단박에 알아챌 것이 분명했다.

아이디어 회의를 마친 뒤, 사그마이스터는 그 발상법이 어떻게 작동하는지를 설명해 주었다. 우리의 뇌는 패턴을 인식하는 기계다. 우리가 뇌에 문제 해결을 요청하면, 뇌에서는 이전에 했던 방식에 근거해 답을 내놓는다.

'지난번에 효과가 있었던 건 뭐였지? 그 방법으로 다시 해 보자.'

뇌 속의 시냅스는 반복을 통해 서로 연결되어 있다. 마치 물이 가장 쉬운 길을 따라 흐르듯이, 뇌 역시 본능적으로 신경 회로에 이미 새겨진 익숙한 길을 따라가는 것이다.

하지만 우리가 처음으로 떠올린 가장 익숙한 아이디어가 과제를 해결하기에 충분하지 않다는 이유로 거부한다면, 뇌에서는 이전에 본 적이 있는 것을 변형하여 그다음 대안으로 내놓는다. 다시 말하면 최근에 강하게 각인된 경험을 재빨리 뒤져서, 어디서 본 듯한 아이디어나 기존 내용에서 아주 조금만 바꾼 것을 다음 후보로 제시한다. 내 책이라면 색상이나 글꼴, 크기만 바꾸는 정도였을 것이다.

　　〰〰〰〰〰〰　　LEVER 4 / 제약: 경계의 역설

예상했듯, 대부분은 그 지점에서 순순히 물러나 뻔하고 즉각적인 해결책을 고르고 만다. 결과적으로 세상에 이미 널리고 널린 아이디어와 별반 다르지 않은 선택이 되고 만다. 하지만 모방은 초보자가 흔히 빠지는 함정일 뿐, 우리가 추구해야 할 것은 독창성이다.

드 보노의 이론을 바탕으로, 사그마이스터는 진정한 혁신에 도달할 수 있는 유일한 방법으로, 도전 과제를 의도적으로 달리 바라보는 자세에 있다고 말한다. 이를 위해서는 그 문제를 무관한 사물이나 개념으로 거르는 과정이 필요하다. 내 책 디자인의 목표는 책과 직접적인 관련이 없는 새롭고 독특한 제약들을 도입함으로써 기존의 '책다움'에서 벗어나 완전히 다른 방식의 표지를 만들어 내는 것이었다. 결과적으로 그 전략은 내 책에 딱 들어맞았고, 나는 이것이 창의적인 삶에도 가장 적합한 방식이라고 생각한다.

삶은 우리가 누구이며, 어디서 왔느냐를 막론하고 필연적으로 제약을 가한다. 따라서 스스로 제약을 설정하는 발상은 거의 모든 도전 과제를 극복해 나가는 과정에서 탁월하면서도 가장 강력한 지렛대가 될 것이다. 이러한 사고방식을 두고 스토아 철학자들은 2,000년 전부터 "장애물이 곧 길이다(The obstacle is the way)."라고 말해 왔다. 이 말은 내 친구 라이언 홀

리데이(Ryan Holiday)가 2014년에 출간한 책 제목이기도 하다.[24]

참고로 서로 다른 제약 조건으로 드 보노의 기법을 여러 차례 활용한 덕분에 최종 표지 디자인을 완성할 수 있었다. 그리고 이 디자인이 어떠한 식으로든 베스트셀러로 발돋움하는 데 일조했으리라 본다.

처음에는 제약을 설정해 새로운 아이디어를 만드는 방식이 직관에 반하는 일처럼 느낄 수도 있다. 더욱이 더 빨리, 더 많은 것을 지향하는 오늘날의 문화와도 어긋나 보인다. 하지만 한계를 설정함으로써 우리는 잠재적 기회와 연결되면서 문제를 해결할 방법을 새로운 시각으로 바라볼 수 있다. 그렇게 느끼지 않을지라도, 제약은 우리가 탐색해 나가는 데 필요한 틀을 제공한다. 범위를 좁히면 더 깊이 파고들 수 있는 여지가 생기는데, 그 깊이에서 정말로 흥미로운 결과물이 나오는 이치라고 할 수 있다.

집을 지을 때 우리가 고려해야 하는 제약 조건을 떠올려 보자. 가장 먼저 고려해야 할 중요한 조건 중 하나는 부지의 위치이다. 수많은 후보지 가운데 한 곳을 선택하지 않으면 집 짓기는 시작조차 할 수 없다. 다음으로 땅 자체를 평가해야 한다. 부지의 크기, 토양 상태, 경사도, 침수 위험 여부뿐 아니

---

**24** / 국내에는 《돌파력》이라는 제목으로 출간되었다.

 〰〰〰〰〰〰〰 LEVER 4 / 제약: 경계의 역설

라 부지 위에 무엇을 지을 수 있는지를 규정하는 법규까지 모두 따져 봐야 한다. 방의 개수, 건축 자재, 페인트 색상, 현관 매트에 들어갈 글씨체를 선택하는 것은 그 뒤의 일이다.

이제 흐름이 보이는가? 집을 짓는 일은 결국 제약의 연속이다. 이는 비단 집 짓는 문제에만 국한되지 않는다. 사업을 시작할 때도, 가정을 꾸릴 때도, 삶을 만들어 갈 때도 마찬가지다. 모든 것이 가능할 때일수록 가능한 것은 아무것도 없다. 하지만 아이러니하게도 우리가 외부의 제약과 내부의 제약을 자발적으로 선택해 받아들일 때, 가능성은 열리기 시작한다.

제약의 효과에 관한 과학적 근거는 분명하다. 인지심리학에서는 제약이 우리의 관심 기반 자원을 더 다양한 해결책과 혁신적 사고에 집중시킴으로써 창의성을 높인다는 연구 결과가 제시된 바 있다. 신경과학 분야도 비슷하게 감각 자극의 입력 조절이나 과제의 특수성 같은 제약이 있을 때, 뇌가 더 정밀하게 활동하며 주의가 집중된다. 따라서 의사 결정이 더 효율적이고 효과적으로 이루어진다. 한편 행동경제학에서는 특정 문제를 해결하는 데 일반적으로 활용하는 자원이 제한적일수록 집중력이 높아지면서 문제에 대하여 더 창의적인 해결책이 도출된다는 것이 증명되었다.

그런데도 제약에 관한 논의는 대부분 내부적 제약보다는

외부적 제약에만 초점을 맞춘다. 물론 상황에 따라서는 어떠한 유형의 제약도 유용하게 활용할 수 있다. 하지만 제약을 통해 창의적인 삶을 구축하고 자신만의 방식으로 살아가고자 한다면, 결국 주체는 우리 자신이어야 한다. 어떠한 상황에서도 최고의 결과를 이끌어 내려면, 우리가 가진 것을 최대한 활용해야 한다. 도전할 만한 가치가 있는 문제를 해결하고, 놀라운 결과에 도달하기 위한 네 가지 제약에는 '자기 부여 제약', '외부 부여 제약', '지각적 제약', 그리고 '환경적 제약'이 있다.

## 삶 속의 제약

### 자기 부여 제약

자기 부여 제약이란 보다 정교한 해결책에 집중하고자 문제에 의도적으로 설정하는 제약의 틀을 말한다. 이러한 제약은 대개 다음과 같은 형태로 나타난다.

## 수치적 제약

데이터를 기반으로 제약 조건을 설정해 집중력을 높이도록 고안된 방법이다. 대표적인 예로는 타임박싱(timeboxing)[25], 범위 설정(scoping)[26], 프레임워크(framework)[27] 활용, 예산 설정 등이 있다. 예를 들어, 1월 1일까지 소설을 완성하기 위해 매일 오전 9시에서 10시 사이, 되도록 방해받지 않는 시간에 500어절의 글을 쓰는 식이다.

## 창의적 제약

앞서 설명한 범위 설정과 비슷하지만, 정량적 기준이 큰 의미를 발휘하지 못하는 분야에서 특히 효과적이다. 사진, 회화, 드로잉 작업에서 색상, 스타일, 장르 등을 제한하는 방식이 여기에 해당한다. 예컨대 '나는 파란색과 보라색만으로 구상화가 아닌 추상 정물화를 그릴 것이다.'라는 방식으로 활용할 수 있다.

[25] / 주어진 과제에 촉박해 보이는 마감 기한을 설정하여 과제를 마무리하는 방식을 뜻한다.

[26] / 결과물의 크기, 무게, 용량 등 측정 가능한 범위를 조정해 기한을 맞추는 일을 말한다.

[27] / 형식, 구조, 방식 등 결과물의 틀이나 골격을 미리 정해두는 일이다.

**인적 제약**

함께 시간을 보내고 싶은 사람과 그렇지 않은 사람을 명확히 구분해 선택하는 것을 의미한다. 당신에게 에너지를 주는 사람이 있는 반면, 오히려 에너지를 빼앗아 가는 사람도 있으니 신중하게 선택해야 한다. 특히 내가 경계하는 유형 중 하나는 '우유부단한 협업자'다. 긴 논의나 여러 차례의 회의, 수정 작업 끝에도 결정을 내리지 못하는 사람은 결국 좋은 파트너가 되기 어렵다. 구체적으로 그들은 직관을 신뢰할 줄 모르는 사람이기 때문이다. 이는 전적으로 당신만이 정할 수 있는 가치 기준의 스펙트럼에 부합하느냐의 문제라 할 수 있다.

세계적으로 비범한 이들의 삶을 들여다보면, 스스로 설정한 제약이 그들의 창의적 성공에 어떤 역할을 했는지 알 수 있다.

작가 록산 게이(Roxane Gay)는 그간 써 온 많은 글을 X[28]의 플랫폼 특성에 맞게 변형해 새롭게 풀어냈다. 그곳에서 그녀는 인종, 성별, 문화에 관한 생각을 짧지만 강렬한 문장으로 꾸준히 공유한다. 글자 수 제한이라는 제약조차 그녀를 막지

28 / 구 트위터.

못했다. 이는 오히려 복잡한 아이디어를 명쾌하고 간결하게 요약하고, 때로는 재치 있으면서도 신랄한 통찰로 압축하는 그녀의 능력을 효과적으로 보여 준다. 그녀에게 제약은 한계가 아니다. 제약은 그녀의 강력한 메시지를 담아낼 캔버스이며, 이를 통해 폭넓은 독자와 소통하고 중요한 사회적 문제에 대한 논의를 이끌어 낸다.

또 다른 예로, 1990년대에 플래티넘 판매량을 기록한 록 밴드 더 프레지던츠 오브 디 유나이티드 스테이츠 오브 아메리카(The Presidents of the United States of America, 이하 더 프레지던츠)를 결성한 개성 넘치는 멤버 크리스 밸류(Chris Ballew)를 들 수 있다. 밸류는 제약이 무엇을 가능하게 하는가를 잘 알고 있다. 그는 내게 이렇게 말했다.

**"제가 두세 줄짜리 기타를 연주하는 이유가 바로 그거예요."**

음악 활동 초창기, 밸류는 기타 줄을 끊어먹기 일쑤였다. 끊어진 줄을 교체하는 데 드는 비용과 시간이 부담스러워지자, 그는 아예 기타 줄의 절반을 제거하고 나머지는 평소보다 더 굵은 줄을 사용하는 실험을 시작했다. 얼마 지나지 않아, 그는 새로운 음향과 연주 스타일을 개척하게 된다. 이 밴드를 컬럼비아 레코드에 영입한 A&R(Artist and Repertoire)[29] 담당자 미카 살미(Mika Salmi)는 밸류를 두고 이렇게 말했다.

"정말 멋지고 단순하면서도 독창적인 사운드였어요. 듣자마자 바로 매료됐죠. 〈Lump〉의 뮤직비디오를 보면, 크리스가 두 줄짜리 기타로 연주하는 걸 볼 수 있어요."

당시 밸류는 '베이시타(basitar)[30]'라 불리는 두 줄짜리 베이스 기타를 즐겨 연주했다. 모두 일반 기타 줄보다 훨씬 굵은 것을 사용했고, 각각 0.060게이지(guage, 도#)[31]와 0.036게이지(솔#) 음으로 맞춰 독특한 소리를 만들어 냈다.

더 프레지던츠의 리드 기타리스트 데이브 데더러(Dave Dederer) 역시 세 줄로 세팅한 '기트베이스(guitbass)[32]'를 연주했다. 그가 사용한 줄의 게이지는 각각 0.065(낮은 도#), 0.045(솔#),

---

29 / 신인 아티스트를 발굴하고, 앨범 기획이나 음악 방향을 조율하는 일을 맡는 사람이나 부서를 말한다.

30 / 베이스(bass)와 기타(guitar)의 어형 일부를 합성한 조어.

31 / 기타 줄의 굵기.

32 / '베이시타'의 원리와 비슷하게 기타와 베이스를 활용한 조어.

0.035(높은 도#)였다. 이렇게 구성한 덕분에 같은 프렛(fret)[33]에서 세 줄을 동시에 누르기만 하면 자연스럽게 하나의 코드가 만들어졌다. 데더러가 일반적인 방식을 고수했다면, 그러한 발견은 불가능했을 것이다.

이처럼 아주 단순한 제약이 가진 힘에 대해 크리스는 신이 나서 내게 이야기했다.

**"그 덕에 코드 만드는 방법을 새로 찾아야 했어요."**

크리스는 잘 알고 있었다. 바로 그 창의적인 제약들이 더 프레지던츠 특유의 음향을 만들어 냈고, 신인 발굴 담당자의 귀를 사로잡았으며, 300만 장이 넘는 앨범 판매로 이어지는 데 중요한 역할을 했다는 사실을 말이다.

### 외부 부여 제약

외부에서 부여되는 제약은 우리가 통제할 수 없는 사건, 행동, 결과 등에서 발생한다. 이들 제약은 실재하면서 입증 가능한 경험적 사실로 받아들이는 것이 효과적인 대처에 도움

---

33 / 기타 지판 위에 일정 간격으로 박혀 있는 금속 막대로, 줄을 눌러 음을 조정하는 역할을 한다.

이 된다. 다음과 같은 것들이 그 예에 해당한다.

### 날씨

인정하자. 우리는 날씨를 통제할 수 없다. 날씨는 그저 주어진 현실일 뿐이다.

### 질병

암을 비롯한 병을 스스로 선택하는 사람은 없다. 인간은 발달 과정에서 수많은 제약에 부딪히는데, 이는 시간이 흐르면서 가능성의 범위를 제한하는 결과로 이어질 수 있다.

### 사고

교통사고나 타이어 펑크는 얼마든지 생길 수 있는 일이다. 누군가는 복권에 당첨되기도 하고, 살면서 한 번쯤은 열쇠를 잃어버리는 경험도 한다.

이처럼 통제할 수 없는 사고를 겪고도 여전히 행복하고 성공적이며, 충만한 삶을 살아가는 사람들이 있다. 그들의 삶을 분석해 보면, 우리는 대개 명확한 패턴 하나를 발견한다. 이는 회복 탄력성과 통제를 벗어난 상황을 스스로 뒤집으려는 뚜렷하고 의도적인 추진력이다.

화가 프리다 칼로(Frida Kahlo)는 그 사실을 누구보다 잘 알고 있었다. 그녀는 열다섯 살 때 끔찍한 버스 사고로 철근에 몸이 관통되는 중상을 입었고, 가혹한 현실의 제약을 예술로 승화시키는 방법을 스스로 터득해야 했다. 이 사고로 척수가 심각하게 손상된 그녀는 끝내 완전히 회복하지 못했고, 평생 병원을 오가며 살아야 했다. 게다가 그녀는 유명 예술가 디에고 리베라(Diego Rivera)와 엉망진창인 결혼 생활을 이어 갔고, 여성의 기여가 고평가받지 못하던 20세기 초에 초상화 화가로서 인정받기 위해 끊임없이 싸워야 했다.

이상의 고난은 그녀의 짧은 생애 내내 따라다녔다. 하지만 프리다 칼로는 고난을 핑계 삼아 쉬운 길만 가거나 창작을 멈추지 않았다. 오히려 자신만의 방식으로 삶을 이어 가기로 결심했고, 현재의 상황, 즉 제약을 연료 삼아 앞으로 나아갔다. 이에 그녀는 다음과 같이 말했다.

**"결국 우리는 생각보다 훨씬 더 많은 것을 견뎌 낼 수 있어요."**

그 말은 빅터 프랭클, 미하이 칙센트미하이, 루이스 잠페리니의 경험을 떠올리게 한다. 그들이 겪어야 했던 실질적 고난의 무게를 가볍게 보려는 것은 아니다. 하지만 지금까지의 사례는 우리에게 훨씬 더 높은 기준을 제시한다. 즉 제약을 각자가 원하던 결과에 이르는 경로로 바라보고, 그 방법을 적극적으로 찾는 자세를 갖춰야 한다.

옥사나 마스터스(Oksana Masters)는 패럴림픽에서 열일곱 개의 메달을 획득했으며, 동계올림픽과 패럴림픽 역사상 가장 많은 메달을 보유한 미국인 선수다. 그녀는 《스포츠 일러스트레이티드(Sports Illustrated)》, 《뉴욕 타임스(The New York Times)》, 《플레이어스 트리뷴(The Players' Tribune)》의 표지를 장식했으며, 스포츠계에서 가장 주목할 만한 이야기가 있는 인물로 손꼽힌다.

마스터스는 1989년 우크라이나 흐멜니츠키에서 태어났다. 그녀는 1986년 체르노빌 원자력 발전소 폭발 사고로 태내에서 피폭되었음에도 살아남았다. 하지만 그 탓에 그녀는 평생 심각한 신체장애를 안고 살아야 했다. 신장은 하나뿐이었고, 손가락은 오리발처럼 붙어 있었으며, 발가락은 양쪽 모두 여섯 개씩이었다.

그리고 위장은 일부만 형성되었고, 오른팔에는 상완이두근이 없었으며, 양쪽 엄지손가락도 없는 상태였다. 심지어 왼쪽 다리는 오른쪽 다리보다 약 15cm가 짧았고, 두 다리 모두 정강이뼈가 없었다. 이러한 딸의 상태를 받아들이지 못해 부모에게서 버려진 마스터스는 어린 시절을 우크라이나의 국립 보육원에서 보내야 했다. 그녀는 일곱 살에 미국인 어머니에게 입양되기 전까지 보육원을 세 차례나 옮겨 다녔다.

미국으로의 이주는 그녀의 인생을 바꿔 놓았지만, 고난이 끝난 것은 아니었다. 이후 7년 동안 옥사나는 연이은 건강 문제를 겪었고, 여러 차례 수술을 받았다. 그중에는 두 다리를 절단하는 수술도 포함되어 있었다. 하지만 이처럼 어려운 상황에서도 그녀는 의미 있는 삶을 일구겠다는 강한 의지를 품었다. 대학교수였던 어머니의 남다른 지원 덕분에 마스터스는 학업에서 뛰어난 성과를 보였다.

또한 신체 능력에 대한 자신감도 커지면서, 그녀는 열세 살이 되던 해에 직관을 따라 스포츠에 대한 열정을 본격적으로 키워 가기 시작했다. 그 후 그녀는 몇 년 동안 다양한 종목에서 실력을 빠르게 키우며 활약의 폭을 넓혔다. 2010년에는 조정으로 세계 무대에 데뷔했으며, 이후 스키, 바이애슬론, 사이클링 등으로 종목을 넓혀 갔다. 청년기에 접어들 무렵, 마스터스는 이미 역사를 써 내려가고 있었다.

내가 마스터스에게 그녀의 경험에 관해 물었을 때, 그녀는 단호하게 말했다.


**"시도해 보기 전까지 결정되는 것은 아무것도 없더라고요."**

신체적 제약을 받아들일 수밖에 없었던 그녀는 그러한 제약이 없는 상황이라면 시도조차 해 보지 않았을 방식으로 자신을 몰아붙였다. 그렇게 스포츠를 통해 불가능해 보이는 과제에 도전함으로써, 그녀는 누구보다 자신을 깊이 이해하게 되었다. 이러한 결과는 결코 다른 방법으로 얻을 수 없는 것이었다. 그렇게 그녀가 새로이 쌓아 올린 심리적, 정서적, 신체적 자원은 이후 삶의 다른 영역에서도 활용이 가능해졌다.

마스터스는 어린 시절의 경험이 고통스러웠을지언정 오늘날 자신의 모습을 이루는 데 중요한 역할을 했다고 인정한다. 그녀는 말한다.

"매일 아침 눈을 뜨고, 살아 있음에 감사할 수 있다는 게 곧 축복이죠."

역경은 마스터스에게 상상할 수 없는 고통을 안겼지만, 그 험난한 굴곡이 결국 성취에 밑거름이 된 환경을 만들어 냈다고 볼 수 있다. 옥사나 마스터스는 스스로 특별한 사람이 결코 아니라고 단언한다. 그리고 모두가 저마다의 환경과 제약을 발판 삼아 더 위대한 존재로 성장하고, 깊이 있는 삶을 만들어 낼 잠재력이 있다고 말한다.

## 지각적 제약

지각적 제약은 우리가 무의식적으로 받아들여, 자신을 제한하는 믿음을 말한다. 대부분 과거에 주어진 환경이나 반복적인 교육으로 조건화된 결과이며, 이는 우리가 삶에서 안전한 길만 선택하려는 주된 이유다.

자신을 가두는 믿음은 표면상 단순한 생각 같아서 별것 아닌 듯해 보일 수 있지만, 실제로는 극도로 끈질기고, 교묘하며, 해롭기까지 하다. 이들은 마음의 닻으로, 우리를 짓누르고 한정된 삶 속에 가둔다. 결과적으로 우리가 담대하게, 주체적으로 사고하고 행동하는 능력을 가로막는다. 지각적 제약은 주로 다음과 같은 형태로 나타난다.

- 부정적 믿음과 자기비하적 사고
- 실패나 성공에 대한 두려움처럼 제어나 조절이 어려운 감정들
- 완벽주의
- 가면 증후군(Imposter Syndrome)[34]
- 경직된 사고방식
- 비교의 덫

34 / 스스로 이룬 성취를 노력이 아닌 운의 탓으로 돌리면서 과대평가하는 동시에 자신을 과소평가하는 심리를 말한다.

조던 필(Jordan Peele)은 오스카상을 수상한 영화감독이자 공포 영화 장르에서 새로운 시도를 보여 준 인물이다. 그 역시 코미디언에서 공포 영화감독으로 전향하려 했을 때, 자기만의 지각적 제약에 부딪혔다. 내면의 나침반은 분명 새로운 방향을 가리키고 있는데도 말이다.

그러나 필은 기존 관습이 전통으로서 깊이 뿌리를 내린 장르에서 코미디언 출신이라는 이미지를 벗고, 영화감독으로서 인정받을 수 있을까 하는 의구심과 마주해야 했다. 그는 흑인 예술가라면 다루어야 한다고 여기는 이슈와 서사, 그리고 제작할 수 있는 영화의 유형에 관한 선입견에서 벗어날 수 있을까를 고민하지 않을 수 없었다. 그럼에도 필은 이렇게 말했다.

"흑인과 소수 집단 창작자가 종종 맞닥뜨리는 질문이 있어요. '우리의 이야기는 항상 억압에 맞서는 투쟁에 관한 것이어야만 할까?' 그 답은 단호하게 '아니다'예요. 흑인의 이야기에서 지켜야 할 과제는 다른 인종과 다르지 않습니다. 바로 인간으로서의 투쟁을 전하는 것이죠. 우리의 투쟁은 이따금 사회를 향하기도 하지만, 때로는 자신과 가족, 공동체와의 싸움이기도 하니까요. 그 모두 역시 흑인의 이야기입니다."

결과적으로 필은 행동으로 자기 의심을 일부 극복했다. 그는 《엔터테인먼트 위클리(Entertainment Weekly)》와의 인터뷰에서 다음과 같이 말했다.

"영화화를 위해 〈겟 아웃(Get Out)〉의 각본을 쓴 것은 아니었어요. 그저 재미있게 쓸 수 있는 작품, 그리고 예술가로서 성장하는 데 도움이 될 작업물이라 생각하며 집필했습니다."

다음 장에서도 다루겠지만, 필의 사례와 같은 직관과 놀이의 결합은 통념을 뛰어넘고 완벽주의를 돌파하는 중요한 전략이다. 그리고 인종적 편견이 강한 문화에서 오는 중대하고 현실적인 외부 제약을 최소화하는 데도 도움을 준다.

기업가 휘트니 울프 허드(Whitney Wolfe Herd) 또한 필과 마찬가지였다. 그녀도 자기 의심과 실패의 두려움, 그리고 여성과 데이트에 대해 오래도록 당연시하던 사회적 이상에 맞서야 했다. 데이트의 전통적인 권력 구조를 뒤흔든 데이팅 앱 '범블(Bumble)'의 CEO이자 창립자인 그녀는 남성 중심의 업계에서 수많은 도전을 받아야만 했다. 특히 데이팅 업계는 관계에서 전통적인 성 역할 규범을 고수하는 경우가 많았기 때문이다.

그녀는 외부 제약에 맞서지 않으면 성공할 수 없다는 것을 알고 있었지만, 가장 큰 장애물은 내부에서 벌어지는 갈등이었다. 이러한 허드의 경험은 여성이 대화의 시작을 주도하도록 설계된 범블만의 독특한 접근법의 원천이 되었다. 허드의 성공에서 중요한 요소는 진정성 있는 태도로 사업에 임하는 것이었다. 이에 그녀가 말한다.

**"가장 큰 보상은 대부분 과감한 믿음의 도약에서 비롯되죠."**

이처럼 그녀는 취약함을 받아들이고 내적 의심을 강점으로 바꾸는 것의 중요성을 강조한다. 그렇다면 그녀의 행동과 삶을 이루어 낸 힘의 원천은 무엇이었을까? 허드는 다음과 같이 답한다.

**"당신에게 힘과 영감을 주고, 뜻이 맞는 긍정적인 사람과 함께 하세요."**

허드는 취약함을 드러내고, 진정성으로 타인과 연대하려 했다. 이러한 시도로 그녀는 기존의 판을 뒤집으며, 업계 전반에 새로운 방향을 제시했다.

그래픽 아티스트이자 디자이너, 아트 디렉터로 활동하는 제임스 빅토르(James Victore) 역시 취약함을 숨김없이 드러낸다. 그리고 작품과 포스터, 책으로 자신을 제한하는 내적 믿음과 정면으로 맞선다. 그의 저서 가운데 《완벽주의 따위 집어치워라(Feck Perfuction, 국내 미출간)》는 자신을 가두는 믿음을 넘어서는 방법을 완벽하게 제시한 사례이다.

빅토르에 따르면, 치열한 세상에서 진정으로 두각을 나타내기 위해서는 자기 모습을 지키면서 차별화할 수 있는 부분을 적극적으로 살려야 한다. 어릴 적부터 숨겨야 한다고 배웠던 별난 성향과 기질, 특성이야말로 고유한 개성을 부여하고, 결국은 자신만의 가치를 만들어 낸다. 빅토르는 나와 함께 타코를 먹으면서 말을 꺼냈다.

"어린 시절, 당신을 이상한 사람으로 정의하던 것이 오늘의 당신을 특별한 사람으로 거듭나게 해요."


### 환경적 제약

환경적 제약은 보통 가장 다루기 쉬운 제약에 속한다. 이는 당신이 통제할 수 있는 것들, 예를 들어 일하는 장소나 사무실의 잡동사니, 친구 관계 같은 것으로 정의되기 때문이다. 하지만 이들 제약을 가볍게 여겨서는 안 된다. 그것들이 삶에 악영향을 미치거나 성장을 제한하는데도 쉽게 참고 넘긴다면 결국은 익숙해져 버리기 때문이다.

당신은 마음에 들지 않는 상사 밑에서 일하며, 그 직장에 발이 묶여 있다고 생각한 적도 있을 것이다. 하지만 이직이나 경력 전환이 당신의 생각만큼 큰 장애물은 아니다.

룸메이트와 문제가 있는가? 당신이 계속 끌고 온 상황일 뿐이다. 낡은 카메라 때문에 사진작가로서 성공하지 못하고 있다고 느끼는가? 이 역시 자신을 속이는 거짓말에 불과하다. 이들 문제는 저절로 해결되지는 않겠지만, 조금이라도 실천하면서 장기적인 성장을 위한 단기적 혼란만 감수하더라도 충분히 극복할 수 있다. 이 유형의 제약은 일반적으로 삶에서 다음과 같은 형태로 나타난다.

- 일이나 경력에 대한 불만족
- 지저분하고 어수선하거나 영감을 주지 못하는 생활 환경
- 경제적 압박
- 건강하지 못한 생활 방식

환경적 제약은 스콧 해리슨(Scott Harrison)을 붙들던 가장 큰 요인이었다. 네온사인이 가득한 뉴욕의 밤거리에서, 그는 범람하는 욕망과 쾌락에 휩쓸려 허우적거리고 있었다. 그는 쿵쾅거리는 음악과 요동치는 조명 속에서 손목의 롤렉스

 〰〰〰〰〰〰 

시계가 새벽 네다섯 시를 가리킬 때, 비로소 잠자리에 든다는 사실을 깨닫는 와중에도 무언가 바뀌어야 한다고 느끼고 있었다.

그러나 어두운 세계에서 수차례 벗어나려 했음에도, 그는 또다시 파티와 약물, 그리고 의도가 불순한 이들과 허울뿐인 관계를 맺는 거칠고 방탕한 생활로 돌아가고 말았다.

이후 그는 다시금 깨달았다. 그는 자신을 '내가 아는 최악의 사람'이라고 표현했다. 사회적으로 성공이라 여기는 부와 명성, 화려한 경력, 호화로운 휴가 등의 조건을 모두 갖춘 삶과 자신을 집어삼킬 듯한 깊은 불안 사이에서 그는 위태롭게 흔들리고 있었다.

그러던 중 해리슨이 홍보하던 클럽에서 몇 번의 위험한 사건을 겪은 끝에 그는 마침내 한계에 다다랐다. 홀로 자동차 여행을 다녀온 해리슨은 가진 것을 모두 처분하고 새로운 삶을 시작했다. 그는 자신이라는 존재가 얼마나 덧없는지를 깨달았다. 이를 계기로 '수많은 사람을 술과 약물에 빠지게 한 남자'라는 이미지에서 벗어나 다른 것을 남기겠다는 열망을 품기 시작했다.

자신을 깊이 들여다보는 긴 성찰의 시간 끝에, 그는 인생을 바꿀 중요한 깨달음을 얻었다. 바로 과거를 수놓던 화려한 불빛을 넘어서는 삶의 목적을 찾아야 한다는 것이었다. 해리슨은 의미를 찾아가는 여정 가운데 '머시쉽(Mercy Ships)'이라는 인도주의 의료단체의 자원봉사자로 참여했다.

그 활동으로 해리슨은 전에 알지 못했던 세계를 목격했다. 수백 명의 자원봉사자가 교육과 건강한 생활 습관, 생명을 구하는 수술로 가난한 공동체가 더 나은 삶을 살 수 있도록 바쁘게 일하고 있었다. 그는 자원봉사자가 보인 헌신적인 모습에서 전 세계 약 10억 명의 사람들을 고통에 빠뜨린 심각한 식수 부족 문제에 주목하게 되었다.

미국으로 돌아온 지 몇 달 만에, 그는 라이베리아에서의 경험을 담은 사진전을 열어 약 1억 3,200만 원을 모금할 수 있었다. 이때 그는 쾌락을 좇던 삶을 완전히 접고, 타인을 돕는 삶에 헌신하기로 마음먹었다.

각오를 단단히 다진 해리슨은 곧바로 깨끗한 물 보급을 목표로 하는 자선단체 '채리티:워터(charity:water)'를 설립했다. 그는 이제 모든 인류가 깨끗한 물을 누릴 권리를 누리도록 하겠다는 명확한 사명을 품었다. 이는 클럽과 샴페인으로 대표되는 삶과 과감히 이별하는 결단이었다. 이처럼 해리슨은 굳은 신념으로 마침내 변화를 이루어 냈다.

해리슨은 그동안 쌓은 행사 기획 및 마케팅 능력을 활용하여, 창의성과 목적성이 조화를 이룬 캠페인을 기획, 주최한 바 있다. 또한 그는 혁신적이고 투명한 방식으로 사람들의 신

 　〰〰〰〰〰　

뢰를 얻고, 깨끗한 식수 제공에 필요한 돈과 자원을 모았다.

그의 여정은 막다른 길에 갇혀 있던 삶에서 분명한 목적을 향해 나아가는 삶으로의 전환을 보여 주었다. 이상의 과정을 거치며 그는 변화의 아이콘으로 떠올랐다. 그리고 현재까지 1조 200억 원 이상의 기금을 모아 전 세계 약 2,000만 명에게 깨끗한 식수를 제공하고 있다.


## 억제의 미학

"언제쯤 만족할 거야?"


언젠가 케이트가 내게 물었다. 나는 그 말을 들은 순간 당황스러웠다. 샤워를 막 마치고 젖은 머리에 수건만 두른 나는 케이트의 질문을 이해하려고 애썼다.

뜻이야 알아들었지만, 대답은 할 수 없었다. 내게 너무나 낯선 데다 상상조차 한 적 없는 이야기였기 때문이다. 마치 시스템 과부하로 화면에 '죽음의 무지개 바퀴(spinning rainbow of death)[35]'를 출력하는 컴퓨터처럼 머릿속에서는 그 질문을 듣자마자 받아들이지 못한 채 멈춰 버렸다. 결국 나는 그녀의 말을 제대로 이해할 수 없었다.

지난 몇 달 사이, 사진작가로서 준비해 온 일들이 빠르게 빛을 보기 시작했다. 내가 진행한 상업 사진 프로젝트는 상승세를 이어 가고 있었다. 굵직한 캠페인을 진행하면서 여러 차례 수상도 했으며, 이 분야에서의 혁신으로 많은 주목을 받았다.

그뿐 아니라 직접 출시한 아이폰 앱이자 사진을 기반으로 한 최초의 소셜 네트워크가 앱 차트 1위에 올랐다. 이에 《맥월드(MacWorld)》[36], 《뉴욕 타임스》 등 여러 매체에서 해당 앱을 '올해의 앱'으로 선정하는 데 이르렀다. 게다가 1년 전에 시작한 온라인 학습 플랫폼은 평생 놀고먹어도 될 정도의 금액을 제시받으며 인수 논의를 시작한 상태였다.

그러던 어느 날, 라스베이거스에 새로 문을 연 코스모폴리탄 호텔의 스위트룸에서 샤워를 마치고 나오기 불과 한 시간 전이었다. 나는 당시 생고기 드레스로 세간의 이목을 끌던 레

---

35 / 애플사에서 제조한 컴퓨터가 과부하로 멈출 때, 화면에 출력되는 동그란 무지개 모양의 로딩 표시를 뜻한다.

36 / 애플사 관련 소식과 제품 리뷰, 팁, 기술 분석 등을 전문적으로 다루는 IT 매거진이자 웹사이트이다.

이디 가가(Lady Gaga), 그리고 한 억만장자와 함께 무대에 올랐다. 나는 상징적인 카메라 브랜드의 재도약을 알리는 자리에서 가가와 함께 폴라로이드를 대표하게 되었다. 그곳에서 나는 과거와 미래, 즉 향수를 간직한 아날로그 감성과 디지털 중심의 흥미로운 세계를 하나로 잇겠다는 비전을 발표했다.

잘나가고 있었다는 말만으로는 부족했다. 내 기준에서는 그 모습이 곧 성공이었다. 나는 일과 삶에서 꿈꿔 오던 것을 뛰어넘는 성과를 이루어 냈다. 지난 10여 년 동안 매달리고 간절하게 바라던 바가 모두 이루어진 것이다.

그런데 문제는 바로 그곳에 있었다. 나는 너무나 멀리 와 버렸다. 그리고 진정으로 원하는 것이 무엇이었는지도 잊어버리고 말았다.

변변한 배경도 없이 시작했기에 잇따른 성공은 예상 밖이면서도 반가운 일이었다. 기사와 수상 소식이 연일 보도되고, 부를 거머쥐며 끝없는 파티도 열었다. 연줄 덕분이기는 했지만, C급 연예인 수준의 인지도도 얻었다. 겉으로는 모든 것이 완벽해 보였다. 하지만 정작 그 이면에서는 나를 포함하여 작지만 강한 창작 스튜디오 팀이 서서히 무너지고 있었다.

창작이 내 담당이었다면, 운영은 케이트의 몫이었다. 그녀의 건강은 수년 동안 조금씩 나빠지고 있었다. 원인을 알 수 없는 내분비계 이상과 심각한 불안 증상, 그리고 섭식 장애에 이르는 모든 것이 그녀의 몸을 천천히 망가뜨리고 있었다. 나머지 팀원들은 적어도 주마다 이틀 이상 출장을 다니느라 늘 피곤해했고, 아이 생일도 자주 놓쳤으며, 집에 있을 때조차 새벽부터 밤늦게까지 일했다.

나 역시 실무 담당자와 함께 연간 수십만 km를 비행기로 이동했다. 상하이, 도쿄, 런던으로의 하룻밤 출장도 예사였다. 하루 세끼를 전부 밖에서 해결했고, 일주일에 스무 잔이 넘는 술을 아무렇지 않게 마셨다. 심지어 내 개인 비서들에게도 보조 비서가 있었다. 장을 보러 마트에 간 지도 까마득했고, 수년째 빨래는 손도 대 본 적이 없었다.

이러한 삶이 누군가에게는 멋져 보일 수 있고, 정상급 유명인이라면 애들 장난처럼 보일 수도 있다. 어느 쪽이 좋다 나쁘다를 말할 생각은 없다. 다만 그 삶은 나를 위한 것은 아니었다. 케이트도 그 사실을 알고 있었다. 사실 나 역시 마음 깊은 곳에서는 어렴풋이 느끼고 있었다. 그녀의 질문이 이를 다시 상기시켜 주었을 뿐이었다.

표면적으로는 그러한 생활 방식이 제법 잘 어울리는 사람처럼 보였을지도 모른다. 회의나 소셜 미디어에서는 흠잡을 데가 없었다. 하지만 내면은 허우적거리고 있었고, 현실을 애써 외면하기 위해 반짝이는 것이라면 무엇이든지 돈을 쏟아부었다.

겉치레를 위한 옷이나 시계 같은 사치품에는 관심이 없었다. 그런데 대륙을 오가는 생활, 스타트업 투자, 상업용 부동산, 보여 주기식으로 갖춰 놓은 편의시설에는 아낌없이 돈을 쏟았다. 그리고 신사업에 필요한 자원 역시 무모할 정도로 써 대고 있었다. 나는 완전히 나를 잃어 가고 있었다. 뇌에서 분비되는 쾌락의 화학물질만이 나를 움직일 뿐이었다.

'더 많이'가 내가 원하던 전부였다. 많이, 그저 더 많이….

"그러니까, 얼마나 더 있어야 만족할 거야?"

케이트가 던진 첫 질문에 멍하니 아무 말도 못 하고 있자, 그녀가 다시 묻는다. 날카롭게 몰아붙이는 태도는 아니었으나, 그래서일까. 왜인지 대답하기가 더 어려웠다. 늘 그래 왔듯, 케이트는 그 질문마저도 세상에서 가장 다정하고 진심 어린 방식으로 건넸다.

처음에는 혼란스러웠지만, 그녀가 무슨 말을 하려는지 정확히 알고 있었기에 마음을 금세 정리했다. 하지만 나는 젖은 머리에 수건을 두른 상태로 머뭇거리며 말끝만 흐릴 뿐이었다. 사실 제대로 된 대답은 없었다. 마음 깊은 곳에서는 내가 거짓된 삶을 살고 있음을 이미 알고 있었기 때문이다.

나는 그녀에게 근사하게 살고 싶다는 이야기를 여러 번 했었다. 하지만 내게 정말 중요했던 것은 예술가로서 양질의 창작 활동을 자유롭게 이어 가는 삶이었다. 나는 재치 있으며, 영감을 주는 사람들과 가능한 한 밖에서 시간을 보내고 싶었다. 가까운 친구들 사이에서 유쾌한 버팀목이 되고, 내가 믿는 대의를 위해 봉사하며, 젊었을 때처럼 가끔은 세계를 여행하고도 싶었다. 무엇보다도 태평양 북서부의 아늑하고 깔끔한 우리만의 보금자리에서 조용하고 여유로운 삶을 즐기고 싶었다.

하지만 그러한 삶은 우리가 실제로 살아가는 모습과 거리가 멀었고, 케이트와 내가 함께 향하는 곳과는 더더욱 그랬다. 그 순간, 나는 얼마 전까지만 해도 충분하다고 느끼던 것이 이제는 시시해져 버렸음을 깨달았다.

- 얼마나 많은 돈을 벌어야 하는가?
- 얼마나 많은 친구와 팔로워가 생겨야 하는가?
- 얼마나 많은 상을 받아야 하는가?

질문에 대한 내 대답은 명확했다.

"더 많이, 그저 더 많이."

사실 나는 목적도 없이 그저 더 많은 것을 추구하는 끝없는 야망에 사로잡혀 있었다. 이 탓에 내 생활과 일터에서 치를 대가는 전혀 신경 쓰지 않았다. 그렇게 내 건강은 망가졌고 친구들도 잃었다. 그리고 결혼 생활까지 거의 무너질 뻔했고, 다른 의미에서 내 삶 전체가 위태로워지는 결과를 초래하고 말았다. 심지어 더 많은 것을 원하다 되레 잃을 뻔한 적은 그때가 마지막은 아니었다. 서문에서 말한 바와 같이 나는 그 짓을 몇 번 더 반복한 뒤에야 마침내 제약을 비롯한 지렛대의 가치를 깨달았다.

결국 나는 속도를 늦추고 그 끝없는 욕심을 내려놓는 과정에 들어섰다. 나만의 가치를 기준으로 삶의 우선순위를 재정립하기로 한 것이다. 경력이나 외적 이미지보다 건강과 가족을 우선시했으며, 이러한 새 북극성에 부합하는 일상 습관을 만들어 가기 시작했다.

그 변화는 내 삶을 완전히 바꿔 놓았다. 내가 느끼는 행복과 평온, 유대감, 그리고 세상에 미치는 영향력까지 모두 확장되었다. 애석하게도 안전한 삶과 나만의 삶 사이에서 중심을 잡기까지 거의 10년이라는 시간이 걸렸다.

아마 당신도 '허슬 문화(hustle culture)'[37]가 낳은 심각한 후폭풍을 익히 알고 있을 것이다. '더 많이'는 이 문화를 추종하는 이들이 가장 좋아하는 주문과 다름없다. 그리고 '더 크고 좋은 것'은 성과 중심의 독성 문화에 휘말린 사람들이 끊임없이 추구하는 목표가 되었다. 이에 온라인 비즈니스 리더 제나 커처(Jenna Kutcher)는 이렇게 말한다.

"허슬 문화의 문제점은 끝이 없다는 거예요. 충분하다는 느낌을 절대 허락하지 않죠."

맞는 말이다. 허슬 문화에 끝이란 없다. 우리는 큰 깨달음의 순간 아래 비로소 진실을 깨닫는다.

커처에게 전환점이 된 경험은 엄마로서의 삶이었다. 가정을 돌보며 엄마의 일상을 살아가는 것처럼, 사소해 보이는 일이 삶의 저변을 확장하고 깊이를 더했다. 우리가 대개 사소하게 여기는 일이 사실은 인생에서 진짜 중요한 것이다.

재무 관리 전문가는 고객에게 가장 먼저 돈을 어디에, 어떻게 쓸지 분명히 알 수 있도록 의식적인 소비 계획을 세우라고

[37] / 성과와 성공을 위해 쉼 없이 일하고, 삶을 희생하는 것을 미화하는 문화.

 LEVER 4 / 제약: 경계의 역설

조언한다. 이와 같은 태도는 삶을 설계할 때도 필요하다. 삶의 초점을 집중하고, 관심과 에너지를 써야 할 곳을 정해 놓은 예산표에 해당하는 제약의 틀을 마련해야 한다. 그래야만 과하게 몰두하는 것이 무엇인가를 자각할 수 있다. 한계가 없는 삶은 순식간에 위험한 방향으로 흘러가는 법이니 말이다.

문득 1990년대에 눈부신 흥행을 기록한 영화 〈프리 윌리(Free Willy)〉가 떠오른다. 작중에서 수족관에 잡혀 온 범고래 윌리는 '처진 지느러미 증후군'을 앓고 있다. 이는 문자 그대로 범고래의 등지느러미가 한쪽으로 처지는 증상이 있는데, 자연에 적응할 기회 없이 포획된 상태로 살아갈 때 발생한다. 윌리는 여러 차례 아슬아슬하고 극적인 사건 끝에 마침내 자유를 되찾는다.

물론 인간에게는 등지느러미가 없지만, 비슷한 형태의 퇴화는 우리 삶에서도 충분히 일어날 수 있다. 도전이 부족해지고, 신념에 따라 설정한 제약이 없다면 삶은 점차 무너지기 시작한다. 그렇다면 지나친 두려움이나 안락함, 또는 두 가지에 모두 발이 묶인다면 어떨까? 인생의 장애물을 뚫고 나아가거나 넘어가는 일련의 과정들을 멈추면서, 우리는 결국 수족관을 떠도는 윌리처럼 되고 만다.

"써먹어야 잃어버리지 않는다(Use it or lose it)."라는 옛 격언이 있다. 창의성도 마찬가지다. 제약으로 창의성에 형태와 방향을 부여할 수 있다면, 기회와 성장을 모두 경험할 수 있다. 월리와 다르게 당신에게는 선택의 자유가 있다.

마지막으로, 허슬과 도전의 차이를 짚어 보자. 허슬은 얼핏 생산적인 행동처럼 보이겠지만, 대부분 뚜렷한 목적 없이 성취만을 좇는 몸부림에 불과하다. 반면에 도전은 기회와 성장, 그리고 발전에 필수적인 요소다.

번데기에서 벗어나려 애쓰는 나비 이야기를 알고 있는가? 한 남자가 몇 시간 동안 번데기에서 빠져나오려 버둥거리는 모습을 지켜보고 있었다. 끝내 나비의 움직임이 멈추자, 남자는 가위를 들어 번데기 끝부분을 잘라냈다. 그곳에 뚫은 구멍으로 번데기를 찢고 나오기에 나비가 너무 지쳤으리라는 생각 때문이었다.

나비가 번데기 밖으로 나왔을 때, 몸은 부어 있었다. 그리고 날개는 작고 쭈글쭈글한 상태였다. 남자는 나비가 날개를 펼치고 날아오르기를 기대하며 계속 지켜보았으나, 나비는 끝내 날지 못했다. 자력으로 변태하지 못한 탓에 몸은 체액으로 과하게 부풀어 있었고, 날개는 제 몸을 들어 올릴 만큼 강하지 못했기 때문이다.

어쩌면 우리의 삶은 제약으로 가득하니, 일부러 제약을 만들 필요까지는 없을지도 모르겠다. 하지만 이 말에 오해는 없기를 바란다. 언뜻 우울해 보이는 말일지라도, 두 가지 관점

　〰〰〰〰〰　LEVER 4 / 제약: 경계의 역설

에서는 매우 의미 있는 일이다.

첫째, 제약이 전혀 없는 삶은 애초에 불가능하다.

둘째, 제약을 최소화하는 데에만 목적을 둔 삶은 곧 도전이 없는 삶이므로, 추구해서는 안 된다.

위와 같이 제약을 피하려는 태도는 이 책에서 전하는 메시지와도 정면으로 배치된다. 그러니 앞으로 '이 일을 어떻게 더 쉽게 할 수 있을까?'라는 생각이 들 때, 한 번 더 생각해 보자.

"지금 불편함을 회피하려는 것은 아닐까?"

"이렇게 어려운 경험을 마주하면서 배울 수 있는 소중한 교훈을 놓치는 것은 아닐까?"

# LEVER
## 5

놀이:
인생은 게임이다

NEVER PLAY IT SAFE

NEVER PLAY IT SAFE

∧∧∧∧∧∧   2018년, 노박 조코비치(Novak Djokovic)는 선수 생활을 접기로 했다. 연이은 패배와 부상으로 고통받은 그는 테니스 코트를 완전히 떠났고, 팀에게 은퇴 계획을 알렸다. 물론 모두가 반대했지만, 그의 마음은 이미 확고했다. 다른 사람의 경기조차 더는 보기 싫을 정도였다.

얼마 후, 조코비치 가족은 휴가를 떠났다. 조코비치는 지칠 대로 지친 상태였지만, 그의 아내 옐레나는 여전히 테니스를 무척 사랑했다. 그리고 아이들과 함께 테니스 치는 것을 즐겼다. 그녀는 휴가 내내 아침마다 아이들을 데리고 테니스 코트로 향했다. 조코비치는 함께 가지 않았다. 하지만 사나흘째 되는 날, 호기심 때문이었을까, 아니면 지루함 때문이었을까. 그는 갑자기 가족과 함께 코트로 따라나섰다.

세계적인 선수였던 그는 아내와 아이들이 코트를 뛰어다니며 공을 쫓고 깔깔 웃는 모습을 바라보았다. 그 순간, 그의 내면에서 무언가가 꿈틀거렸다. 평생을 바쳐 온 테니스를 사랑하는 이들이 순수하게 즐기는 모습을 보자, 그의 굳은 마음도 조금씩 풀리기 시작했다. 가족들은 몸을 한계까지 몰아붙이거나, 무조건 이기기 위해 안간힘을 쓰고 있지 않았다. 그저 좋은 시간을 보내고 있을 뿐이었다. 그가 아내에게 물었다.

"나도 라켓 하나 줄 수 있을까?"

"안 돼."

옐레나가 장난스럽게 말했다.

"당신 이제 경기 안 한다며. 테니스를 그만뒀으니까 코트는 우리한테 넘겨. 지금은 우리 차례야."

그때 아들 스테판이 외쳤다.

"좋아요, 아빠. 이제 아빠 차례에요!"

조코비치는 라켓과 공 몇 개를 받아 들고 서브를 넣기 시작했다. 그 시간이 끝날 무렵, 그는 어린 시절 처음 코트에 섰을 때 느꼈던 호기심과 즐거움의 작은 불씨를 다시 발견했다. 15년간의 프로 선수 생활 동안, 한때의 즐거움이 어느새 고된 일이 되어 버렸다.

하지만 잠시 테니스를 떠나 있었던 시간과 가족이 테니스 경기를 진심으로 즐기는 모습을 지켜본 덕분에, 그는 다시 한 번 라켓을 잡고 싶다는 마음이 생겼다. 그날 이후, 그는 매일 가족과 함께 코트에 나가 테니스를 쳤다. 그리고 여행 마지막 날, 조코비치는 아내에게 이렇게 말했다.

**"코치한테 전화해서 복귀할 준비가 됐다고 말할 거야."**

그 뒤로 조코비치는 그랜드슬램 대회에서 열두 번 더 우승했고, 그 결과 총 스물네 번의 우승을 기록했다. 그리고 이 책이 인쇄될 당시를 기준으로, 테니스 역사상 모든 선수를 제치고 가장 많은 그랜드슬램 타이틀을 거머쥐게 되었다. 그는 현 시점에서 단연 세계 최고의 테니스 선수로 꼽히지만, 한때는 놀이의 기쁨을 잊은 탓에 영영 라켓을 놓을 뻔했다.

우리는 프로 테니스 선수도 아니다. 더군다나 각자의 분야에서 최고는 아닐 수 있겠지만, 대부분 조코비치의 이야기에 공감할 것이다. 아무리 좋아하는 일이라도 새로움과 재미, 교감과 호기심이 사라지면 결국에는 의무처럼 느껴지기 마련이다.

하지만 조코비치의 이야기로 알 수 있는 사실은 우리가 누구이며, 인생의 어느 시점에 있느냐와 상관없이 선택만 한다면 일은 다시 놀이가 될 수 있다는 것이다. 놀이는 언제나 삶을 움직이는 연료이기 때문이다.


## 시대에 빼앗긴 본질

산업혁명은 인류 발전의 중대한 전환점이었다는 데 대체로 동의할 것이다. 이는 여러 측면에서 그러하다. 산업혁명은 기술 혁신을 촉진하며, 제조업의 전례 없는 성장을 이끌었다. 또한 제품의 효율적인 대량 생산이 가능한 공장 시스템이 정착하는 계기가 되었다.

그 결과, 산업 성장을 견인한 시스템의 기계화는 거대한 경제 발전의 흐름을 만들어 냈다. 이에 따라 새로운 일자리가 폭발적으로 늘어났으며, 이전에는 상상할 수 없던 공공 번영의 시대가 열렸다. 한때 조용하고 평화롭던 마을은 도시의 화려한 꿈을 좇는 소란스러운 분위기로 바뀌었고, 농촌에서 도시로의 이주는 그 어느 때보다도 활발한 사회적 교류와 문화적 확장을 불러왔다.

하지만 사방으로 확장하는 공장과 상승하는 임금 뒤에는 전혀 다른 이야기가 함께 펼쳐지고 있었다. 노동자는 기회의 문턱과 착취라는 현실 사이를 오가며 살아가야 했고, 지구는 발전이라는 미명 아래 훼손되어 갔다. 경제와 정치의 흐름에 따라 흔들리고 분열하며, 재편되기를 반복하는 사회적 변화역시 태동하고 있었다. 사회 구조 또한 앞으로 100년 이상 지속될 변화의 막을 올린 것이다. 좋고 나쁨을 떠나 변화의 속도가 빨라질수록, 그 변화가 우리를 어디로 데려가고 있는지 알 수 없는 불안감도 커졌다.

바로 그 무렵부터 놀이라 불리는 인간의 경험은 서서히 죽어 가고 있었다. 이에 남녀노소를 가리지 않고 놀이와 여가,

그리고 재미와 관련된 것 모두가 일상에서 조금씩 밀려나기 시작했고, 그 흐름은 오늘날까지도 계속되고 있다.

그러므로 현재 우리에게 닥친 중요하고도 시급한 과제는 바로 타고난 놀이 감각과 다시 하나가 되는 일이다. 그리고 그 안에 담긴 고유한 즐거움과 놀라운 가능성을 이해해야 한다. 이는 성공적이면서도 충만한 삶을 살아가는 사람들이 알고 있는 또 하나의 핵심 원칙이기도 하다. 즉 놀이는 삶을 움직이는 강력한 지렛대이며, 안전하게만 살기를 거부하는 필수 요소이다.

잠깐 상상해 보자. 노는 것이 일하는 것보다 더 많은 혜택을 주는 '환상의 세계'가 있다면 어떨까? 이 신비로운 세계에서는 우리가 놀수록 기쁨이 커지고, 일에서도 큰 만족을 느끼며 건강도 좋아진다. 이 외에도 장수와 인간관계의 깊이는 물론이고, 삶의 연결감과 행복감, 충만함까지 따라온다. 그러한 세계를 그려 볼 수 있겠는가? 잘 떠오르지 않는다면, 조금만 더 생각해 보자.

이제 한층 더 깊이 파고들어, 오직 놀이만을 위해 즐기는 세계를 상상해 보자. 놀이는 목적을 이루기 위한 수단이 아니며, 일에서 잠시 벗어난 채로 창의력을 일깨우려는 휴식도 아니다. 그저 특별한 목표가 없는 행위일 뿐이다. 물론 삶의 여러 영역에 추상적인 차원의 영향을 미칠 수도 있겠지만, 놀이를 즐기는 데 별다른 이유가 있지는 않다. 호기심이 이끄는 대로 따라가고, 생각이 목적 없이 떠돌도록 내버려 둘 뿐이다. 이것이야말로 놀이의 진정한 아름다움이자 자유이다.

놀이는 인생의 지렛대 가운데 특히 성인 대부분에게 가장 쉬우면서도 어려운 것이다. 우리는 휴식이 필요하다는 것도, 쉬어야 한다는 것도 안다. 하지만 막상 여유가 생겨도 즐거움의 감각을 완전히 잃어버린 경우가 대다수이다. 안타깝지만 사실이다.

당신도 그 말에 공감하는가? 그렇더라도 두려워하지 말라. 장담컨대 놀이는 인간이라면 누구나 되돌아갈 수 있는 본연의 자연스러운 상태이다. 그 불꽃은 잠시 희미해지기는 해도 완전히 꺼지지는 않는다.

우리는 놀이를 가능한 한 빠르게 기억해 내고, 다시 불태울 수 있도록 노력해야 한다. 더는 머뭇거릴 시간이 없다. 기쁨과 호기심은 고정관념을 내려놓고 마음 깊은 곳에서 이미 알고 있던 것을 떠올리는 것만으로, 또한 생각의 결을 조금만 바꾸는 것만으로 다시 깨어난다. 그러면 당신의 일상 경험 대부분이 크게 바뀔 수 있다. 이 모든 가능성이 지금 당신 앞에 놓여 있는데도 왜 시도하지 않는가?

어린 시절, 우리는 모두 타인의 가르침 없이도 쉽고 빠르게 놀이를 익혔다. 하지만 시간이 흘러감에 따라 인간은 점점 더 진지해진다. 그렇게 우리는 본래의 자연스러운 존재 방식과 멀어진다. 사고는 고착되어 가고, 일정한 일과에 갇혀 삶을 예전만큼 즐기지 못한다. 심지어 놀이마저 잘못하면 안 된다는 생각에 사로잡힌다.

그 이유는 대체 무엇일까? 완벽을 추구하는 순간, 삶은 고된 일이 되어 버리기 때문이다. 인간관계는 의무처럼 느껴지며, 아침마다 침대에서 일어나는 일조차 버겁게 느껴진다. 기쁨과 호기심이 사라지면 우리는 삶의 방향을 잃는다.

교사와 부모, 멘토는 그러한 삶이 당연하다고 가르치면서 계획과 걱정의 중요성을 우리에게 심어 주었다. 또한 생산성을 극대화하기 위해 일정표를 만들고 미래를 바라보며 살 것을 강조했다. 이는 과거도 예외는 아니었다. 우리는 '그때 더 잘할 수 있었는데.'라는 생각을 끊임없이 되풀이하며 산다.

그 결과로 우리는 늘 쫓기듯 바삐 움직이며, 점차 긴장한 상태가 되어 잠시도 마음을 놓지 못한 채 살고 만다. 행복은 일시적이고 덧없는 감정인 듯하고, 성취를 이루더라도 의미 없어 보이기도 한다. 우리는 진지함과 허무함이라는 바다 안에서 길을 잃었다. 하지만 꼭 그렇게 살 필요는 없다.

보다 의미 있는 삶을 위해 굳이 휴가를 떠날 필요는 없듯, 새로운 취미나 다른 운동 습관, 끊임없는 자기 계발 프로젝트도 필수는 아니다. 물론 도움이 될 수는 있겠지만, 때로는 가

 〜〜〜〜〜〜〜 LEVER 5 / 놀이: 인생은 게임이다

뜩이나 벅찬 삶에 얹는 또 하나의 짐에 불과할지 모른다. 수 많은 이에게 필요한 것은 바로 도망치지 않는 삶이다.

사람들은 삶 속에 새로움과 짜릿함, 유쾌함과 설렘, 그리고 예측할 수 없는 요소가 항상 있기를 바란다. 이것이 바로 놀이의 본질이며, 어린 시절이 그렇게도 신난 이유이기도 하다. 이러한 감각은 대부분 어른이 되면서 사라져 버렸다. 아니, 어쩌면 놀이를 멈춘 순간부터 우리는 어른이 되어 버렸는지도 모른다.

하지만 다시 놀이를 시작할 시간이 찾아왔다. 그렉 맥커운(Greg McKeown)은 베스트셀러에 오른 저서 《에센셜리즘(Essentialism)》에서 다음과 같이 말했다.


"놀이는 그저 본질을 찾기 위한 수단이 아니다. 놀이 자체가 삶의 본질이다."


현명한 이들이라면 놀이가 단순히 하던 일을 멈춘 뒤에 잠시 취하는 휴식이 아님을 잘 알 것이다. 놀이는 꿈이자 무대이고 게임이며, 목표를 달성하는 데 가장 근본이 되는 토대이다. 놀이야말로 잘 살아 낸 삶을 가능케 한다.

축구 경기를 예로 들어 보자. 축구에서는 보통 두 팀이 경기장 양쪽에 나누어 선다. 경기장에는 골대가 있고, 점수를 매기는 방식과 승패를 가리는 기준도 존재한다. 하지만 이들 요소는 단지 경기가 진행되기 위한 설정일 뿐, 경기 그 자체는 아니다. 진짜 경기는 경기장 위의 골대 사이에서 벌어지는 일이다. 경기를 그 자체로 담아내려면 경계선과 규칙, 그리고 함께할 상대만 있으면 된다.

이러한 차이를 분명히 인식하는 것이 중요하다. 누군가는 경기의 목적이 승리에 있다고 생각하지만, 사실은 그렇지 않다.

시간을 주제로 한 제2장에서 다룬 게임 이론에는 유한 게임과 무한 게임이 있다. 두 게임 모두 전략적 실험과 의사 결정을 포함하고 있으며, 플레이어들은 각자의 목표를 향해 나아간다. 두 유형의 게임 모두 범위를 규정하는 규칙과 제약을 지니지만, 끝이 정해져 있는가에 차이가 있다. 유한 게임은 목표가 있고, 목표에 도달하면 승자가 결정된다.

반면 무한 게임은 끝이 없다. 꾸준한 지속을 목표로 무기한 반복되는데, 이때 적응력이 필요하다. 어릴 적부터 만화 〈캘빈과 홉스(Calvin and Hobbes)〉를 보며 자랐다면, '캘빈볼(Calvinball)'[38]이 곧 무한 게임의 정수임을 알 것이다. 캘빈볼은

---

38 / 〈캘빈과 홉스〉에 등장하는 상상의 게임으로, 규칙이 계속 바뀌어 같은 방식으로 다시 할 수 없는 무한한 게임을 상징한다.

끝없이 계속되며, 같은 방식으로 한 번 더 할 수 없다는 것이 유일한 규칙이다. 당신이 이 만화에서와 같은 무한 게임을 하고 있다면, 즉시 판단하고 행동할 수 있어야 한다. 그리고 상황이 달라질 때, 전략이나 시도 방식은 물론 놀이의 형태까지 유연하게 바꿔 나갈 줄 알아야 한다.

나는 놀이의 정수를 보여 주는 장면 하나를 떠올린다. 개인적으로 특별히 좋아하는 사례라 《인생의 해답》에서도 소개한 바 있는데, 바로 작가이자 마케팅 전문가 세스 고딘(Seth Godin)의 어린 시절 이야기이다. 학교가 쉬는 날이면 집 안이 아이들로 가득 찼고, 고딘의 어머니는 그러한 상황에 지쳐 고딘과 친구들을 집 근처 볼링장인 셰리던 레인즈(Sheridan Lanes)에 데려다주고는 몇 시간 동안 볼링을 치라고 했다.

하지만 시간은 한정되어 있었고, 볼링을 치는 데는 돈이 들었기에 고딘과 친구들은 몇 게임밖에 할 수 없었다. 그러므로 볼링공을 굴리는 매 순간이 중요했고, 한 번이라도 허투루 하는 일이 생기면 못내 아쉬웠다. 그렇게 고딘은 '무제한 볼링' 또는 '무한 볼링'이라는 새로운 놀이를 상상해 냈다.

무제한 볼링은 마음껏 공을 굴릴 수 있다는 점에서 일반적인 볼링과 완전히 다르다. 무제한 볼링을 할 때는 다양한 샷을 연습할 수 있고, 성공하기 어려운 스플릿도 시도해 볼 수 있다. 실수

해도 자책할 필요 없다. 재미있기만 해도 괜찮고, 넉넉한 마음으로 임하는 것만으로도 좋다. 배우는 바가 있다면 그것으로 충분하다. 이는 특별한 종류의 자유이며, 우리는 그것을 허투루 흘려보내서는 안 된다.

삶을 대할 때도 같은 방식으로 접근해 본다면 어떨까? 힌두교에는 놀이를 삶의 맥락에서 설명하는 표현이 있다. 바로 '신성한 유희'를 뜻하는 '릴라(lila)[39]'로, 삶에서 대립되는 요소 가운데 펼쳐지는 춤과 같다. 릴라는 승리와 투쟁, 고통과 황홀함, 심지어 탄생과 죽음에 이르기까지 삶의 거의 모든 측면에 조화를 불러온다.

삶이라는 게임에서는 모든 것이 지나치게 무겁게만 느껴진다. 끝도 없이 쏟아지는 규칙과 단 한 번의 실수도 용납하지 않는 듯한 무게감 앞에서 우리는 과연 어떻게 살아가야 할까? 자기만의 안전한 껍데기 속으로 숨거나, 심각한 수준으로 진지하고 지루하며, 감정을 억누르고 사는 어른들과 발맞추어 살아갈 수도 있다.

하지만 전혀 다른 경험에 몸을 맡긴다면, 놀이가 삶의 원동

---

39 / 힌두교 철학에서 우주의 창조와 파괴, 삶의 모든 사건이 신의 자발적이고 즐거운 놀이의 일환이라는 개념이다.

력이라고 생각해 본다면 어떻겠는가? 창의성이 그러하듯, 놀이가 바쁜 삶의 부가 요소가 아니라, 깨어 있는 모든 순간과 행동의 초석이 된다면 어떨까? 극단적인 듯해 보이겠지만, 실상은 전혀 그렇지 않다. 이제부터 그 이유를 설명하겠다.

## 멋없어 보이는 일의 멋

코로나19 시기, 아내와 나는 시애틀의 집과 가족이 수십 년 동안 소유하던 해안가 오두막을 오가며 시간을 보냈다. 시간이 흐르면서 바닷가에 서 있는 그 집은 우리에게 단순한 별장을 넘어선 피난처 같은 존재가 되었다. 우리는 결국 부모님에게서 그 집을 사들인 이래 우리만의 공간으로 조금씩 바꾸어 나갔다.

집을 산 지 얼마 되지 않은 어느 주말, 나는 혼자서 주변을 둘러보려 차를 몰았다. 당시 나는 크리에이티브라이브 CEO 자리에서 막 물러난 참이었다. 자유 시간이 넘쳐나기는 했지만, 팬데믹의 낯설고 불안한 분위기 속에 내 삶은 여느 때보다 많은 의문으로 가득했다.

● 지금의 나는 누구인가?

- 앞으로의 삶은 어떤 모습일까?
- 이전에 운영하던 회사만큼 크고 영향력 있는 프로젝트를 다시 할 수 있을까?

나는 머릿속으로 그 질문에 답하고자 몇 주 동안 애를 썼다. 하지만 아무리 머리를 굴리고 생각을 거듭해도 달라지는 것은 없었다. 이것이 해안을 따라 90분을 운전해 오두막을 찾게 된 계기였다. 그날 밤은 뒤척이다 잠을 이루지 못했다.

다음 날, 나는 아침 일찍 눈을 떴다. 무슨 이유에서인지 아무 계획도 없었지만, 문득 내가 떠올릴 수 있는 일 중 가장 짜증 나고 멋없는 일을 해 보기로 마음먹었다. 그렇게 나는 오두막의 '똥통(shitbox)'을 파냈다.

'똥통'은 무뚝뚝한 이웃인 마빈 할아버지에게 배운 표현으로, 정화조를 부르던 그만의 별칭이었다. 정화조는 시골처럼 하수도 시설이 없는 곳에서 오수를 현장에서 처리할 목적으로 설치한 일련의 지하 구조물을 말한다. 공식적으로는 '생활 오수 처리 시스템'이라든가 '개인 하수 처리 장치'처럼 점잖은 이름이 붙지만, 마빈 할아버지는 그러한 말장난에는 관심이 없었다. 그에게 똥통은 그냥 똥통일 뿐, 그 이상도 이하도 아니었다. 그러므로 나도 그를 따라 똥통이라 불렀다. 내 느낌에도 똥통이 더 적절했다.

나는 호기심이 생겨 부모님에게 마지막으로 정화조를 점검한 때가 언제였냐고 물었을 때, 부모님은 기억나지 않는다고 답하셨다. 좋은 징조는 아니었다. 나는 이웃들에게 이것저것 물으며 상황을 파악해 보기 시작했다. 모두가 전문가를 부르라고 조언했지만, 나는 그것이 당장 옳은 순서인지 확신이 들지 않았다. 결국 내가 먼저 직접 들여다보는 편이 낫겠다는 직감이 왔다.

정화조는 보통 마당 한쪽 구석에 마련된 점검구가 지면에 드러나 있다. 하지만 우리 집에 있는 것은 그렇지 않았다. 세월이 흘러 비가 내리고 흙이 쌓이면서 점검구의 위치를 가늠할 수 없을 정도로 완전히 묻혀 있었다. 하지만 일흔다섯인 마빈 할아버지는 어릴 적부터 근처에 살아왔고, 큰할아버지가 이 정화조를 설치하던 것까지 기억하고 있었다.

그는 점검구의 위치에 대한 단서를 귀띔했다. 마빈 할아버지의 투박한 조언도 한몫했지만, 나도 평생 무언가를 손으로 만지며 고치기를 좋아하기에 한번 직접 해 보자 싶었다. 정화조를 파내서 모든 것이 제대로 작동하는지 확인해 보기로 한 것이다.

삽자루를 잡은 순간, 나는 마치 어린 시절 마당에서 놀던 때로 되돌아간 듯한 기분이 들었다. 부모님은 우리가 살아온 집을 직접 지으셔서인지, 나는 공사 현장이 익숙했다. 흙을 파는 생각만으로도 설렜고, 실제로도 정말 즐거운 일이었다.

나는 고무장화를 신고 장갑을 낀 손에 삽을 쥐었다. 그리고 정화조 위로 쌓인 흙덩이와 끈적한 진흙더미를 퍼 올렸다. 쉬운 일도 아니었고, 흙을 이리저리 퍼 나르는 데 제법 힘이 들었다. 그러나 나는 그 과정을 게임으로 바꾸어 생각했다. 이마에는 송골송골 땀이 맺히기 시작했지만, 놀랄 만큼 즐겁고 만족스러운 시간이었다.

개를 산책시키며 지나가던 이웃이 하나둘 발걸음을 멈추고, 내가 작업하는 모습을 보며 말을 걸어 왔다. 우리는 성공 여부에 상관없이, 각자가 해 봤던 집수리 이야기를 웃음과 함께 가볍게 나누었다. 그러는 사이에 시간은 훌쩍 지나갔다.

온종일 한여름 땡볕 아래서 말 그대로 흙투성이가 되어 일한 끝에, 나는 정화조의 메인 탱크를 찾아냈다. 이후 추가로 인터넷을 뒤져 보고, 전문가 몇 명의 의견도 구했다. 그 결과로 정화조의 상태가 외외로 꽤 양호함을 알게 되었다.

그렇게 정화조는 최종적으로 원활하게 작동하는 기존 설비이나, 기준에 부합하지 않는 상태로 분류된다는 결론에 이르렀다. 필요한 것은 새 뚜껑뿐이었다. 이에 큰할아버지께 감사드린다. 전문 업체에 정화조 전체 교체를 의뢰했다면, 최소 5만 달러는 써야 했을 것이다.

그 대신 나는 실력 좋은 대장장이인 매형 잭에게 몇백 달러에 맞춤형 강철 뚜껑 제작을 부탁했다. 매형이 만들어 준 뚜껑은 마치 예술 작품 같았다. 디자인을 구상하고, 모눈종이에 디테일을 스케치하는 과정부터 큰 즐거움을 느꼈다. 인터넷 조사를 하며 알게 된 온라인 커뮤니티 몇 군데에 설계도를 공유하면서, 온라인 친구도 몇 명 생겼다. 그렇게 내 프로젝트는 약간의 수고와 디자인, 그리고 각종 수작업을 거쳐 완성되었다. 정말이지 짜릿한 경험이었다.

물론 농담 반 진담 반으로 하는 얘기지만, 나는 그 모든 과정을 하나의 재미있는 놀이라고 생각했다. 나는 시간 가는 줄 모르고 즐겼을 뿐이다. 다른 사람들과 어울리고, 시행착오를 겪으며, 손에 흙을 묻히면서 많은 것을 배웠다. 어쩌면 지저분한 뒤처리가 될 만한 일이었지만, 직감과 뚜렷한 목적의식으로 임하니 완전히 다른 경험으로 탈바꿈했다.

내 이야기는 여기서 끝나지 않았다. 그때의 기쁨에 힘입어, 나는 그다음 주말에도 손볼 거리를 찾아 나섰다. 그러다 물이 잘 빠지지 않는 음식물 쓰레기 처리기를 고쳐 보기로 했다. 분해 작업만 몇 분을 하다 보니, 어린 시절 아버지와 함께 자동차를 정비하며 공기필터와 엔진오일을 갈던 기억이 물밀듯 밀려왔다. 또다시 마음속이 그리움과 기쁨으로 젖어 들기 시작했다. 공구는 마치 장난감 같았다.

나는 몇 달 동안 연락하지 않던 친구에게 전화를 걸어 조언을 구했다. 마음씨가 따뜻하고, 무엇이든 척척 고치는 재주가 있는 친구였다. 나는 너트와 볼트를 조금 만져 보다가 막힌 부분을 이야기하자, 그는 몇 분 만에 해결책을 알려 주었다.

그다음으로 나는 세월을 머금으면서 살짝 틀어진 주방 캐비닛 문을 손보기로 했다. 조금 처진 탓에 자석 걸쇠에 제대로 닿지 않는 문도 있는 한편, 삐걱거리는 것도 있었다. 이 문제를 해결하려고 철물점에서 '장난감'을 몇 개 더 사고, 온라인으로 방법을 익히면서 이웃인 앨런에게서 필요한 물건을 빌려야 했다. 이 모든 과정이 얼마나 즐거웠는지 모른다.

그 후 나는 그림 몇 점을 벽에 걸고, 가스레인지 점화 장치에 연결된 전기선을 다시 손봤다. 모든 것이 게임 같아서 정말 즐거웠다. 대단하거나 혁신적이지도 않고, 그저 평소에 해야 할 자잘한 일이었을 뿐이다. 하지만 그 일을 귀찮게 여기지 않고, 즐길 만한 놀이로 받아들이고 나니, 몇 달간 잠들어 있던 내 안의 흐름이 깨어났다.

일요일 밤이 되자, 소소한 프로젝트를 여섯 개쯤 해치우고, 주말 동안 열두 시간씩 일했음에도 이상할 만큼 에너지가 솟구침을 느꼈다. 이후에도 몇 주 동안, 나는 그 놀이를 계속하기 위해 도시와 해변을 몇 차례 오갔다. 마음속이 맑아지고 정돈된, 말 그대로 편안함을 느낀 것은 몇 달 만의 일이었다.

이상의 흐름은 계속되었다. 다시 글을 쓰기 시작하면서, 지

 〰〰〰〰〰 

금 당신이 읽고 있는 이 책이 탄생했다. 또한 오래된 사진 스튜디오를 개보수하고, 20년 만에 다시 골프 교습을 수강했다. 심지어 잡일조차도 예전과는 전혀 다르게 느껴졌다. 이러한 변화는 그저 이것저것 만지작거리면서 지저분한 일에 손댄 덕이었다.

나는 어느 순간부터 삶을 다시 놀이로 대하기 시작했고, 그 변화는 모든 것을 긍정적인 방향으로 이끌고 있었다. 활기와 기쁨, 새로움과 산뜻한 유쾌함, 온전한 몰입, 그리고 배우고 웃으며 머리를 쓰는 일 말이다. 나는 어릴 적부터 스포츠를 즐기며 자랐고, 전통적인 진로를 벗어나 밖에서 친구들과 함께 뛰놀며 액션 스포츠 사진작가로 살아가는 길을 택했다.

그러다 수억 달러가 오가는 비즈니스 세계에 본격적으로 뛰어들면서 가치관이 조금씩 흔들려 갔고, 끝내는 길을 잃기도 했다. 그러던 내가, 마당에서 다시 놀이를 시작하면서 마침내 제자리로 돌아올 수 있었다. 정화조 탱크의 새 뚜껑 위에 서 있던 그 순간이, 레드카펫이나 전용기 위에 있던 순간보다 더 유쾌하고 즐거웠다.

## 놀이는 과학이다

〰〰〰〰〰

스튜어트 브라운(Stuart Brown)[40] 박사가 설립한 '미국 놀이 연구소(National Institute for Play)'의 연구에서는 다음과 같이 명확한 결론을 제시한다.

"상상력은 인간이 이룬 모든 성취의 원천이다. 그러나 우리와 아이들을 대상으로 한 교육 방식이 상상력을 체계적으로 위협하는 듯하다."

브라운 박사는 실제로 놀이가 삶을 위한 연습이며, 잘 놀수록 더 잘 산다고 말한다. 그는 놀이 없는 삶은 반쪽짜리 인생이나 다름없다고 주장한다. 연구에 따르면 놀이가 결핍되었을 때, 두뇌 발달이 제대로 이루어지지 않을 수 있다는 다양한 연구 자료를 제시한다. 고양이의 놀이 패턴을 추적한 브라운 박사의 연구가 그 예이다.

해당 연구에서 놀이를 습득하지 못한 고양이는 사회화가 제대로 이루어지지 못한다는 사실을 발견했다. 그렇더라도

---

40 / 미국의 정신과 의사이자 놀이 연구소 설립자. 놀이의 심리적·신경학적 중요성을 연구해 왔다.

사냥은 배울 수 있지만, 다른 개체와 어울리는 법을 모른다. 따라서 놀이를 배우지 못한 개체는 다른 고양이를 적으로 인식하여 공격하곤 했다. 이러한 현상은 쥐를 비롯한 사회적 포유류, 나아가 인간에게도 마찬가지로 나타난다고 한다.

인간 또한 기본적인 생존을 위해서라면 놀이가 필수적인 요소는 아니다. 그러나 온전한 삶이 목적이라면 놀이는 확실히 필요하다. 놀이가 없다면, 인류의 적응 속도는 훨씬 느려졌을 것이다. 결국 세상은 인류에게 훨씬 작고 위협적인 곳이 되었을 테다.

하지만 놀이는 그 중요성 외에도 인생을 즐기는 법을 가르쳐 준다. 모든 일을 끝없는 경쟁으로만 보는 대신, 호흡이 긴 기회의 게임으로 받아들이도록 해 준다. 안타깝게도 우리 사회의 허슬 문화는 놀이를 뒷전으로 밀어내고 있다. 이에 따라 많은 사람이 세상을 살아갈 준비를 미처 마치지 못한 채 사회로 떠밀리고 있다. 브라운 박사는 저서 《놀이, 즐거움의 발견(Play)》에서 이렇게 말한다.

"오늘날 학생들이 앞으로 마주하게 될 일은 훨씬 더 많은 주도성과 창의성이 필요하다. 하지만 지금의 교육 방식은 그러한 일을 준비하도록 할 목적으로 설계되지는 않았다. 학생들은 20세기식 노동, 즉 창의성과 지성을 활용할 필요 없이 그저 할당된 볼

트를 지정된 구멍에 끼우기만 하면 되는 단순노동을 위해 교육
받고 있는 셈이다."

당연하게도 그러한 삶은 이미 시대에 뒤처졌다는 사실이
여러 증거로 확인되고 있다. 오늘날 정보의 빠른 이동으로 말
미암아 변화의 속도도 얼마나 빨라지고 있는지를 생각해 보
자. 그 흐름을 따라잡기 위해서는 놀이가 필요하다.

놀이는 과학적으로 입증된 뇌의 '신경 가소성(plasticity)'[41]을
촉진하는 요소로, 뇌 신경망의 변화 적응과 재조직을 돕는다.
즉 기존의 사고방식에서 벗어나 더욱 유연하고 새로운 방식
으로 작동할 수 있도록 실질적으로 뇌를 다시 연결한다.

요컨대 놀이는 우리의 진화를 돕는 중요한 요소다. 필리 치
즈스테이크(Philly-cheesesteak)[42]로 점심을 때운 후 입가심으로
먹는 아이스크림처럼 단순히 있으면 좋은 것이 아니다.

요한 하위징아(Johan Huizinga)와 브라이언 서튼 스미스(Brian
Sutton-Smith)의 인류학적 관점의 연구를 살펴보면, 놀이가 단
순한 오락이나 게임이 아님을 알 수 있다. 그들의 연구에 따
르면, 놀이란 사회적 발전으로 우리를 생동감 있게 연결하

---

41  /  경험이나 학습에 따라 뇌의 구조와 기능이 변화하고 적응하는 능력.

42  /  얇게 저민 소고기와 치즈를 주재료로 한 필라델피아식 샌드위치.

  〰〰〰〰〰〰〰  LEVER 5 / 놀이: 인생은 게임이다

는 요소이다. 하위징아는 대표 저서인 《호모 루덴스(Homo Ludens)》에서 놀이를 의례적인 행위로 다시 바라볼 것을 제안한다.

하위징아는 놀이가 인간의 의식적 힘을 드러내어 사회 규범을 형성하고, 개인의 정체성을 길러 준다고 보았다. 그는 놀이를 단순한 재미 이상으로 끌어올려 훨씬 더 통합적이고 문화적인 현상, 즉 사회가 모이고 관계를 맺는 방식에 영향을 미치는 문화의 근본 요소로 재정립한다.

서튼 스미스는 놀이의 개념을 창의성과 상상력, 그리고 일상의 영역까지 확장한다. 이는 마치 놀이 자체가 하나의 언어가 되어 가치와 전통, 공동의 규범을 서로 주고받는 매개가 되는 것이다.

철학자이자 시인이며 극작가인 프리드리히 실러(Friedrich Schiller)는 놀이를 조금 더 추상적이지만 흥미로운 관점에서 다룬다. 이에 실러는 인간에게 사유의 자유를 가능하게 하고 잠재력을 실현하게 해 주는 '놀이 충동(play drive)'이 존재한다고 주장한다. 그의 연구와 저술에 따르면, 놀이 충동은 인간을 시간과 자연에 묶어 두는 감각적 물질성(sensuous materiality)의 요구(감각 충동, sense drive)와 사물에 질서를 부여하고 의미를 만들고자 하는 이성적 요구(형식 충동, form drive)라는 상반된 충동을 하나로 융합한다.

실러는 두 실존적 극단을 조화시킬 수 있는 유일한 수단이 바로 놀이라고 보았다. 결과적으로 우리는 인간으로서 '존재(being)'와 '생성(becoming)'에 각각 한 발을 딛고 있으며, 놀이야말로 두 상태를 자유자재로 오갈 수 있게 한다.

요컨대 스튜어트 브라운 박사의 연구에서 시사하는 바는 다음과 같다.

**"뇌를 활짝 깨우는 데 놀이만 한 것은 없다."**

당신도 나와 생각을 할지는 잘 모르겠다. 다만 마음을 차분히 가라앉히고 진정한 내면의 소리에 귀 기울일 때면 지금까지 살펴본 연구 결과가 살면서 경험한 개인적, 실증적 증거와 일치함을 깨닫는다. 나는 세상이 가벼운 게임 같고, 그 결과가 별로 대수롭지 않아 보일 때 가장 나다운 삶이 된다. 혼자 있을 때나 친구들과 함께일 때나, 일터에 있으나 집에 있으나 상관없이 말이다. 물론 진지함과 집중이 꼭 필요한 순간도 있기는 하다.

그럼에도 나는 성공과 행복이 잘 쉬고, 잘 놀면서 회복할 줄 아는 능력인 '유희력(playfullness)'에 크게 달려 있다는 것만큼은 자신 있게 말할 수 있다. 나는 이 사실을 누구보다 행복하게 살아가는 친구들의 삶과 세상에서 가장 충만한 삶을 사

 　∿∿∿∿∿∿∿　LEVER 5 / 놀이: 인생은 게임이다

는 사람들의 모습에서 확인했다. 물론 이는 내 삶에도 그대로 적용되는 이야기이기도 하다.

더 많이 놀수록 기분은 더 좋아진다. 기분이 좋아질수록 현재에 더욱 집중하게 된다. 현재에 집중할수록 그만큼 더 성숙한 인간다움과 진실한 관계, 충만한 삶을 누릴 수 있다.

찰리 혼(Charlie Hoehn)은 2008년에 대학을 졸업했다. 그는 여느 친구들과 마찬가지로 모든 것이 순조롭게 풀리리라고 기대했다. 하지만 현실은 그렇지 않았다. 졸업 직후, 혼은 몇 달 동안 커리어빌더(CareerBuilder), 크레이그리스트(Craigslist)를 비롯한 구직 플랫폼에서 일자리를 찾는 데 시간을 쏟았지만, 성과는 없었다. 대학 생활에 시간과 에너지를 모두 쏟은 혼은 문득 이러한 생각이 들었다.

"그게 다 무슨 의미였을까?"

혼의 어머니는 당시 고용 시장이 얼어붙어 있으니 다시 학교로 돌아가 MBA 학위를 취득하는 것이 좋겠다고 조언했다. 하지만 혼은 학위를 하나 더 받는다고 해결될 문제가 아니라는 것을 알고 있었다. 그는 세상 밖으로 나가 탐험하고 싶었다.

혼의 계획은 앞으로 몇 달 동안 진심으로 존경하는 사람들과 함께 일하는 것이었다. 돈을 받지 않아도 괜찮다는 각오로, 실제 경험 속에서 얻을 수 있는 것이 무엇인가를 알고 싶어 했다. 혹시라도 좋은 결과가 생긴다면, 그것만으로 충분히 만족스러울 터였다. 어쩌면 누군가 자리를 내줄 때까지 기다리는 대신, 스스로 원하는 일을 만들어 낼 수 있으리라고 생각했다. 설령 잘되지 않더라도, 원래 자리로 돌아오면 그만이었다. 그때 대학원에 진학하거나, 다시 구직 활동을 이어가기만 하면 되었다. 그에게는 이 과정이 어디까지나 하나의 실험일 뿐, 잃을 것은 없었다.

혼은 먼저 전설적인 비즈니스 및 마케팅 전문가와 함께하는 비대면 인턴십 프로그램에 등록했다. 혼을 제외하고도 많은 사람이 지원했지만, 인턴십이 끝날 무렵까지 남은 사람은 초기 200명 중 10여 명뿐이었다. 그의 상사는 남은 이들을 자기 블로그에 소개했다.

이에 따라 혼은 여러 곳에서 일자리 제안을 받았고, 마침내 팀 페리스(Tim Ferriss)와 함께 일할 기회를 잡았다. 그는 페리스와 일하는 동안 이벤트 기획, 도서 출간 지원 등을 도왔다. 스물네 살 대학 졸업생에게는 힘든 일이었지만, 그만큼 값진 기회이기도 했다.

페리스와 함께 준비하던 VIP 행사가 다가오면서 혼의 삶은 카페인 음료와 쪽잠이 일상이 되었고, 일에서 일로 내몰리는

　〜〜〜〜〜　LEVER 5 / 놀이: 인생은 게임이다

바쁜 나날이 계속되었다. 스트레스가 거의 견딜 수 없을 정도로 쌓였지만, 그 일을 대신 해 줄 사람은 아무도 없었다. 결국 그는 일을 묵묵히 계속해 나갔다.

혼은 그 프로젝트에서 출중한 성과를 내지 못하면, 이제 막 시작된 커리어가 끝날 수도 있다는 것을 알고 있었다. 그는 쏟아지는 업무를 감당하기 위해, 해외 제약회사에서 일명 '스마트 드러그(smart drug)'를 주문했다. 이 약은 원래 전투기 조종사가 며칠간 잠을 자지 않고도 임무를 수행할 수 있도록 개발된 각성제였다. 혼은 문제가 생기더라도 바로 대응할 수 있도록 나흘 내내 한숨도 자지 않고 버텼다. 그는 일주일 동안 불과 여섯 시간밖에 자지 못했다.

행사가 끝난 뒤에도 상황은 크게 달라지지 않았다. 혼의 자기 착취는 전보다 더 심해졌다. 이어진 일은 팀의 신간 출간 프로젝트였다. 이는 과중한 업무와 빡빡한 일정이 기다리고 있다는 뜻이었다. 하지만 그는 무언가 이상하다는 느낌이 들기 시작했다. 그는 이렇게 회상했다.

"앞으로 어떤 여정이 펼쳐질지 눈에 훤했어요. 하지만 제가 그걸 버텨 낼 수 있을지는 잘 모르겠더라고요."

그 무렵 혼은 가족 한 명을 잃었고, 그의 가까운 친구는 자

살을 시도했다. 페리스의 신간 프로젝트 마감일은 6개월 뒤
로 미뤄졌다. 그는 이 틈을 타서 일주일의 휴가를 낸 뒤, 앞으
로 할 일을 고민해 보기로 했다. 다시 일터로 돌아온 혼은 상
사에게 그만두어야 할 때가 된 것 같다고 말했다. 이 말을 꺼
내는 내내 그의 온몸은 떨리고 있었다. 시간이 지나고, 그는
당시의 심경을 털어놓았다.

**"더는 버틸 수가 없었어요."**

퇴사 후, 혼은 한동안 방향을 잃고 헤매면서도 자신에게 벌
어지는 일을 이해하려 애썼다. 살면서 처음 느끼는 감정이었
음에도, 그 이유는 알 수 없었다. 결국 그는 불안 장애 진단을
받았다.

그는 그간 겪어 온 문제처럼 억지로 버티면 이겨 낼 수 있
으리라고 착각했다. 하지만 그 방법이 통하지 않자 병원을 찾
았고, 의사는 여러 가지 약을 처방했다. 그 후 혼은 요가, 명
상, 심리 상담, 글쓰기, 극단적인 식이요법, 격렬한 운동 외에
생각할 수 있는 거의 모든 영양제와 약물 치료 요법도 시도했
다. 봉사 활동과 기도, 감각 차단 탱크(float tank)[43]에 환각제까

43 / 따뜻한 소금물에 몸을 띄워 이완을 유도하는 장치.

지 써 봤지만, 아무런 효과가 없었다.

그는 이제 어찌할 바를 몰라 막막한 지경에 이르렀을 때, 한 친구가 브라운 박사가 쓴 놀이의 힘에 관한 책을 추천했다. 혼은 그 책을 읽으며, 인간이 삶에서 많은 것을 박탈당해도 살아갈 수 있음을 배웠다. 음식을 먹지 않아도 몇 주는 살 수 있고, 물을 마시지 않고도 며칠은 살 수 있으며, 심지어 일하지 않아도 몇 년은 버틸 수 있다. 하지만 혼은 다음과 같은 결론을 내린다.

"결국 인간은 놀이 없이 살아갈 수 없도록 설계된 존재인 거죠."

혼은 30일 동안 실험 삼아 매일 놀아 보기로 했다. 작은 모험을 떠나고, 즉흥 연기에 도전하며, 매일 산책을 하면서 퍼즐을 맞추는 등 다양한 활동을 시도했다. 심지어 그는 야구공 한 통과 배트를 산 뒤, 인근에 있는 한적한 공원에서 친구와 공을 주고받는 시간을 보내기 시작했다. 어릴 적 혼은 야구를 참 좋아했다. 그 단순한 놀이는 그에게 헤아릴 수 없을 정도로 큰 기쁨을 안겨주었고, 이전에 복용하던 항불안제보다도 더 효과적이고 건강한 방식으로 불안을 잠재웠다.

그렇게 혼은 한때 일에 관한 강박으로 자신을 혹사시키며,

사회적 성공에 병적으로 집착한 과거의 모습을 인정했다. 그는 다음 목표가 인생을 바꿀 '한 방'인 양 굴던 태도를 버리고, 삶을 느긋하게 즐기는 법을 배웠다. 실험이 끝날 무렵, 그의 불안 증상은 완전히 사라졌다. 그는 나에게 그동안의 소회를 밝혔다.

"다시 원래 상태로 돌아온 기분이었어요. 놀이가 불안을 완전히 없앤다는 걸 깨달았죠."

우리의 기분을 바꾸는 놀이의 효과는 그 자체만으로도 경이롭다. 하지만 과학적 근거와 인간의 경험으로 비추어볼 때, 놀이의 효과는 단지 그 정도에 그치지 않는다. 보다 폭넓고 엄밀하며, 포용적인 시각에서 바라보면, 놀이는 우리의 삶 전반을 개선한다.

## 발상의 전환

우리는 놀이를 즐겁고 쉬운 일이라 여긴다. 놀이란 어릴 적부터 정해진 틀 안에서만 허용되고, 그다지 중요하지 않은 데다 할 일을 마친 후에야 누릴 수 있는 여가 활동으로 여기도록 배웠기 때문이다. 하지만 그것은 놀이의 특성 중 단편적인 부분에 불과하다.

일과 놀이가 엄격히 구분되어야 한다는 인식은 우리가 인생을 제대로 시작하기도 전에 각인된다. 그 대표적인 예가 바로 초등학교 2학년 담임이었던 켈리 선생님이다. 그분은 실제로 내가 하던 마술 공연, 만화 그리기, 스탠드업 코미디 공연까지 모두 그만두게 하고 더 진지한 일에 집중하라고 설득했다. 그때 나는 겨우 초등학교 2학년이었는데도 말이다.

어른이 되어서도 우리는 그 거짓말을 스스로 되풀이한다. 열심히 일하고 신나게 놀자는 구호를 당연한 듯 따른다. 일이란 힘들고, 진지하며, 목표 지향적이고, 해야만 하는 것으로 여긴다. 그리고 놀이는 그 일을 끝낸 후에야 비로소 허락된다. 이에 우리의 권위적인 보호자들은 말한다.

"노는 건 나중에 하고 먼저 할 일부터 해."
"자, 그만 놀고 공부할 시간이야."

하지만 순서를 뒤집는다면 어떨까? 놀고 나서 일한다면 말이다. 일이란 분명 고되지만, 우리는 일이 발전을 가져온다고 믿는다.

반면 놀이는 그 자체로 즐겁고, 기발한 발상으로 이어진다.

어린 시절의 전유물이 아니다. 마치 과부하를 차단하는 스위치처럼 성인이 된 후에도 지친 마음을 회복시키고 쉬어 갈 수 있게 해 준다. 이렇듯 놀이는 정신 건강과 전반적인 삶의 안녕을 위해 꼭 필요하다.

우리는 일을 찬양하면서 놀이를 절제하는 문화 속에 살고 있다. 그러니 이 영역에서 당신이 주도권을 잃는 것도 당연하다. 하지만 윤택한 삶을 위해 여유를 조금만 더 누려 보는 것은 어떨까. 자신에게 숨 쉴 틈을 허락해도 괜찮다.

그리고 잠시 생각해 보자. 아니, 정확히는 기억해 보자. 놀이는 항상 당신 안에 자연스럽게 존재해 왔다. 놀이는 우리가 배워야 할 외부의 언어가 아니라, 다시 깨워야 할 내면의 능력이다. 아이들은 누가 가르쳐 주지 않아도 웃고 뒹굴며 즐겁게 논다. 자연스레 자기 꼬리를 쫓는 우리 집 골든 리트리버 보디가 그렇듯, 놀이는 당신에게도 타고난 본능이었다.

그야말로 희망적인 소식이다. 당신은 내가 짐작하는 일반적인 사람들과 비슷한 처지라면, 당신의 놀이 능력은 그저 조금만 녹슨 수준이기 때문이다. 이는 당신의 몸 안에 있지만, 살짝 약해진 근력과도 같다.

하지만 걱정할 필요는 없다. 어릴 때부터 점점 억눌리고 잠들어 있던 창의력이 강력한 힘으로 되살아날 수 있듯이, 즐거움을 향한 당신의 욕구 역시 마찬가지다. 본능처럼 깃들어

 〰〰〰〰〰〰 

있는 가벼움, 현존감, 새로움, 연결감, 그리고 기쁨 말이다. 조 디스펜자(Joe Dispenza) 박사는 이렇게 말한다.

"35세쯤 되면 인간의 95%는 수없이 반복해 온 탓에 더는 의식적으로 생각하지 않는 무의식 자동 프로그램의 집합체로 구성된다. 따라서 내가 어떠한 생각을 무의식적으로 반복하는지 자각하는 것부터 시작해야 한다."

자, 이제 깨달았으니 행동해야 할 차례다. 시작하자.


## 빅 매직

우리는 무슨 일을 해도 자연스럽고 수월한 몰입 상태를 잘 알고 있으며, 그러한 순간을 사랑한다. 말과 아이디어가 저절로 흘러나올 때, 우리는 그 과정을 즐기기만 하면 된다. 엘리자베스 길버트(Elizabeth Gilbert)[44]는 이러한 상태를 '빅 매직(Big Magic)'이라 부르며, 창작이나 놀이 활동의 내적 세계를 보여

44 / 《먹고 기도하고 사랑하라(Eat, Pray, Love)》와 《빅 매직(Big Magic)》으로 유명한 미국의 작가이다.

주는 다양한 사례를 제시한다. 설명할 수 없는 깊은 영감이 마치 다른 세계에서 흘러들어오는 듯한 순간도 분명히 있다. 하지만 개인적인 경험에 따르면, 그러한 순간은 그저 바라기만 할 것이 아니라 스스로 만들어 내야 한다.

수세기 동안 창작자는 유형에 상관없이 창작에 몰입하는 마음가짐을 위해 특정한 수단과 요령을 사용해야 했다. 이들 습관은 종종 그것을 실천하는 사람들만큼이나 독특했는데, 일례로 헨리 데이비드 소로(Henry David Thoreau)는 산책을 매일 네 시간씩 했다고 한다. 그에게 몰입을 위한 습관은 사치가 아닌 필수였다. 마음의 평화와 몰입, 그리고 일과의 연결을 유지하기 위한 기본 요소였다.

또 다른 예로 스릴러 소설가 퍼트리샤 하이스미스(Patricia Highsmith)는 침대 주변에 담배, 커피, 재떨이, 커피 한 잔, 도넛, 그리고 설탕을 두고 앉으며 하루의 글쓰기를 준비했다. 그녀는 그 과정을 거쳐야만 작업을 시작할 수 있었다. 그 의도는 글쓰기 과정에서의 의무감을 최대한 줄이고, 글쓰기에 더는 위축되지 않는 놀이처럼 만드는 것이었다.

일반적으로 '몰입'이라는 개념은 유쾌하고 즐거우면서도 흔치 않은 자각 상태로 이해하곤 한다. 따라서 몰입은 운이 좋은 사람이나 자신의 몰입 유발 요인을 아는 사람, 삶을 세심하게 설계해 동기 부여와 창의력, 학습 능력, 안녕감을 증

　　　　　　　　　LEVER 5 / 놀이: 인생은 게임이다

진하는 고성과자만의 것이라 생각한다. 하지만 창의력과 마찬가지로, 몰입과 그와 밀접한 개념인 놀이는 누구에게나 열려 있다.

이 장을 읽고 당신이 놀이를 시작했다는 소식이 들려온다면, 나는 뛸 듯이 기쁠 것이다. 누구나 쉽게 떠올릴 만큼 뻔해도 상관없다. 아침에 일어나 달리기를 하고, 아침 식사 중에는 낱말 퍼즐을 풀고, 일터에서는 창의적으로 일한다. 점심시간에는 농구를 하며, 퇴근 후에는 연극 모임에 참석하고, 저녁에는 실험적인 요리를 시도한다. 그리고 디저트 같은 술 게임 이후, 만족스럽게 잠자리에 든다.

어떠한가, 만족스럽지 않은가? 이러한 변화는 놀이가 주는 건강과 행복의 혜택을 추구하는 다수에게 의미 있는 삶의 전환점이 될 것이다. 상상만으로 놀라운 일이다.

하지만 이 책을 다 읽고도 '일'에 대한 당신의 근본적인 인식이 바뀌지 않는다면, 내 과업은 완성되지 않은 셈이다. 이때 내가 말하는 일은 직장 일과 집안일에서 반드시 해결해야 할 골치 아픈 과제나 문제까지를 아우른다. 그야말로 개인적, 직업적, 심리적 영역과 그 외의 영역을 모두 포괄한다. 다른 지렛대와 마찬가지로, 그러한 일마저 상상한 적 없던 방식으로 접근할 때에야 흥미로워진다.

그렇다면 이상에서 열거한 일이 모두 당신에게 기쁨과 몰입을 안겨 준다면 어떻겠는가? 그것들을 '일'이라고 부르지 않게 된다면? 설거지가 놀이처럼 느껴지고, 스트레스를 주는 상사와의 대화나 퇴근길의 교통 체증까지도 하나의 게임이 된다면? 너무 비현실적으로 보이는가? 그렇다면 이 장을 마무리하면서 당신에게 '실천 과제' 하나를 남기겠다.

## 일을 위한 일에서 벗어나라

일이 일처럼 느껴지는 이유는 우리가 일을 대하는 방식 때문이다. 우리는 일을 불쾌하고, 즐거움과 놀이와는 정반대로 받아들이는 데 익숙하다. 따라서 무엇을 하느냐가 아니라, 매일 해내야 하는 일에 대한 인식을 바꾸는 것이 중요하다.

허드렛일이라 여기는 일을 하나 떠올려 보자. 이를테면 막 건조기에서 꺼낸 옷을 개는 일 말이다. 꼭 한번 해 보길 바란다. 정말 뜻밖의 경험이 될 것이다.

당신도 나처럼 어릴 적에 빨래 개는 일을 해야 했다면, 그 일이 점점 더 싫어졌을 것이다. 나는 항상 빨래 개기를 더 재미있는 활동 사이에 억지로 끼워 넣으며 처리하곤 했다. 다들 90세 노인의 얼굴보다 더 쭈글쭈글한 셔츠를 입으면 안 된다고 말하니 반듯하게 개긴 했지만, 그 일을 누군가가 내게 떠

  LEVER 5 / 놀이: 인생은 게임이다

넘긴 것으로만 여겼다. 속으로는 늘 이런 생각이 맴돌았다.

'이건 시간 낭비야. 그냥 서랍에 구겨 넣어 버리면 아무도 모를
텐데, 굳이 개야 하나? 바지에 주름 좀 있어도 신경 쓰는 사람은
아무도 없는데. 난 옷 개는 일에 영 소질이 없단 말야!'

이처럼 별별 생각이 꼬리를 물었다. 나는 말 그대로 뭐든
다른 일을 하고 싶었다.

자, 이번 과제는 빨래를 개는 것이다. 그냥 빨래만 개 보자.
그러다 보면 집중이 흐트러지는 순간이 올 것이다. 그렇다면
그 사실을 알아차리고 감각이 느끼는 대로 빨래에 다시 주의
를 집중하자.

이제 건조기에서 알림음이 울리고 옷을 꺼내 개야 할 때가
오면, 당신의 계획은 명확해진다. 먼저 알림음을 귀 기울여
듣는다. 그리고 당신을 대신해 수고를 아끼지 않은 똑똑한 건
조기에 감사한다. 다음으로 건조기 문을 열고, 열기가 빠져나
옴과 동시에 얼굴에 닿는 따뜻한 공기를 느껴 본다.

그다음, 건조기 문에서 나는 작고 귀여운 삐걱거림에 주의
를 기울인다. 그리고 세탁세제와 섬유 유연 시트 향이 어우러
져 상쾌하고 깨끗한 향을 느껴 보자. 그 뒤 건조기 안에 손을
넣고 옷을 전부 꺼내면서 옷감의 부드러운 감촉과 온기에 특

히 집중한다. 쌓인 옷더미 속 색도 눈여겨본다. 밝은 옷도 있고 빛이 바랜 옷도 있다. 빨래를 개는 순간 속에 온전히 머무르며 즐겨 보자.

갑자기 저녁 식사가 언제쯤이면 다 될까 하는 생각이 들더라도 괜찮다. 그렇더라도 다시 옷감의 느낌에 집중하면 된다. 감각에 차례차례 주의를 기울이면서 빨래와 교감하는 양상을 인지해 보자. 긴소매 셔츠 한두 벌과 함께 춤을 춰도 좋다.

그리고 다시 향기를 맡고, 섬유의 질감을 느껴 본다. 양말 한 켤레를 개며 놀라는 모습이 웃기기도 할 것이다. 물론 감사의 마음을 조금 더 얹어 보는 것도 좋다. 건조기를 쓸 수 있음에, 입을 옷이 있음에, 그리고 이 순간에 머물기 위해 시간을 내고 있음에 말이다.

과제는 여기까지다. 당신은 방금 과제 하나를 마쳤다. 예전이라면 질색하거나 부정적으로 생각하던 일에서 나아가 불쾌함, 고통, 분노 그 자체이던 것이었다. 하지만 이번에는 다르지 않은가. 당신은 그 과제를 별 감흥 없이 그저 해냈거나, 기쁨에서 즐거움, 연결감, 몰입까지 느끼며 매우 긍정적인 경험으로 받아들였을 것이다.

게다가 정말 멋진 점은 그 방식을 삶의 대부분에 적용할 수 있다는 사실이다. 교통 체증에 갇혀 있다면, 우리가 느끼는 감각에 순차적으로 집중해 보자. 당신이 지금 보고, 듣고, 느

　　　　　　　LEVER 5 / 놀이: 인생은 게임이다

끼는 바에 관한 해석보다 감각적인 느낌 자체가 중요함을 명심하자.

운전하는 동안 운전대를 감싼 가죽 커버의 촉감, 살짝 열린 창문으로 들어오는 바람, 근처 바다에서 불어오는 바람의 내음, 도로 위를 천천히 굴러가는 타이어의 낮은 진동음을 모두 느껴 보자. 그리고 집까지 내내 걸어서 가지 않아도 된다는 사실이야말로 감사할 일이지 않은가. 누군가가 당신을 위해 이 차를 만들었다는 것 또한 얼마나 기쁜 일인가! 이러한 활동, 즉 게임에는 삶에서 언제라도 적용할 수 있으며, 당신의 세상을 완전히 바꿀 힘이 있다.

한편 앨런 와츠(Alan Watts)[45]는 설거지에 대해서도 비슷한 이야기를 한다.

"설거지하는 동작을 춤으로 바꿔 봅니다. 쓱쓱, 쓱쓱, 쓱쓱, 쓱쓱, 이렇게 말이죠. 그리고 즐기듯이 하는 거예요. 접시를 휙 돌리고 물을 헹궈 흘려보낸 다음 건조대에 올려놔요. 하하, 말도 안 되죠? 자, 이제 다음 접시 차례에요. 쓱쓱, 쓱쓱, 쓱쓱, 쓱쓱, 이렇게 하다 보면 리듬이 생기는 게 보일 거예요. 그러면 떠밀리듯 하지 않아도 됩니다."

45 / 동양 철학을 서양에 소개한 영국 출신의 철학자이자 작가.

와츠는 즐김의 태도가 언제나 우리에게 열려 있다고 말한다. 그리고 삶의 모든 일을 그러한 마음가짐으로 해야 함을 강조하면서 독백을 마무리한다. 그는 말한다.

"일과 놀이를 구분하지 마세요. 당신이 하는 모든 일을 놀이로 여기고, 단 한 순간도 진지하게 생각하지 마세요."

불교에서는 이를 '자각 연습(awareness practice)'이라고 부른다. 자각 연습은 감각을 전환할 때마다 관심을 기울이고, 이를 지렛대 삼아 지금 경험하는 바와 함께 머무는 데서 온 명칭이다. 현재만이 지금 우리의 전부이다. 허투루 하는 말이 아니다. 과거는 이미 지나갔고, 미래는 아직 오지 않았다. 우리는 바로 여기, 오직 지금에만 존재할 수 있다.

현재의 순간을 자각하고 감사하는 상태에서 기쁨을 발산한다는 것이 다소 거리가 먼 일처럼 보일 수도 있겠지만, 사실 이것이야말로 당신의 본모습이다. 오랜 경력의 유치원 교사가 아이들에게 교실 정리를 도와달라고 부탁하는 모습을 한번 지켜보자. 생각 외로 아이들 대부분은 투덜대거나 징징대지도 않는다. 오히려 노래를 흥얼거리거나 춤을 추고 돌아다니면서 부탁받은 일을 즐긴다. 이것이 아이들의 자연스러운 모습이다.

　〰〰〰〰〰　LEVER 5 / 놀이: 인생은 게임이다

그다음에 해야 할 일도 방금 한 정리만큼이나 즐겁고, 그 이전에 한 일도 마찬가지였을 것이다. 아이들은 앞뒤를 재거나 머리를 굴리지 않고, 오직 현재의 순간에만 몰입해 있기 때문이다. 당신도 곧 그러할 수 있지 않을까?

# LEVER
## 6

실패:

완벽은 독이다

NEVER PLAY IT SAFE

〰〰〰〰〰 멜리사 아노트 리드(Melissa Arnot Reid)는 해발 5,362m에 설치된 텐트 안에서 잠을 이루지 못한 채 조용히 눈물을 흘리고 있었다. 에베레스트 베이스캠프의 열악한 환경 때문이 아니었다. 그녀는 그러한 환경에 이미 익숙했다. 두려움이나 불안함 때문도 아니었다. 그 눈물은 거절에서 비롯된 것이었다.

리드는 옆 텐트에 있던 등반가들이 자신에 관해 이야기하는 것을 우연히 듣게 되었다. 왜 그녀가 또다시 산소 없이 에베레스트 정상에 오르려 하는지 의아해하는 말들이었다. 지난 100년 동안 약 6,600명이 에베레스트 정상에 올랐지만, 그중 산소 없이 등정에 성공한 사람은 약 220명에 불과했다. 인류 역사상 단 220명만이 그녀가 지금 도전 중인 위업을 달성한 것이다.

리드는 산소 장비를 착용하고 두 차례 에베레스트를 등정한 바 있었지만, 산소 없이 정상에 오르려다 실패한 경험도 여러 번 있었다. 이러한 시도는 사망을 비롯한 치명적 위험을 초래할 가능성이 훨씬 더 크다. 따라서 감히 도전하는 사람도 드물었으며, 두 번 이상 도전하는 이도 거의 없었다.

하지만 그 순간 리드의 머릿속에 '용기' 같은 단어는 떠오

 〰〰〰〰〰〰〰 

르지 않았다. 그녀는 동료들이 이번 도전을 두고 어리석은 짓이라며, 감당할 자격이 없음을 암시하는 말을 듣고만 있었다. 그들의 말은 자기 의심과 뒤섞여 그녀를 괴롭히기 시작했다.

'이토록 크고 어려운 일에 이미 한 차례 도전했다가 실패까지 했는데도, 왜 또다시 도전하려는 걸까?'
'혹시 등반계는 나에 대한 기대를 접은 걸까?
'만약 또 실패해서 끝내 나에게 그럴 만한 실력이 없다는 게 완전히 증명된다면, 나를 후원하는 기업에서는 어떻게 생각할까?'

그녀는 당시를 이렇게 회상했다.

"날 믿어 준 사람보다 그렇지 않은 사람이 더 많았어요."

바로 그때, 리드는 더는 그렇게 살지 않기로 마음먹었다.
그날, 리드는 등반을 멈추지 않았다. 거의 불가능에 가까운 도전을 포기하지도 않았다. 대신 다른 사람들이 자신을 온전히 이해하고 지지해 주리라는 기대를 내려놓았다. 그녀는 이제 자신의 계획을 여러 사람에게 알리지 않았다. 그리고 외부의 목소리에 휘둘리지 않고 목표에만 집중할 수 있도록 산에서 한적한 곳으로 자리를 옮겼다.

그녀의 전략은 성공했다. 무려 다섯 번의 도전 끝에 2016년이 되어, 리드는 마침내 산소 없이 에베레스트 정상에 오른 뒤 무사히 베이스캠프로 돌아왔다. 그녀는 산소 장비 없이 에베레스트를 정복한 최초의 미국인 여성이었다.

우리 중 에베레스트에 오를 사람은 거의 없을 것이다. 다만 이 글을 읽는 사람은 누구나 한 번쯤 실패를 겪었다. 그리고 앞으로도 날마다 조금씩은 실패할 것이다.

실패의 모습은 사람마다 다르게 나타난다. 완벽주의자의 경우, 장보기 목록에서 몇 가지 항목을 깜빡하는 일이 실패일 수도 있다. 창업자라면 헛된 구상에 투자금 100억 원을 허무하게 날려 버리는 일을 의미할 것이다.

이 외에도 고객이나 배우자의 외면,
순전히 본인 잘못으로 발생한 교통사고,
자녀가 학교에서 글을 잘 읽지 못한다는 사실을 비롯하여
뜻대로 흘러가지 않는 수없이 많은 일을 겪을 때.

그때마다 우리 안에서는 수치심과 실망, 분노, 두려움을 비롯한 모든 감정이 뒤섞인, 너무도 익숙한 내면의 목소리가 깨어난다.

하지만 보통 사람들에게 실패란, 리드처럼 생사가 달린 문

제를 뜻하지는 않는다. 그녀는 전문 산악인으로서 거의 매일 목숨을 걸고 일한다. 때로는 꿈을 이루고자 큰돈을 들인 일반인 고객들을 데리고 얼어붙은 고봉을 오르다가도, 위험한 상황 앞에서는 등정을 포기하자는 결정을 내려야 한다.

수개월에서 수년에 이르는 철저한 준비와 훈련이 무색해지더라도 어쩔 수 없다. 날씨나 다른 위험 요소로 하산할 결단을 내리거나, 때로는 마지막 구간에 발도 들여놓지 못한 채 사실상 실패를 인정해야 하는 일은 그녀에게 큰 깨달음을 안겨 주었다.

뜻밖에도 나는 리드가 얻은 모든 통찰을 굉장히 특별한 장소에서 전해 들었다. 우리는 아프리카 최고봉 킬리만자로 정상 등반을 앞두고, 해발 약 5,944m의 가파른 설원 위에서 처음으로 실패에 대해 깊은 이야기를 나누고 있었다. 이는 앞으로 이어질 수많은 대화의 시작이었다.

숨을 헐떡이며 천천히 경사를 오르던 중, 리드는 고산의 험한 환경에서 쌓은 경험 덕분에 실패를 삶의 일부로서, 흔하지만 전략적 의미가 있는 일이라 받아들였다고 전했다. 그녀는 이렇게 말했다.

"제 목표는 늘 배우고 발전하는 거예요. 그 과정에서 실수는 언제든 할 수 있죠. 전 실수를 피하려는 게 아니에요. 무엇보다

중요한 건 실수한 다음엔 짧게나마 복기하는 시간을 두고, 거기
서 얻은 작은 깨달음과 긍정적인 태도를 바탕으로 다시 앞으로
나아가는 거죠. 그게 전부예요."

그녀는 그날, 구름 위에서 자연 앞에 겸허히 살아가는 태도
를 분명하게 전했다. 리드는 실수에서 배우고 최대한 빠르게
회복하려는 마음, 그 모든 과정에서도 마음의 균형을 잃지 않
으려는 자세가 삶을 대하는 특별한 관점을 가져다주었다고
말했다.

리드는 세계에서 가장 높고 위험한 산들을 여러 차례 등반
해 왔다. 에베레스트 원정은 말할 것도 없고, 킬리만자로, 아
콩카과, 코토팍시, 디날리 등을 수차례 오르면서 개인적으로
도, 가이드로서도 수많은 등정을 경험했다. 특히 레이니어산
은 무려 아흔 번도 넘게 정상에 올랐다.

그녀는 말 그대로 세상의 가장 높은 곳에 서 본 사람이다.
수많은 이가 꿈으로만 간직하던 일을 실제로 해낸 것이다. 물
론 그녀는 무엇 하나 쉬운 일은 없었다고 솔직하게 말한다.
하지만 리드는 스스로 삶을 끊임없이 창조하고 빚어 가는 사
람으로서, 실패 없이는 성공도 없다는 결정적인 진실을 알고
있었다.

개인적으로 그녀가 나누어 준 교훈 하나가 특히 인상 깊었

　〰〰〰〰〰　

다. 큰 도전에 직면했을 때, 그녀는 '실패하다(fail)'를 '살아가다
(live)'로 바꿔 부른다는 것이다. 따라서 실패할 것이 두렵다는
생각이 들 때, 그녀는 마음속으로 다음과 같이 되묻는다.

**"살아가는 게 두려운 걸까?"**

이처럼 단순한 발상의 전환은 그녀에게 다른 길이 없다는
사실을 곧바로 상기시킨다. 살아간다는 것은 곧 실패하는 것
이다. 그것도 끊임없이 말이다.
"있잖아요, 체이스."
그녀는 킬리만자로의 높은 경사면에서도 거의 평소처럼
일정한 호흡으로 나를 불렀다. 그 옆에 선 나는 고산지대의
희박한 공기 속에서 산소를 한 모금이라도 더 들이마시려 애
쓰고 있었다. 그녀는 이어서 말했다.

**"우리는 모두 어떠한 일을 시도하더라도, 성공하기란 참 드물
죠. 잠재력을 끝까지 펼치지 못하는 삶은 실패를 잊거나 모른 척
하는 데서 와요. 사람들은 대부분 실패와 건강한 관계를 맺지 못
해요."**

나는 고통스러울 정도로 느린 걸음을 잠시 멈추고 그녀 쪽을 찡그리며 바라보았다. 이 상황에 그녀의 조언을 들으니 기분이 묘했다. 이마에는 땀이 송골송골 맺혔다. 그녀는 내 뒤쪽에서 대열을 빠져나와 우리를 앞서가던 팀원 몇몇의 상태를 확인하러 걸음을 옮겼다. 그리고 이내 다시 이렇게 말했다.

"인생에서 좋은 것들은 성공에서 오는 게 아니에요. 그런 것들은 실패에서 옵니다."

그녀는 웃는 얼굴로 내 옆을 지나가며 장난스럽게 나를 툭 밀었다. 우리가 곧 정상에 오를 거라는 확신 속에서 건넨 농담이기도 했지만, 동시에 우리가 놓치고 마는 중요한 진실을 단호하게 짚는 말이었다. 그렇다. 좋은 것들은 실패에서 온다.

그렇다면 실패의 이점은 과연 무엇일까? 또 우리는 삶의 모든 좋고 나쁜 요소와 어떻게 건강한 관계를 맺을 수 있을까? 어떻게 건강한 방식으로 실패를 다루는 법을 배울 수 있을까? 그리고 실패가 주는 이점을 잘 활용하면서도, 그 과정에서 겪는 고통을 최소화하는 방법은 무엇일까?

 〰〰〰〰〰 

# 노력이 배신하는 이유

"모든 승리자는 처음엔 패배자였습니다.

그러나 모든 실패가 성공으로 이어지지는 않아요."

노스웨스턴대학교 켈로그 경영대학원 경영 및 조직학 교수인 다슌 왕(Dashun Wang)의 말이다. 왕 교수와 동료 연구자들은 지난 30년간 벤처 캐피털 투자 결과부터 보조금 신청서, 심지어 테러 공격에 이르기까지 방대한 데이터를 분석해 왔다. 실패의 본질을 더 깊이 이해하기 위해서였다. 그리고 결과는 놀라우면서도 명확했다.

간단히 말해, '될 때까지 시도하라.'라는 식의 믿음은 효과가 없다는 것이다. 그보다 어떻게 실패했는지를 이해하고, 그 경험을 바탕으로 다음에는 무엇을 배우면서 어떻게 달라져야 할지를 체계적으로 돌아보는 것이 중요함을 밝혀냈다.

"결국 실패하고 포기한 사람들은 노력이 부족하기 때문은 아니었어요. 오히려 더 많이 노력했을 수도 있어요. 다만 불필요한 변화를 너무 많이 시도했을 뿐이죠."

다시 말해, 끝까지 해낸 개인/집단은 반복적인 노력을 뒷받침할 구조와 틀이 있었다는 것이다. 명백하게 과학적인 기준을 항상 따르는 방식은 아니었지만, 실패와 재시도 과정에 기본적인 방법론이 존재했다. 그들에게는 최소한의 계획이 있었고, 모든 행동에는 의도가 있었다. 왕 교수에 따르면, 그들은 자신의 실패를 돌아보면서 '이것저것 마구 흔들어 대며 전체를 바꾸는 일'은 의도적으로 피했다.

성공을 예측하는 요인 하나는 속도였다. 연구비 신청자의 사례를 보면 실패에서 얼마나 빠르게 회복했느냐, 그리고 필요한 부분을 조정하고 다시 시도했느냐가 성공 가능성을 높인다고 밝혀졌다. 따라서 "빨리 실패하는 것이 낫다."라는 조언도 완전히 옳은 말은 아니다. 얼마나 빨리 실패하느냐는 중요하지 않다. 핵심은 오히려 실패를 딛고 얼마나 신속하게, 이전과는 분명히 다른 방식으로 회복하고 시도하느냐에 있다.

이것저것 되는 대로 시도해서는 우리가 원하는 결과를 얻을 가능성이 희박해진다. 잘되지 않았던 측면을 들여다보고 변화를 주는 과정에서 우리는 결과의 개선을 경험하게 된다.

게임에서 최종 보스를 쓰러뜨려야 할 때처럼 큰 도전에 맞닥뜨렸다고 해서 컨트롤러 버튼을 마구 누르거나, 조이스틱을 아무렇게나 휘젓지는 않을 것이다. 대신 게임 오버 화면을 보고서 효과가 있는 것과 없는 것을 되짚어 본 다음, 이전의 경험과 앞으로 통하리라는 직감을 결합하여 새로운 전략을 세울 것이다. 준비가 되었다면, 곧바로 다시 전투에 뛰어들 것이다. 어떠한 공격 방식이 효과적이었는가를 잘 기억하고, 이를 토대로 새로운 시도를 빠르게 반복해 볼 수 있다면 게임에서 이길 가능성도 훨씬 커진다.

그렇게 당신은 공략 방식을 조금씩 달리해 가면서 계속 시도할 것이다. 그 과정에서 노하우가 점점 쌓여 마침내 승리할 것이다. 노스웨스턴대 연구진은 이 점에 주목하여 승자가 이기고 패자가 지는 데는 계산된 관성의 요소가 작용한다는 결론을 내렸다.

지금까지 말한 내용이 그리 놀랍지는 않을 것이다. 이미 알고 있던 이야기, 또는 처음 접하더라도 완벽히 이해할 수 있을 만한 이야기일 것이다.

그렇다면 문화적으로 우리가 실패를 좋지 않게 보는 이유는 무엇일까? 직장이나 학교, 또는 놀이터에서 실패하는 이의 모습을 볼 때, 우리는 왜 본능적으로 움찔하는가? 그러다 정작 우리가 실패를 경험하면, 죄책감이나 수치심, 분노를 왜 느끼는가? 여기에는 몇 가지 중요한 요인이 있다.

첫 번째 요인은 인간은 사회적 동물이며, 소속된 집단에 잘 어울리려는 생물학적 본능에 있다. 따라서 실패하거나 실수를 저지를 때, 그 본능이 위협을 감지해 두려움을 유발하는 것도 자연스러운 일이다. 실패는 우리가 들어가고자 노력하는 집단에서 쫓겨날 위험을 뜻하기 때문이다. 또한 우리는 무너질 가능성 역시 두려워한다. 그러므로 타인이 무너지는 모습을 볼 때도 두려움을 느낄 수밖에 없다.

우리에게는 일을 성공적으로 해낼 가능성이 실재하고, 그렇게 된다면 참 멋진 일이라는 것도 알고 있다. 하지만 그에 대한 기대감과 설렘은 저절로 사그라든다. 물론 우리는 돋보이기를 원한다. 그래야 집단 내에서 더 잘 받아들여질 수 있기 때문이다.

그럼에도 우리의 생물학적 본능은 실수를 최대한 드러내지 않는 데 초점이 맞추어져 있다. 그러니 서열 구조 안에서 우리의 위치를 위협할 수도 있는 몰락이나 작은 실수를 감수하느니, 현실에 안주하는 쪽을 택하는 것도 이상한 일이 아니다.

두 번째 요인 역시 진화 생물학과 관련이 있지만, 첫 번째 요인보다 와닿는 내용일 것이다. 우리 사회는 지난 세기 동안 매우 급격하게 변화해 왔다. 오늘날 우리는 그 결과로 수많은 정보에 접근할 수 있는 시대에 살고 있음에도, 수많은 성공담 뒤에 숨은 노력과 반복의 과정을 제대로 보지 못한다.

원시 부족이나 마을처럼 작은 공동체에서 살았다면 눈에

 〰〰〰〰〰〰 LEVER 6 / 실패: 완벽은 독이다

띨 법한 실수와 좌절의 순간을 요즘 언론, 특히 소셜 미디어
는 능숙하게 감춰 버린다. 그 대신 끊임없이 도약하고 성장해
나가는 듯한 모습만을 포착해 보여 준다. 이처럼 수많은 사람
이 별다른 노력이나 고통 없이도 대단한 일을 해내는 듯이 보
이므로, 우리는 자신과 남을 비교하면서 실패에 대한 두려움
을 느낄 수밖에 없게 된다.

얼마 전까지 고군분투는 삶에서 당연한 것이었고, 우리는
이를 직접 목격하며 살아왔다. 이웃 마을에 사는 전설의 영웅
을 방불케 하는 이의 이야기를 들은 적이 있는지는 모르겠지
만, 우리는 조금씩 성장하고, 체계적으로 장애물을 하나씩 극
복해 가는 사람의 모습만을 본다. 그 시절, 우리는 타인의 실
패와 성공 모두를 지켜본 셈이므로, 이는 점차 머릿속에 자연
스럽게 스며들기 시작했다.

하지만 오늘날 소셜 미디어 피드는 선별 과정을 거쳐 종종
비현실적인 성공의 이미지를 보여 준다. 결과적으로 그 모든
것이 성공은 빠르고 쉽게 찾아와야 한다는 착각을 만들어 낸
다. 노력 없이 눈부신 성과를 낼 수 있다는 거짓말은 최근 전
염병처럼 퍼져 나가고 있다. 이러한 환경에서 실패는 성장
의 기회가 아니라 개인의 결함처럼 인식되기 쉽다. 실패에 대
한 오해는 그 어느 때보다 깊어지고 있으며, 지금도 계속되
고 있다.

## 프로토타입의 가치

누구나 삶의 끝이 다가올 때, 후회는 없다고 외칠 수 있는 삶을 살고 싶어 할 것이다. 이처럼 꿈꾸는 삶을 이루고자 한다면, 모든 실패를 있는 그대로 바라보아야 한다. 실패는 반드시 밟고 올라가야 할 디딤돌이자 충만한 삶을 이루는 데 꼭 필요한 요소이기 때문이다. 도전하지 않으면 어떠한 변화도 만들어 갈 수 없다. 도전 없는 삶에는 성장도 없다.

하지만 과학이니 이성이니 하는 것들이 놓치는 사실이 하나 있다. 실패는 뼛속까지 아프다는 것이다. 실패는 몸과 마음에 깊은 고통을 남긴다. 치과 예약에 늦는 것쯤은 그 자체로 괴롭지는 않다. 푼돈을 허비한 실수 역시 전통적인 의미에서 진정한 고통이라고 보기 힘들다. 이러한 유형의 실패는 불편함을 조금 넘어서는 수준이다.

하지만 현실적으로 보자. 직장에서 저지른 실수, 인간관계에서의 갈등, 자신을 저버리는 일과 같이 전형적인 실패는 대부분 깊은 상처를 남긴다. 그중 일부는 실제로 삶에 중대한 결과를 초래하기도 한다. 그 예로 1986년 우주왕복선 챌린저호(Space Shuttle Challenger) 폭발 사고를 떠올려 보자. 참사의 원인으로 지목된 O-링과 추진 로켓을 제작한 회사인 모튼 티오콜(Morton Thiokol) 기술팀이 느꼈을 충격과 절망감은 상상조차 어려울 것이다.

또 아무도 죽지는 않았지만, 당사자들은 순간적으로 정말 죽고 싶을 만큼 창피하고 괴로웠을 실패도 있다. 2015년 미스 유니버스 대회의 사회자 스티브 하비(Steve Harvey)가 실수로 우승자를 잘못 발표한 사건이 그 예다. 수상자가 적힌 카드를 잘못 읽은 그는 미스 콜롬비아에 왕관을 씌웠다. 그는 뒤늦게 실수임을 깨닫고, 진짜 우승자인 미스 필리핀의 이름을 다시 호명해야 했다.

상황의 어색함에 참가자들의 반응까지 더해지면서, 그 사건은 최근 대중문화 역사상 가장 기억에 남는 실수 중 하나가 되었다. 이후 전 세계적으로 수많은 밈과 농담을 만들어 냈다. 하지만 당시에는 스티브 하비도, 미스 콜롬비아도 전혀 웃을 수 없었다.

그 정도 수준의 실패는 머리나 가슴, 뱃속 깊은 곳까지 진심으로 아프게 한다. 마치 머리를 한 대 세게 얻어맞거나 명치를 가격당한 듯, 의미 있는 실패를 겪은 사람들이 입을 모아 말하는 경험은 깊은 차원의 실제적인 고통이다. 이 뼈아픈 현실과, 요즘 유행처럼 번지는 "실패는 별것 아니다."라는 식의 공허한 말들과 비교해 보자.

"나는 실패를 사랑한다."

"실패는 즐겁다."

"빨리 실패하고 자주 실패하라!"

"실패를 받아들이면 더는 수치심을 느끼지 않는다!"

나는 이러한 태도를 '실패 세탁(fail-washing)'이라고 부른다. 이론적으로는 그럴듯한 재해석 같아 보인다. 그러나 실상은 실패의 개념을 축소하고 단순화하려는 수작이며, 결과적으로 우리가 실패의 실제 영향을 외면하는 삶으로 끌고 가는 원흉에 지나지 않는다. 그 쓸데없는 말을 스티브 하비나 챌린저호 팀에게 할 수 있겠는가? 실패가 당신의 일이 되고, 당신이 그 혼란의 중심에 있을 때, 그 뻔한 말은 위로조차 되지 못한다. 그렇다면 실패를 다루는 가장 확실한 접근법은 무엇일까?

공교롭게도 리드가 옳았다. 그리고 작은 삶에 안주하기를 거부한 수많은 이도 그녀와 생각이 같았다. 우리가 실패와 맺는 관계에서도 긍정적인 면은 극대화하고, 부정적인 면은 최소화할 수 있는 균형점이 분명 존재한다. 그 지점에 이르려면 서로 대립하는 두 세력이 잠정적으로 화해해야 한다.

우리는 결코 실패와 베스트 프렌드가 될 수는 없을 것이다. 또 그렇게 되기를 바라지도 않을 것이다. 하지만 실패가 우리

 〰〰〰〰〰 

의 '프레너미(frenemy)'[46]는 될 수 있다. 좋든 싫든, 프레너미는 우리의 긴장을 늦추게 하는 법이 없다. "이걸 좋아해야 하나, 말아야 하나?"라는 고민에서 오는 긴장감은 변화로 이어진다. 그리고 변화는 다시 성공을 이끄는 가장 강력한 힘이 될 것이다.

심리학자 마이클 거베이스(Michael Gervais)에 따르면, 또 다른 핵심은 중립을 유지하는 데 있다. 중립적 사고는 결과에 신경 쓰지 않는다는 의미가 아니다. 지나친 긍정과 과도한 비관이라는 양극단을 오가지 않는 사고방식을 가리킨다. 이는 사실상 일이 잘못되었을 때, 가능한 한 객관적으로 상황을 바라보려는 태도를 말한다. 물론 말처럼 쉬운 일은 아니지만, 이 책의 내용처럼 꾸준히 연습하면 충분히 가능하다.

잇코스메틱(IT cosmetics) 창립자이자 기업가인 제이미 컨 리마(Jamie Kern Lima)는 자신의 존재 가치를 결과와 결부시키지 말 것을 당부한다. 아이디어의 실패로 상처도 받겠지만, 이것이 곧 당신이라는 존재의 실패는 아니다. 실패의 고통, 그리고 실패가 성장의 밑거름이라는 자각은 공존해야 한다. 물론 두 생각이 완벽한 균형을 이루지 못할 때도 있다. 다만 실패

---

46 / '친구'와 '적'을 뜻하는 영단어 'friend'와 'enemy'의 합성어로, 친구처럼 보이지만 경쟁하거나 대립하는 긴장 관계에 있는 사람 또는 존재를 뜻한다.

의 순간마다 정보를 모으고 방향을 조정하며, 앞으로 계속 나아가는 것만으로도 두 현실 사이에서 평화를 유지할 수 있다.

그렇다면 당신이 실패와 건강하지 못한 관계를 맺고 있다는 사실을 어떻게 알 수 있을까? 그 힌트는 'MVP'에서 찾아볼 수 있다. 기술 업계, 특히 소프트웨어 엔지니어로 근무한 적이 있다면 '최소 기능 제품(Minimum Viable Product, MVP)'이라는 용어에 익숙할 것이다. 이는 대개 짧은 개발 기간을 거쳐 제공하려는 제품이나 서비스의 가장 기본적인 뼈대만 갖춘 형태를 말한다.

MVP는 보통 미완성 상태이고, 시각적으로도 세련되지 않은 경우가 많다. 텍스트가 기재되어 있다면, 오탈자가 있기도 하다. 어쨌거나 MVP 출시 팀은 '1.0버전'[47]을 시장에 빠르게 내놓는 것을 목표로 한다. 그들은 다음과 같이 생각한다.

'그게 뭐 어때서? 이미 출시해 버렸는데. 세상에 뭐라도 내놨잖아. 그럼 이제는 데이터를 봐야지. 잘하고 있어. 앞으로 남은 일은 제품을 개선하는 것밖엔 없네? 다들 수고했어!'

47 / 제품이나 서비스의 최초 공식 버전, 일반적으로 기본 기능만 갖춘 초기 출시 버전을 의미한다.

사람들은 MVP를 대체로 잘못 이해하고 있다. 그 배경에는 많은 사람이 '아무것이나 대충 만들어도 된다.'라는 뜻으로 해석하기 때문이지만, 실제 의미는 그렇지 않다. 만약 당신이 형편없는 것을 세상에 내놓았는데 실패한다면, 과연 그 경험에서 유의미한 데이터를 얻을 수 있을까? 불가능하다.

서문에서 말한 바와 같이, 우리는 효과가 있는 것에 관심을 두어야 한다. 그런데 당신의 첫 도전이 아무런 쓸모도, 효과도 없다면, 시간과 관심만 낭비했을 뿐 무슨 의미가 있겠는가? 우리의 진짜 목표는 속도와 질 사이의 균형을 찾는 것이다. 그 방법은 여느 일과 마찬가지로, 삶의 여러 영역에서 초안이나 MVP를 만들어 세상에 내놓는 과정을 반복해 보는 것뿐이다.

진심을 다하는 노력이 있어야만 진정한 실패도 경험하는 법이다. 이것이 바로 의미 있는 실패의 핵심이다. 도전은 위험을 감수하는 일이고, 마음을 쏟는 일 또한 마찬가지다. 그리고 최선을 다했음에도 실패는 아픔을 수반하기 마련이다.

하지만 사업상의 결정이나 인간관계, 또는 오랫동안 노력해 온 목표에 닿지 못한 일처럼 모든 일이 뜻대로 되지 않아 실망해도 괜찮다. 실망은 곧 처음부터 그 일에 마음을 충분히 쏟았다는 증거이다. 혹시라도 그 실패가 당신을 새로운 가능성에 눈뜨게 하거나, 어쩌면 새로운 방향으로 당신을 인도할지 누가 알겠는가?

## 삶 속의 좌절

우리는 어린 시절부터 타인의 삶에서 이룬 성공에만 주목하도록 배웠다. 흔히 프로 운동선수나 전설적인 예술가의 업적을 칭송하지만, 그들이 그 자리에 이르기까지 얼마나 많은 실패를 겪었는지는 잘 알지 못한 채 말이다. 하지만 가끔 진실의 일면이 드러나는 순간이 있다. SZA[48]는 2024년 그래미 어워드에서 리조(Lizzo)[49]가 시상한 R&B 최우수 곡 상을 받은 뒤, 눈물 어린 수상 소감을 전했다.

"리조와 저는 2013년부터 친구 사이예요. 그땐 우리 둘 다 소규모 레드불 투어에 참가해, 100명 정도 되는 관객을 앞에 두고 오프닝 공연을 하던 시절이었죠. 그런데 지금 리조와 이 무대에 서 있다는 게 정말 놀랍고 감사해요. 전 정말, 정말 멀리까지 왔

48 / 감성적인 R&B 스타일로 주목받는 미국의 싱어송라이터로, 2020년대 대표 여성 아티스트 중 한 명이다.

49 / 그래미 수상 경력의 미국 가수이자 래퍼로, 자신감과 자기애를 주제로 한 음악으로 유명하다.

  

어요. 이런 일이 일어나고 있다는 게 아직도 믿기지 않아요.”

분명 승자의 기쁨이 느껴지는 순간이었다. 하지만 더 중요한 것은, 그 자리에 이르기까지 들인 시간과 노력, 희생, 그리고 수많은 고난의 흔적이 고스란히 드러난 광경이었다는 점이다. 이것이 바로 모든 실패가 같지 않은 이유다.

하버드 경영대학원 교수이자 저자인 에이미 에드먼슨(Amy Edmondson) 박사에 따르면, 실패에는 세 가지 유형이 있다. 이제 안전한 길에서 벗어나 앞으로 나아가고 싶다면, 당신이 마주한 실패의 유형이 무엇인지를 아는 것이 중요하다. 그래야 실수에서 배우고 성장할 수 있다.

## 기본적 실패

기본적 실패는 시도한 일의 기본적인 규칙이나 모범 사례를 간과해서 일이 잘못된 경우이다. 이 유형의 실패는 원인과 결과가 아주 단순하므로, 학습이라는 큰 그림에서 보면 가장 쓸모가 적다. 실패의 원인이 너무 뻔하기 때문이다. 앞으로 같은 실수를 반복하지 않고, 당시에 얻은 교훈을 비슷한 상황에 적용할 수 있다면 문제는 해결된다.

예를 들어, 2004년 슈퍼볼 하프타임 쇼에서 있었던 일을 생각해 보자. 생방송 중 의상 사고로 팝 아이콘 자넷 잭슨

(Janet Jackson)의 가슴이 노출되는 사건이 벌어졌다. 이후 '니플게이트(Nipplegate)'로 불린 이 사건은 일부에게는 놀라움과 웃음을 주었지만, 다수의 분노를 샀다. 결국 미국 연방통신위원회(Federal Communications Commission, FCC)에서는 방송사들에 막대한 벌금을 부과했다.

잭슨의 실패는 의상 점검과 예행연습 과정에서 충분히 막을 수 있는 일이었다. 초대형 생방송 무대에서는 그만큼 더 높은 수준의 준비가 필요하다는 점을 보여 준다. 그녀의 치부는 온 세상에 드러났지만, 안타깝게도 얻을 교훈은 별로 없는 실패인 것이다.

## 복합적 실패

복합적 실패는 원인이 여러 가지인 데다 매우 유동적인 환경에서 발생한다는 특징이 있어 이해나 해결이 어렵다. 의료 과실과 전장에서의 실수, 공급망 문제 등이 이 유형에 해당한다. 다양한 요소가 작용하는 상황에서는 불확실성과 상호 의존성이 얽혀 있어서 복합적 실패의 정확한 원인을 가려내기 쉽지 않다. 이렇듯 뒤엉킨 실패는 그 안에서 명확한 교훈도 얻기 힘들다.

1980년, 뉴욕주 레이크플래시드 동계올림픽의 유력한 우승 후보였던 소련 남자 아이스하키팀이 전력 면에서 한참 뒤처지던 미국팀에게 충격적인 패배를 당했다. 미국 언론이 '얼음 위의 기적'이라 부른 당시의 승리는 팀워크와 끈기, 그리고 국가적 자긍심의 상징이 되어 미국 전역을 열광시켰다.

하지만 소련에서는 대대적인 실패로 받아들였다. 소련팀의 실패가 복합적인 이유는 단순히 경기 결과를 넘어 스포츠 경기의 복잡한 역학 관계, 국제 정치, 그리고 문화적 의미까지 얽혀 있었기 때문이다. 실로 풀어내기 어려운 문제였다.


## 교훈적 실패

에드먼슨의 이론에서 교훈적 실패란, 실험과 도전이 초기에는 좌절로 이어질지라도 그 과정을 통해 의미 있는 배움과 혁신으로 나아가는 것을 말한다. 이는 성장과 혁신으로 가는 가장 확실한 길과 밀접하게 연결되어 있기에 '바람직한 실패'라 할 수 있다.

성공한 기업가들은 역사적으로 이 유형의 실패를 기꺼이 즐기며 받아들였다. 이는 오빌 라이트(Orville Wright)와 윌버 라이트(Wilbur Wright) 형제도 예외는 아니었다. 두 사람은 동력 비행을 향한 여정에서 다양한 동체 설계와 추진 시스템을 실험하며 수많은 좌절과 실패를 겪었다.

반복되는 실패와 추락에도 라이트 형제는 포기하지 않았다. 오히려 실패에서 교훈을 얻어 접근 방식을 개선해 나갔다. 그들은 끈기 있게 도전한 끝에, 1903년이 되어 최초의 동력 비행에 성공을 거두며 항공 역사를 새로 썼다.

실패의 유형은 우리 뜻대로 결정할 수 없지만, 교훈적 실패가 자연스럽게 발생할 조건을 만들어 갈 수는 있다. 바로 삶을 지속적인 실험으로 여기는 것이다. 상상력이 풍부하다면, 삶을 실험실로, 당신은 매일 실험을 주도하는 연구책임자로 상상해 보는 것도 도움이 된다. 가설을 세운 뒤, 몇 가지 아이디어를 섞어 반응을 살펴본다. 이후 과정을 기록하고, 결과를 분석하면서 얻은 교훈을 토대로 발전해 나가면 된다.

당신의 능력과 체계에 대한 자신감과 믿음이 깊어질수록 적절한 시점에 과감하게 도전하는 용기와 여유, 판단력도 자란다. 이처럼 삶의 실험을 운영하는 데 점점 더 능숙해진다면, 실패를 능숙하게 처리하면서 그만큼 더 잘 살아갈 수 있다.

## 위험을 감수할 용기

처음으로 안전함을 추구하지 않는 삶을 선택한다면, 앞으로 마주할 수많은 실패를 책임질 생각에 두려워질 것이다. 따라서 '잘 실패하는 법'을 익히는 데 도움이 될 몇 가지 통찰을 나누려 한다.

 

## 철저한 주인의식

미 해군 최정예 특수부대 출신 작가 조코 윌링크(Jocko Willink)는 세계적으로 유명한 리더십 전문가이지만, 그를 세상에 알린 아이디어의 이면에는 참담한 비극이 있었다. 윌링크는 저서 《네이비씰 승리의 기술(Extreme Ownership)》의 바탕이 된 TED 강연에서 실패로 끝난 군사 작전의 참담한 내막을 생생히 전한다. 이라크에서 작전 수행 중이던 윌링크의 부대는 다른 부대에 총격을 가했다. 그렇게 전장의 참화가 가신 뒤에야 윌링크는 아군 한 명이 숨지고, 세 명이 부상당했다는 사실을 깨닫는다.

그는 당시 작전을 수행한 부대의 지휘관으로서 이 일을 상관에게 보고해야 했다. 모든 과실과 그에 얽힌 인물들을 검토하면서 그 사건이 한 사람만의 잘못은 아니라고 느끼면서 남 탓을 하고 싶은 충동도 들었다. 하지만 상관에게 보고를 시작할 무렵, 그는 궁극적인 책임이 누구에게 있는가에 관하여 피할 수 없는 결론에 이르게 된다. 이에 그는 상관에게 말했다.

**"제 잘못입니다."**

윌링크는 그 일로 해고당하거나 부하들의 신뢰를 잃지 않았다. 오히려 부대원들이 자신을 더 깊이 존경하게 되었음을 발견했다. 상관 역시 그를 더 신뢰하게 되었으며, 연설을 들은 수백만 관중은 그의 이야기에 깊이 감동했다. 윌링크의 이야기는 이후 책임을 회피하지 않고 정면으로 받아들인 대표적 사례로 손꼽히며, 수많은 글과 연설에 인용되기에 이른다. 그는 TED 강연에서 이렇게 단언한다.

"한 집단이 자기 문제를 온전히 책임질 때, 문제는 해결됩니다."

위의 원칙은 삶의 모든 영역에 적용된다. 이는 전장뿐 아니라, 창의적 활동, 비즈니스, 그리고 타인과 나누는 모든 상호작용에서도 마찬가지다. 그리고 실패가 주는 '온전한 혜택'을 누리는 것은 그 안에 자신의 탓도 있음을 인정할 때만 가능하다.

그 가치는 생각보다 크다. 비즈니스 리더 폴 마로벨라(Paul Marobella)에 따르면, 온전한 혜택은 미 해군 최정예 특수부대에서 사용하는 용어라고 말한다. 그리고 상황이 돌이킬 수 없을 만큼 꼬일 때조차 그 안에서 찾을 수 있는 긍정적인 측면을 뜻한다고 덧붙인다. 그는 다음과 같이 말한다.

"'온전한 혜택'은 단순한 말 이상으로, 어떤 상황에서도 그 안에서 마지막 한 방울까지 가치를 짜내도록 독려하는 태도죠. 좋을 때나 힘들 때나, 그 사이의 모든 순간에도 저마다의 교훈과 성장의 기회가 숨어 있어요."

이러한 관점에서 '철저한 주인의식'은 실패라는 미로를 뚫고 나가는 가장 분명한 길이 된다. 이는 상황을 온전히 직시하고, 결과가 좋든 나쁘든 모두 받아들이면서 발전해 나갈 수 있는 유일한 방법이기 때문이다.

그 과정은 명확하다. 먼저 모든 일의 결과를 온전히 자신의 책임으로 받아들인다. 부끄럽고 불운했던 순간들까지도 포함한다. 다음으로 사건을 분석하면서 무엇이 잘못됐는지 살펴본다. 그렇게 마지막 단계에 이르러서야 우리는 그 경험에서 모든 것을 배우겠다는 용기 어린 다짐을 할 수 있게 된다.

우리는 모두 삶을 창조해 가는 예술가이자 과학자이다. 그리고 실패는 우리가 사랑할 창의적인 삶을 위해 반드시 활용해야 할 데이터이다. 다른 선택지는 전부 가짜다. 방법은 오직 그것뿐이다.

### 거절당하는 연습

그렇다면 무엇이 실험과 실패라는 결과에 책임을 지고, 온전한 혜택 이후의 재도전을 막을까? 그것은 실패 그 자체가 아니다. 바로 실패에 대한 두려움이다.

몇 해 전, 나는 오리건주 포틀랜드에서 열린 월드 도미네이션 서밋(World Domination Summit)[50]에 기조연설자로 참여한 적이 있다. 이 행사는 작가이자 기업가인 크리스 길아보(Chris Guillebeau)가 기획, 운영한 지 10년이 넘은 훌륭한 콘퍼런스였다. 그런데 불행히도 내 발표 순서는 지아 장(Jia Jiang) 다음으로 배정되었다. 그가 이 강연을 대형 무대에서 선보인 것은 이날이 처음이었고, 그 이야기는 훗날 전설로 남았다. 그의 이야기는 두려움을 극복하고 회복력을 기르는 방법을 보여주는 훌륭한 사례였다. 그렇기에 나는 기회가 될 때마다 열정적으로 장의 이야기를 전한다.

장은 열다섯 살 무렵에 문화 교류 학생 자격으로 중국에서 미국으로 건너왔다. 당시 그는 세계에서 가장 큰 회사를 세우고 나서 마이크로소프트를 인수하겠다는 포부를 안고 있었다. 그리고 15년이 흘렀다. 그는 마이크로소프트를 손에 넣지는 못했지만, 미국 대기업 직원이자 서른 살에 결혼한 예비 아빠가 되었다. 그는 당시를 이렇게 회상했다.

"겉보기엔 모든 게 그럴듯해 보였어요. 그런데 속은 완전히 엉망이었죠."

---

[50] / 창의성과 목적 있는 삶, 모험을 주제로 한 글로벌 자기 계발 콘퍼런스.

장은 그동안의 삶을 되돌아보고, 창업의 꿈을 포기한 채 안정적인 삶을 택해 왔다는 명백한 사실을 마주했다. 이를 깨달은 장은 아내의 권유에 따라 아이가 태어나기 며칠 전 직장을 그만두었다. 그리고 처음부터 자기만의 회사를 만들기 위해 자신에게 6개월의 시간을 주기로 했다.

하지만 꿈을 좇는 과정은 거절의 연속이었다. 장은 스스로 회복력이 좋은 사람이라고 생각했지만, 자금 확보나 인재 채용에 실패할 때마다 상처를 받았다. 그러다 그는 겉보기에 성공한 삶을 살아온 것처럼 보였지만, 그 성공은 평생 실패를 피하려고만 했던 태도에서 비롯되었음을 마침내 깨달았다. 그 과정에서 장은 자신도, 직관도, 다른 방식으로 살고자 했던 열망도 스스로 거절해 온 것이다.

거절에 익숙해지는 법을 인터넷에서 찾아보던 어느 날 밤, 장은 캐나다의 기업가 제이슨 코믈리(Jason Comely)가 고안한 '거절 치료법(Rejection Therapy)'을 발견한다. 이는 자신을 의도적으로 거절 상황에 노출해 실패 경험에 무뎌지도록 함으로써, 결과적으로 회복력을 강화하는 훈련법이다.

처음에 그는 거절 치료법에 의심과 두려움을 품었지만, 이내 매력을 느끼기 시작했다. 그리고 '100일 동안 매일 거절당하기'에 도전해 보기로 결단한다. 회사 보안요원에게 100달러를 달라고 요청했고, 경찰관에게는 순찰차를 운전해 봐도 되겠냐고 물었으며, 급기야는 동네 크리스피크림도넛 가게를 찾아가 올림픽 오륜 모양의 도넛을 만들어 달라고도 부탁했다.

물론 보안요원은 돈을 주지 않았다. 그러나 경찰관은 순찰차를 한 바퀴 정도는 운전하도록 허락했다. 심지어 도넛 가게 매니저 재키는 돈도 받지 않고 오륜 모양 도넛을 만들어 주었다. 누군가는 자기 집 뒷마당에서 축구를 하게 해 주었고, 또 다른 이는 소유한 경비행기를 직접 조종하도록 도와주기도 했다.

도전을 계속해 나가던 장은 곧 깨달았다. 과거에 거절을 피하려 애쓸 때와는 달리 실제로 거절을 마주해 보니, 생각보다 훨씬 더 다양한 의미가 담겨 있음을 알게 된 것이다. 누군가가 '아니오'라고 거절할 때도, 장이 말을 건 이들은 종종 그 이유를 설명할 기회를 주었다. 이 과정에서 요청의 말을 더 정교하게 다듬어 긍정적인 반응을 끌어낼 여지가 생기곤 했다.

그 예로 한 남자는 장이 자기 집 뒷마당에 꽃 심기를 원치 않는다고 했다. 그런데 이유는 꽃이 싫어서가 아니라, 키우던 개가 꽃을 다 파헤칠까를 우려해서였다. 그러고는 장에게 맞은편 이웃집 마당에 꽃을 심으라며 그곳으로 보내기까지 했다. 100일이 끝날 무렵, 장은 세상이 생각보다 훨씬 더 친절하고 포용적인 곳이라는 사실을 배웠다.

 LEVER 6 / 실패: 완벽은 독이다

그뿐만 아니라 장은 대부분의 거절이 사람에 대한 거부가 아님을 배웠다. 이는 대부분의 실패가 당신이라는 사람 자체를 의미하지 않는 것과 같은 이치다. 아이디어도, 실험도 모두 잘못될 수 있다. 관계도 마찬가지로 깨지기도 하며, 심지어 우리 몸조차도 제 역할을 다하지 못할 때가 있지 않은가.

그러므로 실패했다고 해서 당신이 패배자가 되는 것도, 성공할 자격조차 없는 것도 아니다. 실패와 우리를 분리할 수 있음과 함께, 스스로 성공할 자격이 있는 존재임을 빨리 받아들일수록 더 나은 삶을 살아갈 수 있다. 그리고 장처럼 불가능해 보이는 일이라도 기꺼이 시도하면서 도움을 구하는 데 익숙해진다면, 종종 놀라울 만큼 따뜻한 응답을 들을 것이다.

그러니 거절 치료를 작은 실험인 셈 치고 직접 도전해 보는 것도 좋다. 어떠한 방식이든 무언가를 요청하고 거절당하는 경험이면 충분하다. 하지만 거절에 무뎌지는 능력을 빠르게 키우고 싶다면, 처음 몇 번은 거의 확실히 거절당할 만큼 터무니없는 요청을 해 보는 것이 효과적이다.

예를 들어, 식당에서 종업원에게 립아이 스테이크를 주문하면서 돔 페리뇽 샴페인 한 병을 무료로 달라고 요청해 보자. 아니면 코스트코에서 지게차 운전자에게 주차장에 있는 당신의 차를 들어 올려서 엔진오일을 쉽게 갈도록 도와달라고 부탁해 보는 것은 어떤가? 또는 동물원 사육사에게 펭귄

들과 수영 한 번 해도 괜찮겠냐고 물어보자. 이처럼 실패에
무뎌지는 연습을 반복해 보자. 그 핵심은 우리를 주저하게 하
는 지나친 두려움을 줄이고, 과감하게 도전할 힘을 기르는
데 있다.

### 새장을 나서는 용기

픽사(Pixar) 공동 창립자이자 혁신적 안목의 소유자인 에드
캐트멀(Ed Catmull)은 다음과 같은 발언으로 유명하다.

**"실패는 필요악이 아닌, 새로운 시도에 따르는 필연적 결과다."**

하지만 독창적인 아이디어가 위대함의 상징이고, 혁신이
명예훈장이 된 창작 산업의 치열한 경쟁 속에는 당신의 꿈을
서서히 집어삼키는 함정이 도사리고 있다. 나는 그것을 '실패
의 함정'이라 부른다. 수많은 예비 창작자의 경우, 특히 경력
초반일수록 시간이 지나면 안전한 길로만 가려는 유혹에 이
끌려 덫에 빠져든다.

실패의 함정이 교활한 이유는, 그것이 신중한 판단의 모습
으로 위장해 있기 때문이다. 그 덫은 모든 것이 순조롭고 잘
될 것이라는 달콤한 말로 속삭인다. 그렇게 실패의 함정은 진
정한 돌파구로 나아갈 기회를 포기하고, 안전과 안정을 택하

 ～～～～～～～～ LEVER 6 / 실패: 완벽은 독이다

도록 유혹한다. 하지만 당신이 이 글을 읽는 상황이 어떻든, 그것은 모두 환상임을 이미 짐작했을 것이다.

나는 샌버너디노의 캐리, 오스틴 출신의 베넷, 런던에서 온 아미라 등 정말 많은 사람을 알고 있다. 그들은 모두 언젠가 나에게 이렇게 다짐한 적 있다.

"나중에요, 언젠가 더 많은 [    ]이(가) 생기면요."

빈칸에는 경험, 자원, 시간, 돈 등 온갖 것들이 들어간다. 하지만 당연하게도, 이 불분명한 '언젠가'는 끝내 찾아오지 않는다. 아이러니하게도 세월이 흐르고 경력이 쌓일수록 감수해야 할 위험은 더 커지는 것만 같다.

작은 성공이라도 맛보면 우리는 그에 만족하게 되고, 실패에 대한 두려움은 우리를 순식간에 마비시킨다. 소박한 것이든 대단한 것이든 진정으로 획기적인 무언가를 만들기 위해 가진 것을 걸겠다는 생각 자체가 점점 더 두렵게 느껴진다. 그렇게 그들은 안주하고 만다. 소소한 성과와 단절, 정체, 놓친 기회에 갇힌 채 살아간다. 혹시 당신의 이야기처럼 들리는가?

진실을 냉정하게 말하자면, 실패를 피하려 애쓰는 데 따르는 대가는 실패의 고통보다 훨씬 크다. 어디까지나 제대로 실패하는 법을 배웠다는 가정하에 말이다. 안전한 길을 택하면서 익숙한 것이 주는 편안함에 매달린다면, 당신은 무한한 성장 가능성과 위대해질 기회를 날려 버리는 셈이다.

그러니 스스로 만든 두려움에 사로잡혀 손수 지어 올린 감옥에 갇힌 죄수가 되어서는 안 된다. 만약 당신이 기대에 못 미칠까 봐 두려움에 사로잡혀 움직이지 못하고 있다면, 이 사실을 기억하라.

가장 큰 위험은 어떠한 위험도 감수하지 않는 것이다.

실패를 두려워할 적이 아니라, 곁에 두고 익숙해져야 할 동반자로 받아들여야 한다. 그것만이 차별화된 무기, 진정한 자유, 그리고 바라는 삶에 이르는 유일한 길이다.

## 생각의 차이

2010년 어느 날, 창업의 길을 걷기 시작한 지 꽤 시간이 흐른 시점이었다. 나는 세상 곳곳에 긍정적인 영향을 미칠 수 있으리라 믿었던 스타트업 창업을 본격적으로 밀어붙이기 시작했다. 그동안 굵직한 아이디어를 여러 번 떠올려 왔지만,

 LEVER 6 / 실패: 완벽은 독이다

이번만큼은 정말 가능성이 있겠다는 확신이 들었다.

그해, 나는 크레이그를 사업 파트너로 만나 크리에이티브 라이브라는 회사를 차렸다. 이는 당시만 해도 온라인 창의성 교육을 제공하는 방식으로는 획기적인 접근이었다. 그 방식은 그래미, 오스카, 에미, 퓰리처 수상자와 같은 세계 최고 수준의 예술가들이나, 업계의 판도를 바꾼 전설적인 창업가가 온라인 생방송에서 직접 교육하는 방식이었다.

사업 모델은 간단했다. 전 세계 누구나 실시간 스트리밍 중에는 무료로 시청할 수 있었지만, 다시 보고 싶다면 강좌를 구매해야 했다. 분명 야심 찬 도전이었고 다소 비현실적으로 느껴지기도 했지만, 우리는 마침내 해냈다.

출범하자마자 전 세계에서 10만 명이 넘는 사람들이 매번 생방송 강의를 시청했고, 무료 이용자에서 유료 이용자로 전환되는 비율은 전자상거래 업계 평균보다 몇 배나 높았다. 2011년 말쯤에는 우리가 수백만 명에게 서비스를 제공하며 수백만 달러의 수익도 창출하고 있다는 것도 알게 되었다. 나아가 그 성공이 우리가 감당하기에 너무나 커져 버렸다는 사실을 실감하기까지는 그리 오래 걸리지 않았다.

새로운 기회를 맞이할 때, 그 모든 측면을 다 알기란 좀처럼 쉽지 않다. 살아가는 일이 다 그렇듯 말이다. 1조 원 이상의 규모로 성장할 가능성이 있는 회사를 키운다는 흥분은 중

독적이었다. 벤처 캐피털 회사들은 우리가 하는 일에 관심을 보이며 몰려들었다. 그들은 우리의 환심을 사고, 이 여정에서 한몫 챙기기 위해 우리 회사가 거대하게 성장해서 세상을 바꿀 잠재력이 있다는 말을 거리낌 없이 꺼냈다.

우리는 그들의 말을 믿었고, 여러 제안을 검토한 끝에 그들이 내미는 자금을 받아들였다. 벤처 자금 조달 구조의 세세한 부분까지는 언급하지 않더라도, 우리가 그들의 말에 너무 쉽게 넘어갔다고 해도 틀린 말은 아니다. 물론 아무 생각이나 계획 없이 내린 결정은 아니었다.

결국 우리는 회사 전체를 팔지 않고도 5,000만 달러를 웃도는 상당한 자금을 조달하는 데 성공했다. 그 돈으로 우리는 성장을 거듭하면서 더 많은 고객에게 서비스를 제공했으며, 상품군도 확장했다. 이에 따라 더 많은 자금을 끌어모았다. 그렇게 유입된 자본은 더 많은 사람이 의사 결정 테이블에 참여하는 결과로 이어졌다.

벤처 자금의 목표는 어떤 대가를 치르더라도 회사를 가능한 한 빠르게 성장시키는 것이다. 회사를 유지하려면 구조적으로 매달 버는 것보다 더 많은 돈을 써야 하는 상황에 놓인다. 바로 그것이 우리의 일이었다. 그렇게 어느 시점에 다다르자, 이미 수십억 원의 매출을 올리고 있으면서도 그 이상으로 매달 10억 원 이상을 추가로 소진하며 회사를 운영하고 있었다. "어떠한 대가를 치르더라도 성장을 우선시하라."라는 말은 바로 그 상황을 두고 하는 것이었다.

그 모든 경험은 마치 안개 낀 바다 위에서 목표를 향해 거칠게 헤엄쳐 갔다가, 이내 저류에 휩쓸려 다시 해안으로 끌려오는 일의 반복처럼 느껴지기 시작했다. 돈을 쏟고 쏟으면서 성장을 계속 밀어붙였지만, 우리는 투자자들의 기대를 따라잡지 못했다. 그들은 더 큰 성장을 원했고, 우리를 트위터나 우버 같은 그 시절의 유망 스타트업과 비교했다.

그들을 악당으로 여기겠다는 것은 아니다. 다만 그들이 몸에 걸친 얇은 양모 조끼에 비해 마음속에 품은 기대치가 실로 엄청났다고밖에 할 수 없다. 나는 끊임없이 일했다. 시애틀에 있는 가족을 두고 샌프란시스코, 뉴욕, 런던 등지를 돌아다니며, 회사가 전반적으로 최대한 원활하게 돌아가도록 애썼다. 여러 집을 오가며 시간을 쪼개 살았지만, 어느 곳에서도 집 같은 편안함을 느끼지 못했다.

그러다 어느 순간, 나는 창업자 겸 회장이라는 역할을 잠시 접고 CEO 직책과 그 책임까지 떠맡아야 했다. 불과 몇 년 전에 회사 운영을 맡기고자 영입한 CEO가 업무를 더는 감당하지 못했고, 일에 대한 애정마저 잃었기 때문이다. 매출은 정체되고 운영도 불안정해졌으며, 한때 활기차게 성장만을 바라보던 사내 문화도 점차 가라앉았다. 나는 외부에서 새 경영

진을 다시 뽑는 데 걸릴 시간과 위험을 걱정한 나머지 결국 직접 나설 수밖에 없었다.

변화는 단번에 일어나지 않았다. 우리는 다음 단계로 나아가기 위해 인적 구성을 재정비했고, 새로운 활력을 더할 인재도 맞이했다. 재정 구조 또한 예외는 없었으며, 운영 체계도 거의 처음부터 다시 구축하다시피 했다. 수백 명의 노력 덕분에 우리는 결국 잃어버린 활력을 되찾을 수 있었다. 복잡한 상황에서도 버텨 준 팀이 자랑스러웠고, 나 역시 제 역할을 다했다는 생각에 뿌듯했다.

2017년 말에는 '연 매출 추정치'[51]가 약 480억 원 규모의 성과를 내고 있었고, 실제 매출은 약 320억 원에 달했다. 이는 전년 대비 연 40% 성장 중이었다. 회사를 다시 일으켜 세웠다는 사실과 더불어 활기를 되찾아 빠르게 늘어나는 고객층을 맞이한 상황, 그리고 우리가 그려 오던 성공 궤도에 다시 올라섰다는 느낌 모두가 감격스러웠다. 적어도 그때까지는 말이다.

어느 날, 전체 회의에서 회사 지표가 꾸준히 상승하고 있다는 최신 소식을 공유한 직후였다. 나는 투자자 중 한 명과 회의실에 앉아, 지금이야말로 후속 투자 유치를 시작할 완벽한

---

51 / 가장 최근 한 달의 매출에 12를 곱해 향후 성장 흐름을 가늠하는 지표.

시점이라고 말했다. 우리는 큰 어려움에서 벗어났고, 몇 년간의 고된 시간을 지나 다시 성장세를 타고 있었다. 타이밍도 완벽해 보였고, 나는 그가 분명 잘하고 있다고 말할 것이라 믿어 의심치 않았다. 그런데 그가 한숨을 쉬며 말했다.

"있잖아, 체이스. 솔직히 말해서 이 사업은 그렇게 흥미롭지 않아."

나는 평생 지는 법을 모르는 사람이라 자부하며 살아왔다. 어떠한 게임이든 주어지기만 하면, 나는 이길 방법을 찾아냈다. 운동을 할 때도, 학창 시절에도, 심지어 처음 뛰어들었던 사진 업계에서도 마찬가지였다. 나는 어린 나이에 프로 사진 업계에서 눈에 띌 만큼 빠른 속도로 성공 가도를 달렸다. 나는 포기라는 법을 모른 채 죽기 살기로 덤벼들어 어떠한 일이라도 해내는 데 도가 튼 사람이었다.

하지만 스타트업 업계에서의 경험은 예상과 달랐다. 개인적으로는 겸손함을 배우게 한 계기였다. 나는 잘 해내고 있다고 믿었지만, 그 투자자는 전혀 다르게 보고 있었다는 사실에 큰 충격을 받았다. 아, 투자의 세계는 어찌나 종잡을 수 없는 괴물인지!

나는 크리에이티브라이브를 최대한 의미 있고 영향력 있는 형태로 성장시키려 애썼다. 반면 비즈니스 파트너들의 주된 관심은 금융의 논리로 설계한 사업 모델을 실행하기 위해 정해진 시점마다 회사 규모를 최대한 키우는 데 있었다. 그리고 나는 이제야 그 구조를 막 파악한 참이었다.

회의실을 나서며 느낀 충격과 혼란이 지금도 생생하다. 투자자는 말이 없었고, 나 역시 딱히 성과를 거두었다는 느낌은 들지 않았다. 우리는 같은 동전의 서로 다른 면을 바라보고 있었고, 머지않아 어느 시점에는 합의점을 찾아야 함을 알게 되었다. 이는 각자가 품은 비전 사이에서 이루어지는 타협일 수밖에 없었다.

창업 과정에서 이상과 같은 일은 드물지 않게 일어난다. 심지어 여러 사람이 같은 범죄를 목격했을 때도 마찬가지다. 형사나 변호사는 늘 같은 사건을 겪었더라도 목격자들의 진술은 사람마다 크게 다를 수 있다고 말한다.

생각건대, 우리는 이제 막 발사된 로켓에 올라탄 듯했다. 회사는 되살아났고, 사용자를 위한 서비스 범위를 확대해 나가고 있었다. 그 모든 것이 내가 CEO를 맡기 전부터 화이트보드에 그려 놓은 계획대로 흘러가고 있었다.

하지만 회사가 가능한 한 빠르게 유니콘[52]으로 성장하거나, 아예 망하기를 바라는 벤처 투자자로서는 꽤 난처한 상황이었다. 연애로 치면 당장 헤어지자고 하기는 아깝지만, 모든

---

52 / 10억 달러 이상의 기업 가치를 가진 비상장 스타트업.

 〰〰〰〰〰 LEVER 6 / 실패: 완벽은 독이다

것을 다 걸기에는 어딘가 부족한 친구 포지션에 머물러 있는 셈이다. 이것이 스타트업 문화의 씁쓸한 진실이다.

벤처 캐피털 자금을 받은 스타트업의 75%가 실패한다는 이야기는 익숙하다. 하지만 현실은 더 좋은 회사가 되지 못해 실패한 것이 아니다. 크리에이티브라이브만 해도 수천만 명의 학생에게 서비스를 제공했고, 수천억 원 규모의 매출을 낸 덕에 결국 상장 기업에 인수되었다.

그러나 크리에이티브라이브는 차세대 인스타그램이나 아마존 같은 기업은 되지 못했다. 투자자의 유형에 따라서는 그러한 요소가 투자를 결정 짓는 데 거의 전부로 작용한다. 시장을 지배하는 소수 자본가의 눈을 사로잡기에는 우리 회사의 성장률이나 매출 수치가 크고 매력적이지는 않았던 것이다.

벤처 회사는 애초에 폭발적인 확장을 전제로 투자를 받는다. 그러므로 그만한 기대치에 부합하지 못하면 실패로 간주된다. 그 결과로 종종 무시나 평가절하 끝에 폐업으로 기억에서 조용히 사라져 버린 기업이 부지기수다. 하지만 우리는 이를 실패라고 생각하지 않았다. 회사를 함께 만들어 가던 이들은 경기장 안과 밖에서 보는 풍경이 서로 완전히 다를 수 있다는 사실을 깨달았기 때문이다.

그 회의 이후, 나는 시간을 내어 내면을 깊이 들여다보았다. 그렇게 나는 남들이 기대하는 게임에서 지느니, 차라리 우리가 진짜로 원하던 게임에서 이기는 쪽으로 회사의 방향을 맞추기로 했다.

우리 모두 살아가면서 남의 성적표에 책임질 필요는 없다. 이는 통제할 수 있는 영역이 아니다. 우리가 책임질 영역은 그저 스스로 어떠한 기준을 적용하는가, 그리고 성공을 어떻게 정의하느냐다. 이것이 바로 조코 윌링크가 말하는 철저한 주인의식의 의미이다.

혹시 원하는 바가 현실과 어긋나거나, 함께 일하는 사람들과 발맞추어 나아가지 못하고 있는가? 그렇다면 노력을 재정비하거나, 방향을 완전히 바꿔야 한다. 이러한 순간은 나도 여러 번 겪었으며, 그때마다 나에게 깨달음을 주었다. 즉 나는 실패에서 온전한 혜택을 발견했다.

당신은 어떠한가? 안전한 길만 택하는 삶에 지치지 않았는가? 당신도 나처럼, 자신을 향한 책임을 저버리면 안 된다는 사실을 깨달은 적이 있는가? 물론 매우 고통스러운 과정이지만, 동시에 아주 값진 교훈을 선사한다.

투자자의 기대에 부응하기 위해 회사를 키우려 애쓰던 과정에서 내 건강은 서서히 무너지고 말았다. 이에 가족에게 상처를 준 것은 물론, 내 희망과 꿈마저도 희미해지고 있었다. 하지만 나는 상황을 재평가하고, 불행의 원인을 하나씩 분리해 나갔다. 그리고 스스로 통제할 수 있는 것들을 바꾸기 시작하자, 마침내 모든 것들이 함께 바뀌기 시작했다.

누군가에게는 시시하게 보일 수 있는 일이라도, 다른 이에게는 또 다른 방식의 성공으로 다가오기도 한다. 이러한 상황에서는 타인의 시선을 떨쳐 내고, 내면의 가장 진실한 자아와 당신이 아끼는 주변 사람들을 위해 최선을 다해야 한다. 물론 말처럼 쉬운 일은 아니다.

마찬가지로 누군가의 성공이 다른 이에게는 실패일 수도 있다. 중요한 것은 당신이 삶이라는 게임에 어떠한 자세로 임하고 있는가이다. 그리고 진정한 지혜는 그 모든 과정이 전적으로 당신 손에 달려 있음을 깨닫는 데서 온다.

## 쓰러짐의 재해석

획기적인 연구로 잘 알려진 캐럴 드웩(Carol Dweck)은 '고정 마인드셋'과 '성장 마인드셋'을 명확히 구분지었다. 고정 마인드셋의 소유자는 장점이나 단점을 타고난 성향으로 여기며, 어떠한 변화도 이뤄낼 수 없다고 믿는다. 그들에게 실패는 자신을 매번 본능적으로 잘못된 선택을 하는 사람이며, 앞으로도 나아질 수 없다는 확신으로 이어지게 한다.

반면 성장 마인드셋을 갖춘 사람은 실패나 좌절을 배움의 기회로 받아들인다. 그들은 타고난 능력만으로 성취를 거둘 수 없으며, 노력과 결단으로 미래를 바꿔 나갈 수 있다고 믿는다. 인기 코미디 드라마 〈테드 래소(Ted Lasso)〉에는 그와 관련된 장면이 나온다. 작중 주인공인 축구 감독 테드 래소는 실수로 자꾸만 자책을 일삼는 선수 샘에게 다음과 같은 조언을 건넨다.

"세상에서 가장 행복한 동물이 뭔지 알아? 바로 금붕어야. 왜냐고? 겨우 10초밖에 기억하지 못하거든. 그러니까 금붕어처럼 빨리 털어 버려."

실패의 첫 시련을 이겨내고 다시 일어나 앞으로 나아가려 할 때, 모두가 마음에 새겨야 할 훌륭한 조언이다.

르바 버튼(LeVar Burton)이 배우를 시작한 지 얼마 되지 않은 날이었다. 그때 알렉스 헤일리(Alex Haley)의 베스트셀러 소설을 원작으로 한 대히트 미니시리즈 〈뿌리(Roots)〉에서 쿤타 킨테(Kunta Kinte) 역으로 캐스팅되는 행운을 얻었다. 이 작품은 그의 앞길에 많은 기회를 열어 주었지만, 1980년대 초가 되자 더는 섭외 연락이 오지 않았다. 그러나 버튼은 거절을 감당할 준비가 되어 있지 않았다.

한순간에 주목을 받으며 일약 스타가 된 그는 왜 오디션을 봐야 하는가에 의아해했다. 그도 그럴 것이, 그는 얼마 전까지만 해도 화제를 모은 미니시리즈의 주역으로 활약한 참이었다. 하지만 몇 차례 오디션에서 고배를 마신 뒤, 다시 연기하고 싶다면 접근 방식을 바꾸어야 한다는 사실을 깨달았다.

그는 거울 앞에 선 채 자신의 모습을 냉정히 바라보았다. 그리고 지금의 태도가 아무런 도움이 되지 않는다는 현실을 받아들였다. 버튼은 나에게 말했다.

**"저는 시작을 제대로 해 보기 전부터 스스로를 이미 망치고 있었어요."**

그는 점점 나태해졌다. 성공은 그가 꿈을 이루려 더 애쓰지 않아도 된다는 생각이 들도록 했다. 실제로도 그는 그러한 사람이 되어 가고 있었다.

실패만큼 생각을 명확히 해 주는 것도 없다. 여러 번의 거절을 겪은 뒤, 버튼은 그동안의 경험을 새롭게 바라보기로 마음먹었다. 오디션을 의무가 아니라 기회로 여긴 것이다. 오디션은 그가 자존심을 굽혀야 할 일이 아니었다. 오히려 그가 사랑하는 일을 계속하기 위해 반드시 건너야 할 다리였다.

이처럼 단순한 재해석으로 버튼의 상황은 서서히 나아지

기 시작했다. 그는 다시 연락을 받기 시작했고, 마침내 새로운 배역에도 캐스팅되었다. 그렇게 그의 두 번째 커리어가 막이 오르면서 〈리딩 레인보우(Reading Rainbow)〉, 〈스타트렉: 더 넥스트 제너레이션(Star Trek: The Next Generation)〉을 비롯한 수많은 걸작에서 인상적인 연기를 펼쳤다. 버튼이 실패에서 깨달은 바가 없었다면, 예술적 재능은 고사하고 자선 활동과 사회 정의를 위해 실천하는 모습도 볼 수 없었을 것이다.

성공은 의심의 여지 없이 즐거운 일이다. 하지만 성공과 실패는 우리를 온전히 정의하지 못한다는 사실을 반드시 명심해야 한다. 성공과 실패는 그저 우리에게 일어나는 일일 뿐이다. 그러므로 우리는 묵묵히 할 일을 계속하며, 여정에서 매 순간 마주치는 도전을 하나씩 헤쳐 나가야 한다. 실패가 멈추면 배움도 멈춘다. 그리고 배움이 멈추면 성장은 일어나지 않는다. 버튼은 내게 이렇게 말했다.

**"우리는 자신에게 잔인할 정도로 솔직해져야 합니다."**

승리하고 싶다면, 스스로 불편한 질문을 던지면서도 듣고 싶지 않은 답을 받아들일 준비가 되어 있어야 한다. 그는 내면을 정직하게 마주했을 때 비로소 다시 성장하기 시작했다. 사람들은 그의 태도 변화를 느꼈고, 오디션에 임하는 모습도 이전과는 확연히 달라 보이기 시작했다. 그 순간부터 모든 것이 달라졌다.

정체된 삶에서 벗어나 스스로 성장하고 싶은 영역에 빛을 발하며 나아가는 힘 또한 삶의 지렛대가 된다. 실패라는 지렛대의 움직임을 더 깊이 자각할 수 있다면, 실패는 성장과 변화의 방향으로 우리를 이끌어 준다. 모든 일이 그렇듯, 이 역시 내면의 노력이 필요한 일이다. 그러나 수고한 만큼 보람 있는 일이기도 하다. 그리고 이상의 과정은 모두 성장에 그만한 가치가 있다.

## 잘 넘어지는 방법

실패를 성공으로 바꾸는 능력은 예술과도 같다. 그리고 이는 반드시 익혀야 할 기술이다. 물론 시간과 인내심이 모두 필요한 일이기는 하다. 이때도 분야에 상관없이 배움을 빠르게 확장하는 중요한 사고방식의 전환, 즉 실패를 위한 규칙이 존재한다.

### 망설임에 포기하지 말라

사업이나 책에 대한 멋진 아이디어가 떠오른 당신의 모습을 상상해 보자. 하지만 그 아이디어를 다른 사람과 공유하거나, 실천하기도 전부터 당신은 마음을 접는다.

'시간이 없는데.'
'나는 이런 일을 할 사람이 아니야.'
'생각보다 별로인 아이디어일지도 몰라.'
'내가 이걸 해낼 수 있을 리가 없잖아.'

그로부터 몇 년 뒤, 당신은 한때 떠올린 아이디어의 결과물을 다른 이가 세상에 내놓은 모습을 목격한다. 그리고 당신은 뒤늦게 땅을 치며 후회한다. 그러한 생각은 인생 전반에 두루 적용할 수 있다. 왜 제대로 시작하기도 전에 포기하려 하는가? 그 행동을 지금껏 살아오면서 몇 번이나 반복했는가?

다음번에는 한 번 더 생각해 보자. 자신을 가로막기 전에, 집에만 틀어박혀 안전한 길만 선택하기 전에, 본능과 직관을 외면한 채로 최고의 아이디어를 무시하기 전에 다시 고민하고 행동하자. 당신의 꿈을 막아설 장애물은 세상에 이미 충분히 널려 있다. 그러니 당신이 직접 장애물을 자처할 필요는 없다.

     LEVER 6 / 실패: 완벽은 독이다

## 서투름에 겁내지 말라

스노보드를 타 보고 싶다는 마음에 초급자 코스로 향하는 당신의 모습을 상상해 보자. 그런데 보드 끝이 걸려 단단한 눈밭에 그대로 나가떨어진다. 그전까지 당신은 무엇을 기대했는가? 백컨트리를 날듯이 질주하고 눈 위에 그림 같은 자국을 남기며, 영상으로 남길 만한 멋진 라이딩을 기대했는가?

글쎄, 말처럼 쉬운 일은 아니다. 아무리 운동신경이 좋고 자신감 넘치는 사람이라도 새로운 일을 처음부터 잘하는 경우는 드물다. 대부분은 평범하거나 형편없는 수준에서 시작하기 마련이다.

그러니 이 단계에서 필요한 규칙은, 서투름을 기꺼이 받아들이는 것이다. 어설픔과 실수하며 고생하는 것을 두려워하지 말자. 몇 달에서 길게는 몇 년 동안 꾸준히 연습하지 않고는 누구도 능숙해질 수 없고, 하물며 대가의 경지에 이르는 것은 긴말할 필요도 없기 때문이다. 그러므로 우리 모두 실패를 배움에 꼭 필요한 과정으로 받아들여야 한다. 서툰 모습 또한 가볍게 웃어넘기거나, 오히려 자랑스러워할 만한 일로 여겨야 한다.

## 실패도 실력이다

역대 최고의 골프 선수로 평가받는 타이거 우즈(Tiger Woods)조차 100야드 거리에서 그린에 공을 올리지 못할 확률이 20%나 된다. 이는 타이거 우즈도 대부분의 선수가 당연히 해낼 수 있다고 여기는 짧은 샷을 놀랍게도 다섯 번에 한 번 꼴로 실패한다는 뜻이다. 내가 친구들과 골프를 치다 그 사실을 말하면 대부분은 믿지 않는다. 친구들은 대개 스마트폰을 꺼내 시간을 들여 검색하고 나서야 수긍한다. 그 순간부터 친구들의 마음은 한결 가벼워진다. 그리고 아이러니하게도 긴장이 풀리면 샷이 더 좋아지는 경우가 많다.

이때 의문이 생긴다. 타이거 우즈는 다섯 번 중 네 번이나 성공하는 놀라운 경지에 오르기까지, 연습과 실전 경기에서 그린을 향해 얼마나 많은 샷을 날렸을까? 정답은 '말도 안 될 만큼 많이'다. 우즈 같은 세계 정상급부터 그에 근접한 수준의 선수라면 누구나 1년 동안 일반 골퍼나 중상급 골퍼가 평생 시도할 횟수보다 더 많은 단거리 샷을 날렸을 것이다. 그 정도의 경기력을 유지하기 위해 필요한 반복 훈련량은 상상을 초월한다.

이 점을 생각하면, 106야드 지점에서 그린을 놓치는 일쯤은 괜찮다고 여겨도 된다. 실패는 세계 최고 선수들도 겪는 게임의 일부이다. 그러니 우리의 주된 목표는 도달할 수 있는 다음 단계에 가까워질 수 있도록 가능한 한 많은 실패를 반복해 보아야 한다.

## 빠른 실패로 정진하라

단순히 실패하기만 해서는 안 된다. 실패를 하더라도 앞으로 나아가기 위한 실패를 해야 한다. 다시 말하면 시행착오를 발판 삼아 성장하고, 보다 나아지려는 의도가 담긴 실패라야 한다. 이는 에이미 에드먼슨이 강조한 핵심 개념으로, 나 역시 깊이 공감하는 바이다.

실패를 반복하며 형성되는 동력은 단지 성공이나 성취를 이끄는 힘일 뿐 아니라, 삶의 충만함을 이루는 데에도 필수적인 요소다. 시도를 자주 반복할수록 더 깊이 있는 이해가 쌓인다. 그리고 빠른 실패의 경험은 배움을 통한 충족감과 행동을 통한 추진력을 만들어 낸다. 작가이자 예술가인 오스틴 클레온(Austin Kleon)은 말한다.

"계속 나아가라(Keep going)."[53]

이를 실천하는 최적의 방법은 일상에 위협이 되지 않는 선

53 / 오스틴 클레온의 저서 《킵고잉(Keep Going)》에서 따온 말이다.

에서 작은 실험을 많이 시도해 보고, 이를 토대로 규모를 점차 키워 나가는 것이다. 이때 흐름이 끊기지 않는 것이 가장 중요함을 기억하자. 실패로 인생이 송두리째 흔들리는 일은 절대 없어야 한다. 그러한 상황이 오더라도, 그 크나큰 위험에 맞설 준비를 충분히 해 왔기를 바란다.

## 당당하게 실패하라

누구나 항상 실패하며 살아간다. 단지 그 모습을 잘 보지 못할 뿐이다. 어쩌다 누군가가 실패하는 모습을 보더라도, 이는 대부분 성공의 하이라이트에 슬쩍 끼워 넣은 몇 가지 사소한 실패일 뿐이다.

브레네 브라운은 이를 '보여 주기식 투지'라고 부른다. 즉 힘들었던 이야기로 취약함을 드러내는 듯해 보이지만, 사실 고통의 핵심은 대충 넘기고 공감대를 형성하는 척하다가 재빨리 멋진 모습으로 돌아가기 위한 포장일 뿐이라는 것이다. 이제는 위장을 벗고 투쟁과 시행착오, 실패, 그리고 이후의 과정까지도 당연한 일로 받아들이자. 혼자 조용히 실패하는 것도 괜찮지만, 대개는 판이 너무 작아 잃을 것도 별로 없다.

그러니 불편함을 편하게 받아들일 줄 알아야 한다. 일이 잘 풀리지 않는다면, 그 심경을 소식지나 블로그 또는 팟캐스트에서 이야기해 보자. 그러면 놀랍게도, 곳곳에 숨어 있던 사람들이 나타나 자신만의 실패담을 나누기 시작할 것이다. 그 과정에서 당신은 유대감과 뜻밖의 도움, 귀중한 조언을 얻게 될 것이다.

## 진정한 실패

흔히 실수는 나쁜 것, 완벽함은 좋은 것이라 생각한다. 우리 또한 대부분은 그렇다고 배우며 살아가고 있다. 하지만 인생의 목적은 실수를 피하는 것이 아니다. 누구나 실수하게 되어 있고, 앞으로도 계속 그러할 것이기 때문이다.

핵심은 실수에서 조금씩, 더 빠르게 회복해 가는 것이다. 이러한 순간이 쌓일수록 자기 신뢰와 자신감, 직관이 자라난다. 이들 요소는 우리가 어른으로서, 그리고 평생에 걸쳐 필요한 능력이다. 우리가 실패를 좋아하게 될 일은 없을지도 모르겠다. 하지만 그 과정을 묵묵히 잘 견딘다면, 실패를 거부하지 않고 평화롭게 공존하는 법을 배울 수 있다.

실패는 우리에게 최고의 스승이 되어 주기도 하지만, 그에 못지않은 중요한 역할이 더 있다. 바로 회복력을 키우는 것이다. 안타깝게도 성공만 거듭한다고 해서 회복력이 길러지지는 않는다. 우리가 진정으로 어떠한 사람이며, 무엇을 해낼 수 있는가를 알려면 어려움과 도전, 장애물과 거절을 마주해야만 한다.

실패하지 않으면 겉으로는 안전해 보이지만, 비좁고 제한적인 삶에 갇히고 만다. 모험과 놀라움으로 가득한 더 큰 삶을 원한다면, 결국 그만한 위험을 감수해야 할 것이다. 이제는 시작을 미루지 말고, 작은 실패는 종종 작은 성공으로 이어진다는 사실을 기억하자. 준비된 상태에서 맞이하는 큰 실패 역시 딛고 일어설 수만 있다면 훨씬 더 큰 성공으로 이어질 것이다.

당신이 지금 이 책을 읽는 이유는 안전한 길만 고집하지 않기 위해서, 이에 필요한 용기와 회복력을 기르고 싶어서일 것이다. 나는 당신이 분명히 그러리라고 믿는다. 예전의 당신이라면 이 책을 집어 들지 않았을 테니 말이다. 하지만 이제 당신은 실패가 자유의 전제 조건임을 누구보다 잘 알고 있다. 마찬가지로 당신은 역경이 성장을, 창의성은 사랑하는 인생을 만들어 가는 전제임 또한 깨달았다. 그리고 이 모든 것은 안전한 길 너머에 존재한다.

# LEVER
## 7

실천:

미래가 전하는 단서

NEVER PLAY IT SAFE

〰〰〰〰 분야를 막론하고 세계 정상에 선 사람들이 각자의 자리에서 진가를 발휘하는 모습을 보면, 평범한 이들은 경이로움을 넘어 종종 당황스럽기까지 한 감정을 느낀다. 이처럼 우리는 그들을 남다른 시선으로 바라보면서, 뛰어난 재능이 있다면 그 느낌은 어떠할지 궁금해한다. 그런데 다행히도, 성공은 언제나 그 흔적을 남긴다.

농구계에서 스테판 커리(Stephen Curry)는 그 누구보다 빛나는 존재이다. '스테프'라는 애칭으로 불리는 커리는 오하이오주 애크런에서 태어나 자랐으며, 농구 스타로서 그의 여정은 놀라움과 영감을 동시에 안겨 준다. 그의 아버지 델 커리(Dell Curry) 역시 프로 NBA 선수였다. 이처럼 커리는 농구와 인연이 깊은 집안에서 자랐지만, 위대한 선수로 성장할 수 있으리라는 보장은 전혀 없었다.

그런데도 오늘날 스테판 커리는 역사상 가장 위대한 슈터로 널리 인정받고 있다. 그가 보유한 여러 NBA 챔피언십 타이틀과 수많은 NBA 기록, 다수의 MVP 수상 경력은 논란의 여지 없이 역대 최고의 3점 슈터임을 증명한다.

188cm의 키에 농구선수치고 비교적 평범한 체격의 커리는 전형적인 농구 슈퍼스타의 이미지와는 다소 거리가 있었다.

하지만 그는 키에서 부족한 점을 강한 결단력과 타의 추종을 불허하는 노력으로 완전히 메웠다. 그는 어릴 적부터 슛에 타고난 재능을 보였고, 집 뒷마당에서 수없이 공을 던지며 실력을 다져 가기 시작했다.

하지만 커리가 특별한 이유는 타고난 재능도, 경기장 밖에서 보여 주는 겸손하고 품위 있는 모습도 아니다. 코치와 동료들은 연습과 발전에 대한 끝없는 집념이야말로 다른 선수와 구별되는 결정적인 차이점으로 본다. 이러한 특징은 단지 남들보다 일찍 나와 훈련을 시작하고, 연습이 끝난 후에도 늦게까지 남아 오랜 시간 코트에서 훈련하는 성실함 때문만은 아니다. 그가 연습하는 모습만 보더라도 확연한 차이를 느낄 수 있다. 그가 슛을 던지는 모습을 보면 누구도 쉽게 흉내 낼 수 없는 놀라운 정밀함과 치밀한 의도가 고스란히 드러난다.

스테판 커리가 흔한 농구 스타와 궤를 달리하듯, 야스민 라리(Yasmeen Lari) 또한 평범한 건축가는 아니다. 1941년에 파키스탄에서 태어난 라리는 사회의 기대를 거스르고 자신만의 길을 개척한 결과로, 현대 건축계에서 가장 주목받는 인물로 자리매김했다. 그녀가 건축가로서 두각을 나타내기까지의 여정, 특히 그중에서도 작업 방식의 핵심적인 특징은 파격적인 만큼 깊은 영감을 선사한다.

야스민 라리는 파키스탄 헤리티지 재단(Heritage Foundation

of Pakistan)과의 선구적인 활동으로 파키스탄의 풍부한 건축 유산과 현대 사회를 조화롭게 잇는 가교로서 선구적으로 활동해 왔다. 라리는 수익성과 거대 건축물, 그리고 건축가의 자기 과시가 지배하는 건축계에서 역사적 건물의 복원과 도시 공동체의 활성화, 그리고 소외계층 지원으로 그녀만의 발자취를 남겼다.

일반적으로 가장 화려한 프로젝트나 눈에 띄는 디자인이 한 건축가를 다른 건축가와 구별 짓는 요소라고 생각하기 쉽다. 라리의 경우는 라호르[54]에 소재한 스튜디오의 결과물이 다른 건축가의 것보다 확연한 대비를 보일 것이라 예상할 수도 있겠다. 하지만 이 경우는 다르다. 그녀의 건축 디자인이 아무리 인상적이고 세련되었다고 해도, 작업물에서 가장 주목해야 할 점은 결과물의 품질만이 아니라 그 안에 어떠한 투입이 있었는가이다.

라리는 매일 아침 라호르의 역사가 깃든 거리를 산책하며 하루를 시작한다. 이는 단순히 운동도, 거창한 아이디어를 그리는 시간도 아니었다. 머릿속에서 구상 중인 미래의 프로젝트가 펼쳐질 동네를 걸으며, 그곳 사람들과 자연스럽게 어

---

**54** / 파키스탄 동부에 있는 도시로, 펀자브주의 주도이자 파키스탄에서 두 번째로 큰 도시이다.

울린다.

물론 그녀는 도시 곳곳에 남겨진 풍부한 건축 유산에서 많은 영감을 얻는다. 하지만 그녀의 작업이 더 인상적인 점은, 라호르 사람들과 시간을 보내는 방식과 진정성에 있다. 그녀는 문화유산 현장에서 지역 주민들과 대화를 나누고, 관계를 맺으며, 전통 기법과 현대 기술을 아우르는 보존 및 복원 작업을 위한 감각을 섬세하게 다듬어 간다.

조슈아 로먼(Joshua Roman)은 클래식 음악계에서 탁월한 기량으로 잘 알려진 연주자이다. 1983년에 미국 오클라호마주 오클라호마시티에서 태어난 그는 어린 시절부터 첼로에 남다른 재능을 보였다. 그의 재능은 일찍부터 두드러진 이래, 빠르게 성장해 동시대에서 가장 주목받는 첼리스트로 자리잡았다. 이에 세계적인 첼리스트 요요마(Yo-Yo Ma, 馬友友)는 그를 두고 '21세기 음악가의 훌륭한 본보기 중 한 사람'이라고 평가했다.

로먼이 돋보이는 이유는 단지 그의 재능이나 혁신적인 곡해석, 거침없이 연주에 임하는 태도 때문만은 아니다. 로먼의 진정한 특색은 연습 방식에 있다. 물론 최고 수준의 첼리스트라면 막대한 시간을 쏟아부으며 기량을 갈고닦는다. 하지만 로먼은 한 걸음 더 나아가 마음챙김과 운동을 연습 루틴에 포함한, 보다 전체적인 접근법을 택한다.

그는 여기서 멈추지 않았다. 한번은 그가 시애틀 솔로 공연을 앞두고 연습 장면을 촬영하고 있을 때였다. 공연에서 그는 레너드 코헨의 〈할렐루야(Hallelujah)〉를 처음으로 선보일 예정이었다. 영상에는 그의 목소리와 더불어 몇 세기는 되어 수백만 달러를 호가하는 스트라디바리우스 첼로의 풍부하고 따뜻한 음색이 울려 퍼진다. 이때 로먼은 나에게 새로운 연습 방식을 시도하고 있다고 말했다.

"지난 1년 넘게, 바흐의 무반주 첼로 모음곡 중에서 매일 다른 곡을 하나씩 연습해 왔어요."

바흐의 무반주 첼로 모음곡은 첼로라는 악기의 기술적 범위와 보편성, 정서의 깊이를 가장 잘 보여 주는 대표적인 작품이라 할 수 있다. 게다가 반주 없이 연주하는 첼리스트는 동시에 여러 선율을 연주하면서, 마치 화성[55]과 대위법[56]이 존재하는 듯한 느낌을 만들어 내야 한다. 이들 곡은 300년 넘게 첼로 연주곡의 기반이 되어 왔으며, 첼로용으로 작곡된 곡 가운데서도 최고의 기교를 요구하는 작품으로 꼽힌다. 그리고

[55] / 여러 음이 동시에 울리며 조화를 이루는 소리, 또는 이를 구성하는 음악 이론.

[56] / 두 개 이상의 독립된 선율이 동시에 어우러지는 작곡 기법.

로먼은 이러한 거장의 작품을 하루도 빠짐없이 수년째 연습하고 있다. 한마디로, 그 정도의 연습을 위해 로먼이 쏟아야 하는 집중력은 실로 굉장한 수준이다.

스테판 커리, 야스민 라리, 조슈아 로먼 같은 거장을 보고 있노라면, 그들이 얼마나 오랜 시간 동안 반복을 거듭했는가에 초점을 맞추어 '역시 노력이 전부'라는 쉬운 결론에 도달할 수도 있다. 그 생각도 어느 정도는 맞다. 이처럼 그들이 각자의 분야에서 돋보일 수 있었던 이유쯤은 누구나 쉽게 유추할 수 있다.

하지만 조금만 더 깊이 들여다보면, 세 사람 사이는 물론 시대를 초월한 다른 거장과 이어지는 놀라운 공통점이 보인다. 그들의 실천 방식에는 일정한 패턴이 있고, 우리는 그 방식을 삶에 적용할 수 있다. 그 패턴은 아래에서 설명할 세 가지 핵심 원칙을 기반으로 한다.

## 행동을 만드는 뿌리

### 기초

스테판 커리와 야스민 라리, 조슈아 로먼은 각자의 분야에서 놀라울 정도로 정밀하고 집요하리만치 기본기에 집중한다. 물론 세 사람은 각자의 전문 영역 전반에 걸쳐 상상을 초월하는 고급 기술도 갖추고 있지만, 그들이 압도적으로 끝없이 연습하는 것은 다름 아닌 기본기다.

로먼에게 기본기란 첼로가 낼 수 있는 모든 음을 정확히 짚어 내고, 이들 음을 주변의 가능한 음들과 조합해 거의 무한에 가까운 구성을 만들어 내는 것이다. 그는 매일 악기의 전 음역을 탐구하면서, 첼로의 가능성을 계속 발견해 낸다.

라리의 경우, 그때그때 유행하는 파격적인 디자인이 기본기는 아니다. 그녀에게 기본기는 사람을 위해 존재하고 삶을 변화시키기 위한 것이라는 건축의 근본적인 개념에 집중하는 것이다. 그녀는 건축으로 봉사할 사람들의 희망과 꿈, 욕구를 이해하고자 실천에 집중한다. 이에 따라 그녀는 평생을 바친 건축가라는 직업의 목적과 완전히 하나가 되었다.

커리는 항상 명확한 목적의식과 의도로 연습에 임한다. 슈팅 기술이나 공을 다루는 기술에서 풋워크까지 그가 반복적으로 행하는 동작 모두 추상적 개념이 아니라, 실제 경기 상황에 맞추어져 있다. 그는 집중력을 발휘해 모든 동작을 정밀하게 수행한다. 커리의 전 코치인 앨런 스타인 주니어(Alan Stein Jr.)는 농구계의 전설이 된 커리를 이렇게 말했다.

"그는 매번 슛을 던진 후 마음을 완전히 비워요. 그리고 다음 슛은 반드시 들어간다고 믿죠."

그는 사소한 부분까지도 꼼꼼히 살피며, 연습 결과는 물론 연습 방식 자체의 개선과 발전을 위해 끊임없이 노력했다. 이러한 점에서 세계 정상급만의 특별한 비결 같은 것은 없다.

기본기가 중요하다는 사실쯤은 누구나 알고 있다. 다만 대다수는 절제력이 부족해 날마다 실천하지 못한다. 세 사람은 그저 모두가 알지만 실천하지 못한 기본기에 집중했을 뿐이다.

## 과정

그들은 하나같이 실천의 과정 자체에 깊이 빠져 있다. 실천이 곧 기쁨인 사람들이다. 물론 커리는 플레이오프 경기가 주는 긴장감을, 로먼은 카네기홀 공연의 짜릿함을 즐길 것이다. 그리고 라리는 복원된 건물의 재개장을 알리는 개관식을 반길지도 모른다.

하지만 그들은 기술과 훈련, 그리고 마음가짐을 다지는 실천의 모든 측면에 열정을 보여 준다. 일에 대한 순수한 열정 덕분에 그들은 긴 시간을 즐거운 마음으로 몰두하며 경험을 쌓아 갈 수 있었다. 그렇게 쌓인 경험에서 차례로 신뢰가 생기고 증거가 되어, 결국 확신으로 이어진다. 이에 철학자 앨런 와츠(Alan Watts)는 그 과정이 모든 위대한 예술가에게도 똑같이 적용된다고 말했다.

"진정한 예술가라면, 이른바 '실천 시간', 그러니까 피아노 앞에 앉아 몇 시간씩 기술을 연습하는 시간이 즐거움이 되어야 합니다. 그래야만 비로소 연습을 효과적으로 해낼 수 있습니다. 반복 자체가 마치 춤추듯 기쁨을 느끼는 지경에 이르러야 하는 거죠."

이 이야기는 기업가 게리 바이너척(Gary Vaynerchuk)[57]에게도 그대로 적용된다. 바이너척은 몇 차례 비공식적인 자리에서 다음과 같은 말을 스스럼없이 했다.

"저는 기업가 정신을 너무 사랑해서, 이제는 단순히 이기고 지는 걸 넘어서게 됐어요."

한 번은 우리가 뉴욕에서 함께 강연 무대에 올랐을 때의 일

---

57 / 유튜브 채널 'GaryVee'로 유명한 미국의 기업가이자 연설가. 와인 리뷰 쇼로 시작해 자기 계발과 창업 조언 콘텐츠로 영향력을 넓혔다.

이었다. 그는 내게 이렇게 말했다.

"이제는 가끔 실패하는 것도 사랑하게 됐죠. 그만큼 비즈니스라는 '게임'이 좋거든요."

그리고 다음과 같은 격언이 있다.

"목적지를 사랑하는 사람보다 걷기를 사랑하는 사람이 더 멀리 간다."

## 정체성

거의 모든 분야에서 최고 실력자의 실천 방식을 살펴보면서, 우리가 얻을 수 있는 가장 중요한 교훈이 하나 있다. 바로 그들이 실천 방식을 자기 정체성과 일치시켰다는 점이다. 이는 매우 핵심적인 통찰로, 당신과 나, 그리고 이 길을 걷고자 하는 이들에게 모두 적용될 수 있기 때문이다.

그들은 자신을 특정한 방식으로 인식한다. 예를 들어 '위대해지고 싶은 사람', 다시 말해 스스로 이미 그러하며, 마땅히 그러할 사람으로 정의하고, 그에 걸맞은 모습으로 세상에 나선다. 이처럼 그들의 생각과 신념, 행동은 모두 한 방향으로 정렬되어 있다.

이유가 무엇일까? 이는 정체성이 인간의 습관을 형성하는 데 매우 강력한 정렬의 수단으로 작용하기 때문이다. 그 예로 당신을 다이어트 중인 사람이라고 생각해 보자. 이때 스스로 건강한 사람이라고 인식할 때보다 건강한 식습관을 지킬 가능성이 작다. 이와 마찬가지로 금연을 위해 노력하는 흡연자로 생각한다면, 건강한 사람이라고 여길 때보다 금연에 성공하기 어려워진다. 실제로는 여전히 자신을 흡연자로 규정하고 있기 때문이다.

인간은 본질적으로 언어를 중심으로 설계되어 있다. 이는 우리가 자신에게 말하고 생각하는 방식과 관련된다. 즉 마음속에서 스스로 어떠한 존재라고 인식하는가는 바로 행동을 이끄는 가장 효과적이고 핵심적인 심리적 메커니즘이다. 그 구조는 사실 꽤 단순하다.

스테픈 커리, 야스민 라리, 조슈아 로먼도 한때는 자신의 미래 모습을 마음속에 그린 적이 있었다. 각자의 분야에서 세계 최고가 된 모습 말이다. 바로 그들이 갖추어야 할 특성과 행동이 모두 어우러진 이미지를 토대로 세상에 자신을 어떻게 드러낼지를 역으로 설계할 수 있었다. 그들은 먼저 자신을 바라보고 말하는 방식을 새롭게 바꾸기 시작했고, 이후에는 마음속에 그려 놓은 사람처럼 행동하고 실천했다. 단순하지만 쉽지는 않은 일이다.

이 내용을 좀 더 실용적인 관점으로 풀어 보겠다. 당신이 상상하는 미래의 모습을 떠올려 보자. 손가락을 튕기는 순간부터 꿈이 이루어진다면, 그 놀라운 미래를 현실로 앞당기기 위해 당신의 삶은 어떠해야 할까? 그전에 가장 기본적으로, 당신은 어떠한 생각과 행동을 하고 있을까?

미슐랭 스타 셰프[58]가 되고 싶다고 한다면, 그것이 바로 당신이 원하는 미래의 모습이다. 실천은 이렇게 시작된다. 미슐랭 스타 셰프라면 어떻게 생각할지를 분석하고, 그 특성을 삶 속에서 직접 살아 내며 몸소 드러내는 것이다.

● 어떠한 친구들과 어울릴까?

● 어디서 어떻게 시간을 보낼까?

● 무엇을 읽고 공부할까?

● 그 정체성으로 매일 어떠한 행동을 할까?

● 실천의 모습은 어떠할까?

또 다른 예로, 2시간 30분 이내에 마라톤을 완주하고 싶어

58 / 세계적인 음식 평가지 '미슐랭 가이드'에서 별점을 받은 최고 수준의 셰프.

한다고 상상해 보자. 이 상상을 이룬 삶의 모습은 어떠해야 할까? 그러한 삶을 살아가는 당신은 어떠한 사람일까? 아니 면 당신을 10억 명에게 무료 급식을 제공하는 것이 목표인 사 회적 기업가로 규정한다면 어떨까? 어떠한 경우를 상상하든 당신의 하루에서 일주일, 한 달, 한 해까지의 모습이 어떨까 를 이해하거나, 적어도 그에 맞는 신념과 수단, 실천 방법을 구축하기는 어렵지 않을 것이다.

마지막으로, 당신은 자기만의 세계를 되찾은 풍요롭고 창 의적인 사람이라 생각하는가? 담대한 삶을 살아갈 잠재력도 갖추었다고 믿는가? 그렇다면 자발적으로 이 책을 여러 번 읽었거나, 그러한 중인 사람으로 규정할 것이다. 이처럼 당장 취할 수 있는 행동과 실천, 단계, 그리고 마음가짐이 하나둘 씩 서서히 자리 잡을 것이다.

당신에게는 두 가지 길이 있다. 하나는 세상이 정해 놓은 무작위적인 일상의 행동이 당신의 정체성을 만들도록 내버 려두는 것이다. 다른 하나는 단호한 기준을 세워 진정한 자신 을 위한 공간을 마련하고, 주된 신념을 받아들이면서 원하는 미래의 자신을 지지하는 것이다.

이는 결과적으로 선택의 자유에 관한 문제이다. 미래의 모 습을 이미 이룬 것처럼 생각하고 행동할수록, 삶에서 실천 해야 할 바가 더욱 분명해진다. 이것이 바로 세계 최정상에

　　〰〰〰〰〰　　LEVER 7 / 실천: 미래가 전하는 단서

선 이들이 실천에 대해 깨달은 사실이자, 나머지는 아직 모르는 진리이다. 수백 주 동안 뉴욕 타임스 베스트셀러 1위를 지켜 온 행동 변화의 결정판인 《아주 작은 습관의 힘(Atomic Habits)》의 저자 제임스 클리어(James Clear)는 이렇게 말한다.

"당신의 행동 모두 당신이 되고자 하는 사람을 향한 투표와 같다."

## 실천의 기술

안데르스 에릭슨(Anders Ericsson)은 전문성과 의도적 연습(deliberate practice)에 관한 혁신적인 연구로 널리 알려진 스웨덴의 심리학자다. 그의 연구는 스포츠, 음악, 교육, 심리학 등 다양한 분야에 깊은 영향을 미쳤다. 에릭슨과 동료 연구자들은 음악, 스포츠, 체스, 의학 등 여러 분야에 걸친 수십 건의 연구를 진행하며 탁월한 성과의 요인을 분석했다. 그 결과, 그들은 전문인과 일반인을 구분하는 결정적인 요인은 타고난 재능보다 의도적 연습에 있음을 발견했다.

의도적 연습은 성과 향상을 목표로 삼아 매우 체계적으로 공을 들여야 하는 활동을 말한다. 이 과정에는 구체적인 목표

설정, 피드백 수용, 그리고 강점 강화와 약점 보완을 위한 규칙적이고 절제된 연습이 포함된다. 이는 궁극적으로 자기 능력의 한계를 뛰어넘는 연습 방식이다.

에릭슨의 연구와 관련된 가장 유명한 개념 중 하나는 '1만 시간의 법칙'으로, 말콤 글래드웰(Malcolm Gladwell)의 저서 《아웃라이어(Outliers)》를 통해 대중적으로 알려졌다. 물론 에릭슨의 연구가 숙련도 달성에 특정한 시간이 필요하다는 결론을 직접적으로 내리지는 않았지만,[59] 집중된 노력이 결과를 만들어 낸다는 대중적이고 설득력 있는 아이디어의 중심에 있었다. 이는 우리가 체감한 바와도 맞아떨어지기에 반박하기 어려운 주장이기도 하다.

하지만 우리는 지금까지 스테판 커리와 야스민 라리, 조슈아 로먼의 삶과 실천 과정을 살펴보고 이해했다. 이에 에릭슨의 연구에서는 실천이라는 개념이 단순히 '시간을 들이고 반복을 거듭하는 것'을 넘어선다는 점을 보여 주었다. 따라서 실천의 핵심 속성에서 도출한 열 가지 실천 원칙을 소개하고자 한다.

59 / 이후 과학적으로 반박된 바 있다.

 〰〰〰〰〰 LEVER 7 / 실천: 미래가 전하는 단서

### ❶ 어렵고 복잡한 것이 더 좋다고 착각한다

이 함정에 빠져서는 안 된다. 진실은 그 반대이다. 당신이 배우거나, 되거나, 이루고자 하는 모든 것의 핵심인 실천에 집중하는 법을 배워야 한다. 사람들은 대개 단순한 연습에도 성공했다고 말하지만, 성공은 바로 그 단순한 연습으로 이루어진다.

### ❷ 실천은 덧없고 순간적인 것이다

어제 무엇을 실천했더라도, 일은 이미 지나가 버린 뒤다. 그리고 내일의 실천은 실재하지 않는 관념에 불과하다. 당신의 생각은 당신이 아니다. 오직 행동과 경험만이 당신을 만들고 증명한다. 우리에게 주어진 것은 지금뿐이다. 그러니 오늘 당신의 가장 좋은 모습을 보여 주며 실천하자.

### ❸ 실천은 당신 안의 타고난 열망에서 비롯된다

모든 것은 실천에서 시작된다. 당신은 본래 자유로운 존재이며, 스스로 선택할 권한을 쥐고 있다. 그리고 당신은 끊임없이 배우고 성장하는 존재이다. 이뿐 아니라 생물학적으로, 현재를 즐기면서도 동시에 다른 자신이 될 가능성을 그리도록 설계되어 있다. 실천 의욕이 생기지 않을 때도 있지만, 지극히 정상적인 일이다. 심리적 저항 또한 여정의 일부로, 스티븐 프레스필드(Steven Pressfield)[60]는 이렇게 말한다.

60 / 《더 피어오르기 위한 전쟁(The War of Art)》의 저자로, 창조적 작업에서 마주하는 내면의 저항을 통찰력 있게 설명한다.

"저항은 두려움으로 나타난다. 두려움이 클수록 저항의 강도도 거세진다. 따라서 어떠한 일을 떠올렸을 때의 두려움이 크다면, 그 것이 우리의 영혼을 성장시키는 중요한 일이라는 뜻이다."

## ❹ 실천할 기회를 얻은 모든 것에 열정적으로 임하라

그렇다. 삶에서 가장 버거운 상태와 순간에서 시기까지를 아우르는 모든 것을 말한다. 여기에는 빨래처럼 사소한 것과 감정적으로 힘든 대화를 나누는 어려운 일까지도 포함된다. 그러니 온 세상이 나서서 당신의 실천을 발전시킬 기회를 준다고 믿어보자.

## ❺ 실천은 곧 반복이다

이 원칙을 두고 애니 딜라드(Annie Dillard)[61]는 다음과 같이 글로 풀어냈다.

"말할 것도 없이, 우리가 하루를 보내는 방식이 곧 우리가 살아가는 방식이다."

이처럼 실천은 세상에서 가장 쉬운 일이자, 동시에 가장 어려운 일이기도 하다. 우리가 사랑하는 일을 반복하며 습관화할 수

---

61 / 퓰리처상을 수상한 미국의 작가로, 일상의 깊이를 탐구하는 작품으로 잘 알려져 있다.

있을 때, 실천은 단순하게 느껴진다. 하지만 저항에 부딪히거나, 반복이 지루하다는 생각이 들 때면 실천이 무척이나 어렵게만 보인다.

기억하자. 지루함은 우리가 관심을 기울이는 대상의 문제가 아닌, 관심의 질이 부족해서 생기는 문제이다. 결과적으로 우리의 실천이 우리를 만든다. 그러므로 우리는 실천할 일을 신중하게 선택해야 한다.

### ❻ 실천에는 저항이 필요하다

실천이라는 행위는 한편으로 저항을 수반한다. 이는 심리적 저항과는 다르다. 이와 관련된 '저항 훈련'이란, 근력 운동처럼 긴장과 반발을 견디는 과정이다. 당신이 그동안 배워 온 안전하고 깔끔한 삶은 마치 무게추와 같아서, 중력과 함께 당신을 아래로 끌어내린다.

따라서 움직이려면 마땅히 힘을 써야 한다. 이는 자연스러운 일이며 믿고 받아들여야 한다. 중력이 우리를 지구 중심으로 끌어당기는 힘에 맞서려면 근력을 활용해야 하듯, 판단을 요하는 복잡한 문제를 해결하기 위해서는 직관과 지성을 동원해야 한다. 그래야만 우리가 성장하면서 무엇이든 더 잘할 수 있게 된다.

흔히 도전을 극복해야 할 장애물로 여기지만, 사실 과제의 어려움이야말로 실력을 키우는 근본이다. 근력을 기르는 과정을 생각해 보자. 항상 일정한 무게로 운동하는 것만으로는 근육이 커

지지 않는다. 실력이 일정 수준에 도달했을 때 중량을 늘려 가야
성장을 이룰 수 있다.

## ❼ 실천은 인내의 문제다

실천의 결과는 기술과 더불어 현재 하는 일의 능력 향상으로
자연스럽게 나타난다. 시간이 지나면 능력의 향상 폭은 안정되
고, 숙련도가 자리 잡는다. 결코 나쁜 일은 아니지만, 우리가 자
각하고 있어야 할 상태이다.

아이키도(合氣道)[62] 대가 조지 레너드(George Leonard)[63]는 숙
련된 상태를 '정체기'라고 부른다. 악기를 배운 적이 있거나, 골
프 실력을 키우기 위해 노력해 본 사람이라면 정체기를 한 번쯤
은 경험했을 것이다. 사실 정체기는 실천의 분야에 상관없이 필
연적으로 거치는 중요한 단계이다. 이 안정의 시기를 어떻게 보
내느냐에 따라 우리가 도달할 수 있는 실력의 깊이와 범위가 달
라진다. 조지 레너드는 저서 《마스터리(Mastery)》에서 이렇게 말
한다.

*"당신이 좋은 삶, 즉 실력을 갈고닦는 삶을 살고 있다면, 대부분*

---

**62** / 일본에서 유래한 무술로, 상대와의 조화를 중시하며 비폭력적으로 제압
하는 데 초점을 둔다. 한국의 합기도와 한자 명칭은 같지만, 수련 방식의 차이
로 사실상 다른 종목이다.

**63** / 미국의 교육자이자 아이키도 고단자로, 꾸준한 실천과 인내의 중요성을
다룬 저서 《마스터리》로 알려졌다.

을 정체된 상태로 보내게 될 것이다. 그렇지 않다면, 삶의 상당 부분을 정체기에서 벗어나려 조급하고 정신없이 움직이다가 오히려 자신을 망치고 허비할지도 모른다."

고수의 목표는 항상 발전하는 것이 아니라 항상 실천하는 것이다.

### ❽ 실천에는 우선순위가 필요하다

우리는 모든 것에 통달할 수 없다. 숙달은 본질적으로 하나를 선택해 깊이 파고든 사람만이 얻을 수 있는 독점적인 성과이기 때문이다. 그러므로 우리는 무엇에 집중할지를 결정해야 한다. 동시에 정기적이고 의미 있는 실천에 전념하기 위해 무엇을 기꺼이 포기할지도 선택해야 한다. 이 선택이 이루어진 후에야 실천은 비로소 당신의 주의가 어디로 향하는지를 감지하고, 그 지점에 깊이 몰입하는 행위가 될 것이다.

### ❾ 실천에는 대가가 따른다

모든 실천과 습관은 시간이 지나면서 여러 결과를 가져온다. 처음에 쉽게 자리 잡는 실천은 단기적으로는 긍정적인 결과를 불러오지만, 장기적으로는 부정적인 결과를 초래하는 경우가 많다.

흡연을 예로 들어 보자. 처음에는 기분이 좋아지고, 점심시간에 마당에서 다른 사람들과 어울리며 친목도 쌓을 수 있다. 하지만 흡연에는 폐암이라는 대가가 따라온다.

반대로 운동을 생각해 보자. 처음 운동 습관을 들이려 할 때는 실제로 고통이 따른다. 운동을 시작했다면, 첫날부터 셋째 날까지 근육통에 시달린다. 그런데도 몸은 눈에 띄게 달라지지 않고, 체중계 숫자도 그대로다. 원하는 결과를 눈으로 확인하려면 몇 주, 심지어 몇 달은 지나야 한다. 습관 전문가 제임스 클리어는 아래의 말을 남겼다.

"좋은 습관의 대가는 현재에 있고, 나쁜 습관의 대가는 미래에 있다."

그러므로 우리가 습관의 대가를 지금 치르고 있는지, 아니면 나중에 치를 것인지 의식적으로 인식해야 한다.

### ⑩ 불필요한 실천은 버려라

우리는 삶 속에서, 문화 전반에 기본값처럼 주어진 조건에 따라 수많은 관행을 무의식적으로 받아들이며 살아간다. 한쪽에서는 술을 지나치게 마시는 문화를 아무렇지 않게 따르고 있다. 한편 다른 쪽에서는 예술가는 가난하다는 근거 없는 믿음으로, 예술가처럼 위험 부담이 커 보이는 직업을 기피하는 현상이 당연시되고 있다.

타인의 믿음을 바탕으로 삶의 방식을 세우는 것은 위험하다. 특히 지금껏 안전한 길만 걸어온 사람에게는 더더욱 그렇다. 당신은 너무 오랫동안 남의 말을 곧이곧대로 믿고 따라오지 않았는가? 소크라테스가 남겼다고 전해지는 말이 떠오른다.

*"성찰하지 않는 삶은 살 가치가 없다."*

깨어 있어야 한다. 현재에 감사하되, 당신을 지금의 위치에 이르게 한 것들을 기억하자. 이와 별개로 당신이 가고자 하는 곳에 닿게 할 것이 무엇인지도 되새겨 보자.

## 고요한 열정

고(故) 마야 안젤루(Maya Angelou)는 담대하고 순수한 마음으로 실천하는 삶을 살아 낸 몇 안 되는 인물이었다. 그녀는 창문 너머로 도시의 잔잔한 소음이 스며드는 새벽 어스름이 찾아올 때면 비좁은 호텔 방에 홀로 앉곤 했다. 이는 그녀가 수십 년을 거의 매일 반복해 온 일이었다. 그녀의 방은 창밖의 세상이 문화라는 이름으로 가하던 복잡한 굴레에서 벗어난 성소이자 피난처였다. 그곳에서 안젤루는 상상의 세계 속으로 깊이 침잠해, 그 안에 깃든 이야기에 목소리를 입혔다.

안젤루는 바쁜 일상을 보내는 와중에도 매일 글쓰기를 위한 시간 내기를 최우선으로 삼았다. 그녀는 익숙한 손길로 낡은 타자기를 집어 들곤 했다. 오랜 시간 함께한 타자기의 키는 매끄럽게 닳아 있었다. 타자기는 그녀에게 악기이자 세상과 연결되는 통로가 되어 주었다. 그리고 그녀의 기쁨과 슬픔, 성공과 좌절의 순간을 묵묵히 지켜봐 온 충실한 동반자이기도 했다.

안젤루에게 글쓰기는 단순한 작업이 아니었다. 자신을 발견하고 정화하는 신성한 의식이었다. 그녀는 오로지 글쓰기에 몰입하려고 호텔 방을 빌렸다는 사실은 잘 알려져 있다. 이는 글을 쓰는 과정과 의식 자체를 향한 사랑에서 비롯되었다. 안젤루는 글쓰기를 종교 의식만큼 신성한 일이라 표현했다. 자신을 지지하고, 양분을 주면서 존재에 의미를 부여하는 행위라고 말했다.

하지만 안젤루의 창작 활동은 단순히 글쓰기에만 머물지 않았다. 이는 글쓰기를 토대로 의식 있는 삶을 살아 내는 법이었다. 문학계의 아이콘이었던 그녀는 언어와 문체의 기초에 충실한 것만큼 매일 정해진 시간과 장소에서 글을 쓰는 과정에 헌신하기를 중요시했다.

이뿐 아니라 그녀는 6개 언어 구사자이기도 한데, 이는 끊

　　　　　　　　LEVER 7 / 실천: 미래가 전하는 단서

임없는 연구와 인물과 서사를 발전시키는 작업으로 기량을 꾸준히 연마해 나간 덕이다. 안젤루는 본격적으로 글을 쓰기 전, 이야기의 흐름과 인물 설정을 세밀하게 구상해 두는 습관이 있었다고 전해진다. 앞으로 펼쳐질 이야기의 방향을 명확히 잡기 위해서였다. 이처럼 모든 것이 그녀만의 질서 속에 정돈되어 있었다.

안젤루는 오프라 윈프리 등과의 인터뷰에서, 작품 내의 여러 요소가 내면 깊숙한 곳의 생각과 감정을 직접 반영한 것임을 밝힌 바 있다. 인간 존재의 복잡성을 비추기 위해 그녀가 스스로 들어 올린 거울과도 같은 것이라고 말이다. 작가로서 그녀의 정체성은 결국 세상에 전해야 할 이야기를 써야 한다는 책임감이었다. 동시에 이야기에 등장하는 대표 인물로서의 정체성 역시 때로는 취약함을 드러내는 일이 되기도 했다. 그런데도 그녀는 우아함을 잃지 않고 세상을 살아갔다.

그녀는 수년간 줄곧 작고 어두운 방에서 묵묵히 글을 써 왔지만, 그녀의 글은 수많은 독자와 팬에게 한줄기 밝은 빛이 되어 주었다. 2014년이 되어 안젤루가 세상을 떠났을 때, 오프라 윈프리는 이렇게 말했다.

"그녀는 언제나 제 곁에 있었습니다. 제 인생에서 가장 중요한 시간을 지나올 수 있도록 이끌어 준 사람이었죠. 세상은 그녀를 시인으로 기억하지만, 그녀의 본질은 스승이었습니다. 언제까지나 제 인생의 구름 사이로 떠오르는 무지개일 거예요."

마야 안젤루에게 글쓰기는 지름길이 허락되지 않는 훈련이었다. 작가라는 '명사'가 되기 위해 그저 쓰기라는 '동사'를 실행할 뿐이었다. 하지만 지금 돌이켜봤을 때, 더욱 분명하게 드러나는 사실이 하나 있다. 바로 그녀는 스스로 되고자 했던 '명사'를 정확히 알고 있었고, 끝내 그와 같은 존재가 되었다는 점이다.

## 미래로 향하는 동력

W. 카마우 벨(W. Kamau Bell)은 어린 시절 슈퍼 히어로가 되고 싶어 했다. 그러다 에디 머피(Eddie Murphy)의 공연을 보고 나서부터 모든 것이 달라졌다. 당시 SNL은 에디 머피의 생생한 코미디 실력을 가장 쉽게 볼 수 있는 창구였다. 그는 내게 이렇게 회상했다.

"어머니께서는 제게 새터데이 나이트 라이브(Saturday Night Live, SNL)만 보게 해 주면 뭐든 시킬 수 있었다고 말씀하셨죠."

수십 년이 흘러, 시카고에 살던 벨은 친구가 사는 아파트 근처에서 열리는 오픈 마이크[64] 무대 소식을 전해 들었다. 그가 용기를 내기까지는 몇 달이 걸렸다. 하지만 한 번 무대에 오르자, 벨은 뒤돌아보지 않았다. 스탠드업 코미디는 그에게 열정의 대상과 동시에 두려운 일이기 때문이었다. 처음에는 무대에 올라 사랑하는 일에 한 번이라도 도전하는 것만으로도 그에게는 성공이었다. 하지만 벨은 좋아하는 일을 할 수 있다는 것 자체가 크나큰 축복임을 깨달았다.

초창기 시절, 벨은 낮에 직장에 다니면서 밤늦은 시간에 무대에 올랐다. 하지만 그는 무대에서 관객의 가차 없는 야유를 견뎌야 했다. 그 시간은 수년 동안 이어졌다. 그는 당시 코미디언을 자처하기조차 부끄러워했고, 실패도 수없이 거듭했다고 털어놓았다. 그런데도 그는 멈추지 않기로 했다. 그는 내게 이렇게 말했다.

"두 발을 다 담가야 해요. 가끔 한 번씩 해 보기만 해서는 내가 이 일에 재능이 있는지, 정말 좋아하는지를 절대 알 수 없거든요. 뭐가 되었든, 시간을 들여 매달려야 해요. 특히 스탠드업 코미디의 세계는 당신이 코미디언이 되는 걸 원하지 않아요. '네가 설

<hr>

64 / 누구나 무대에 올라 공연할 수 있는 공개 무대 행사.

자리는 없어!'라는 식이죠…. 그래서 온 힘을 다해 밀고 들어가야 합니다."

또 다른 스탠드업 코미디언인 네이트 바가치(Nate Bargatze)는 나와 대화하면서 다음과 같이 말했다.

"누군가가 꿈을 이뤄 내는 걸 한 번도 본 적이 없다면, 그 꿈은 애초에 불가능하다고 생각해 버려요. 사람들이 꿈을 이루고 유명해지는 것 역시 불가능하다고 생각하는 이유도, 실제로 누군가가 유명해지는 모습을 본 적이 없기 때문이죠."

나는 2019년에 한동안 바가치와 시간을 보냈는데, 당시 그는 넷플릭스 스페셜로 큰 주목을 받은 직후였다. 그는 여전히 갈 길이 멀다는 사실을 잘 알고 있다고 말했다. 상승세를 탄 것은 분명했지만, 그는 이미 대형 아레나 무대에서 공연하는 케빈 하트(Kevin Hart)[65]와 달리 여전히 소극장과 코미디 클럽을 전전하는 자신의 처지를 상당히 오래 이야기했다.

"제가 어디에 있든, 그 위에는 항상 더 높은 단계가 있어요."

65 / 미국의 유명한 스탠드업 코미디언, 배우, 영화 프로듀서, 흑인 코미디언으로서 주류 엔터테인먼트 산업에서 크게 성공한 인물이다.

그때 바가치가 아레나 공연을 매진시키는 프로 스탠드업 코미디언이라는 정체성에 맞게 움직이는 그의 모습이 깊은 인상을 남겼다. 그는 동시에 자신의 삶을 사랑하고 있었고, 나는 이를 그의 분위기에서 느낄 수 있었다. 몇 년 뒤, 그는 내게 한 말처럼 아레나 무대를 매진시키기 시작했다. 그러나 놀랍지는 않았다. "언젠가 아내와 딸과 함께 큰 무대에 서겠다."라고 말하던 대로였기 때문이다.

하지만 그 정도의 창의적, 직업적, 개인적 변화도 당신에게 부족함과 제약으로 다가온다면 어떻게 해야 할까? 어쩌면 미슐랭 스타 셰프나 아레나 공연을 매진시키는 스탠드업 코미디언이 된 모습을 상상할 수는 있다. 하지만 그보다 더 크고 구별되는, 구체적인 삶으로 어떻게 나아갈 수 있을까?

아니면 여전히 내면이 막히고 억눌려 있으며, 안전한 선택만 반복하지는 않는가? 세상에 아직 존재하지 않는, 더 풍부하고 역동적이면서도 입체적인 정체성을 만들어 내는 방법은 과연 무엇일까? 그러려면 우리는 대체 어디서부터 시작해야 할까?

이상의 내용을 고민하는 일이야말로 우리가 평생 마주해야 할 가장 중요한 창조의 과정이다. 물론 그것을 추구할 용기가 있다면 말이다. 보이지 않는 것을 현실로 이루어 내기란 어렵다. 하지만 바로 이때, 당신 안에 깃든 창의성의 진짜 힘이 시작된다. 모든 것은 당신의 상상력에서 출발한다.


## 1등짜리 삶

〰〰〰〰〰


"커서 뭐가 되고 싶니?"


어린 시절, 부모님이나 웃어른이 우리에게 던진 질문이다. 아마 이 질문을 보자마자 당신의 머릿속에 어린 날의 대답이 떠오를 것이다. 그 대답이 무엇이었든, 통계적인 관점에서는 어릴 적부터 실제로 접해 본 직업일 가능성이 크다. 삶의 조건화는 바로 그렇게 아무런 악의 없이 시작된다.

이는 누구의 탓도 아니다. 모든 것은 하나의 놀이처럼 시작되었다. 출생지와 부모, 당신의 사회경제적 지위나 성별 외에도 비슷한 수많은 조건이 알게 모르게 당신의 대답에 영향을 미쳤다.

하지만 이 쓸데없는 소리는 여기서 끝내야 한다. 결국 환경이 가능성을 결정한다고 믿는다면, 믿음은 그대로 현실이 될 것이다. 하지만 그 믿음을 의심해 보자.

영화에서라면 지금 이 장면은 '의미심장한 정적의 순간'이

365 〰〰〰〰〰〰〰　　　

라 할 수 있다. 카메라는 이야기의 주인공인 당신의 얼굴을 서서히 클로즈업하고, 관객은 물론 당신까지 스스로 해야 할 일을 깨닫는다. 그리고 불현듯 모든 것이 명확해진다. 당신의 인생이 바로 이 순간을 위한 준비 과정이었으며, 깨달음 속에서 꿈을 향해 거침없이 달리도록 등을 떠밀기 위해서였다는 사실이 선명하게 떠오를 것이다.

이 책에서 언급한 사례는 모두 문자 그대로 사례일 뿐이다. 물론 당신의 꿈이 카레이서나 미슐랭 스타 셰프, 기업가나 스탠드업 코미디언이라도 상관없이 기꺼이 응원할 것이다. 이 책에는 그 길을 위한 방법도 담겨 있다.

내가 수많은 유명인의 이야기를 곳곳에 배치해 둔 것도 우연은 아니다. 그들도 대부분 지금의 당신처럼 여정을 시작했다. 개중에는 훨씬 어려운 상황에서 출발하기도 했다. 어쩌면 당신도 지금 그들처럼 무대 위에서 스포트라이트를 받으면서 꿈을 이루며 살아가고 싶어 할지도 모르겠다.

이러한 이유로 당신에게 경이로운 상상력이 주어진 것이다. 이 책에는 아직 아무도 만들어 보지 않은 요리를 위한 재료들이 담겨 있다. 당신의 삶을 이루는 한 땀 한 땀은 타인에게 받은 영감 덕일 수도 있지만, 당신이 만드는 옷은 오직 당신만의 특별한 천으로 재단되고 있다.

그리고 지금까지의 모든 이야기는 특정 직업이나 타이틀,

명성이나 부에 관한 것이 아님을 분명하게 밝혀 둔다. 누군가를 흉내 낸 2등짜리 삶을 살아가자는 이야기도 아니다. 바로 낡은 틀에 얽매이지 않고, 당신이라는 존재로서 1등짜리 삶을 살아가자는 것이다. 유일무이한 당신의 삶 말이다.

이는 자유에 관한 이야기다. 어떠한 삶을 어떻게 살아갈 것인지를 스스로 선택하는 이야기 말이다. 그러한 삶은 항상 택해 온 안전한 길에서 벗어나 주도적인 참여와 설계, 창조, 결정의 과정을 거쳐 또다시 창조로 나아가는 여정이다. 그리고 세상 속에서 당신이 추구하는 모습을 만들어 가기 위해 꾸준히 실천해 나가는 과정이기도 하다.

거대하고 강렬한 에너지든, 조용하고 고요한 에너지든 당신이라는 존재가 지닌 에너지를 세상에 어떻게 드러낼지는 오롯이 당신에게 달려 있다. 전부 또는 일부만 펼치거나, 전혀 드러내지 않아도 괜찮다. 이 모두가 당신이 직접 만들어 가는 믹스테이프 같은 삶이다.

자기만의 삶을 어디서부터 시작해야 할지 알려 줄 아주 간단한 실험을 해 보자. 방법은 30일 동안 매일, 당신이 원하는 것과 되고 싶은 모습을 적어 보는 것이다. 다만 이처럼 단순한 연습에 2분을 넘기지 않겠다고 다짐하자. 그저 마음속에서 떠오르는 답을 적기만 하면 끝이기 때문이다. 그리고 답을 매일 조금씩 다듬으면서 더 명확히 하고, 답이 제시하는 방향

 〰〰〰〰〰  LEVER 7 / 실천: 미래가 전하는 단서

으로 행동에 나서자.

이 연습에서 당신이 쥔 꿈의 크기와 형태는 전혀 중요하지 않다. 그냥 시작하는 것이 중요하다. 이는 이미 꿈을 포기한 사람들이 당신의 꿈을 가로막지 못하게 하기 위함이다.

지금까지 어떻게 살아왔든, 나는 당신의 삶을 충분히 이해하고 존중한다. 그럼에도 당신이 직접 선택한 이 책의 단순하지만, 결코 가볍지 않은 메시지만큼은 기억하자. 과거는 당신이 실제로 어떠한 사람이며, 어디로 가고 있는가를 결정하는 데 아무런 의미가 없다. 과거는 당신이 앞으로 어떠한 사람이 되고, 무엇을 창조할 수 있는지에 영향을 전혀 미치지 않는다는 점이 더 중요하다.

시간이 얼마나 걸리더라도, 당신의 삶은 언제나 순수한 가능성으로 열려 있다. 여기까지 어떻게 왔는지는 중요하지 않다. 당신이 지금 이곳에 있다는 사실 자체가 중요하다.

이제부터는 계획의 나락에 빠지는 것을 경계해야 한다. 지나친 고민은 금물이다. 그러니 완벽한 시기와 장소, 실수 없이 다음 단계를 해낼 이상적인 조건을 고심하지 말라. 그러한 것은 존재하지 않는다.

이때는 그저 당신다움을 실천하는 연습부터 시작해야 한다. 당신이 바라는 변화를 이끌 힘은 이미 당신 안에 있다. 완벽하지 않은 걸음을 하나씩 되돌아보며, 훗날 느낄 기쁨을 상상해 보자. 앞으로 당신이 내디딜 100번의 발걸음은 미약하지만, 진정한 당신으로 거듭나게 할 창조의 디딤돌이 되어 줄 것이다.

주변 사람 모두에게 완벽히 이해받고 싶은가? 그렇다면 튀지 말고 평범하게 살아라. 현실적인 사람이 되고 싶은가? 그렇다면 처음으로 돌아가 '첫 장을 넘기기 전에'를 다시 읽어라. 이상의 가정은 모두 이성적인 사고를 위한 연습이 아니다. 당신은 인생의 윤곽을 새롭게 그려 나가야 할 시점에 와 있다. 바로 지금부터 말이다.

## 그럼에도 불구하고

"체이스, 너 회사 팔았다고 들었어. 우리 만나서 얘기 좀 하자."


나는 그 만남에 응할 수밖에 없었다. 달리 무슨 선택지가 있었겠는가? 고딘은 똑똑하고 경험도 풍부하며, 언제나 친구와 동료를 위해 시간을 내는 대단히 사려 깊은 사람이었다. 그는 절대 다그치지 않으면서도 늘 핵심을 찌르고, 요점만 간결하게 말했다. 바로 그 이유로 고딘이 만나자고 했을 때, 나는 승낙할 수밖에 없었다.

힘든 대화가 될 것을 알면서도 미리 약속을 잡게 되는 순간을 당신도 겪은 적이 있을 것이다. 마치 신경 치료를 받기 위해 치과 예약을 잡는 것과 비슷하다. 다만 이번에는 입속으로 파고들 드릴이 아니라, 앞으로 터질 감정의 지뢰밭을 각오해야 한다는 차이가 있다.

꼭 필요하면서도 어쩌면 피할 수 없는 일임을 나도 안다. 그런데도 그 기다림은 마치 차량관리부(Department of Motor Vehicles, DMV)[66]에서 줄을 설 때처럼 진이 빠지는 느낌이었다. 내 몸은 벌써 그러한 유형의 예감을 느끼는 중이었다. 끝내 거절할 길을 찾지 못한 나는 그 자리에서 바로 다음 날인 월요일에 만날 시간과 장소를 정했다.

그날 오후, 나는 케이트와 산책 겸 대화를 하러 나섰다. 매주 일요일 오후, 아내와 10년 넘게 이어 온 진솔한 대화의 시간이다. 그 시간 동안 우리는 좋은 일과 힘든 일, 말하기 꺼리는 일까지 서로의 근황을 모두 나눈다.

나는 산책과 대화의 시간이 우리 부부를 위기에서 여러 번 구했다고 생각하기에 강력 추천한다. 집에서부터 시립 공원

---

66 / 미국의 차량 등록 및 운전면허 관련 업무를 담당하는 기관으로, 대기 시간이 길고 비효율적인 곳으로 자주 비유된다.

까지 걸어가, 작은 호수를 따라 한 바퀴 돌기까지 한 시간이 채 걸리지 않는다. 산책을 시작한 지 3분도 안 되어 케이트가 물었다.

"여보, 괜찮아? 요즘따라 생각이 많아 보이는데."

그녀의 조심스러운 시선을 느꼈지만, 나는 계속 앞만 바라보며 미소를 지은 채로 함께 걸음을 이어 갔다. 그녀의 질문이 그리 갑작스럽지는 않았다. 어차피 우리는 서로의 삶을 솔직히 터놓고, 생각과 감정도 나누고 살피는 관계이기에 직설적인 안부 인사가 그리 드문 일은 아니다.

내가 케이트에 관해 빠뜨리는 것이 하나 있는데, 그녀는 코치이자 마음챙김 강사이다. 이러한 점에서 그녀는 정말이지 레이저처럼 날카롭고 정확하다. 물론 세상에서 가장 다정한 레이저이기는 하지만, 예리하다는 사실은 조금도 변치 않는다.

나는 턱을 한번 긁적인 다음, 이후 30분 동안 지난 18개월에 대해 손짓과 고개 끄덕임, 목소리의 억양 변화까지 총동원하며 쉴 새 없이 떠들어 댔다. 마치 이런 식의 대화였다.

"아니, 그러니까… 그래, 다 좋아. 괜찮다니까. 고마워."

그러고는 상대방이 한마디도 못 할 정도로, 호스에서 물이 뿜어져 나오듯 30분 내내 혼자서 쏟아내기만 했다. 나는 크리에이티브라이브가 인수된 이후 내 삶에 일어난 주요 사건들을 아주 논리적으로, 장면 하나하나를 다시 짚어 주듯 체계적으로 정리해서 그녀에게 들려주었다.

"인수 발표가 나자마자 우리 모회사의 주가가 올랐어. 그러니까, 뭐, 그건 우리 회사와 이번 거래에 대한 시장 반응이 괜찮았다는 얘기지. 투자자 중엔 손해 본 사람도 있었지만, 잘된 사람들도 있었어. 최소한 우리 팀원들은 제대로 챙겨 받았거든. 오랫동안 함께 고생한 직원들한테 노고에 걸맞게 의미 있는 보상이 돌아갈 거라고 직접 전할 수 있었던 건 정말 감사한 일이었지.

이제 우리 가족이 전용기를 탈 수 없게 된 건 약간 아쉽긴 하지만, 전체적으로 보면 우리 잘 해낸 거야. 정말 대단한 여정이었어. 진짜 해 볼 만한 일이었구나 싶더라고. 그래, 내 회사, 투자자들, 수백만 명의 학생 고객들과 작별 인사를 해야 하는 게 슬프긴 해도 미련은 남지 않았어. 팬데믹이 한창일 때였으니, 온라인 교육 플랫폼을 팔기에 딱 맞는 타이밍이었으니까. 나도 이제 다음으로 넘어갈 때였고.

아, 그리고서 1년은 약속대로 회사에 남아 있었지. 우리를 인수한 '모선(mother ship)'이라고 비꼬아 부르던 대기업에서 임원으로 일해야 했던 시간 말이야. 그 안에서 우리 스타트업이 상장 대기업 안에서 제대로 굴러가도록 전환 작업을 했어. 인수 과정에서 했던 약속들이 다 지켜지지는 않았지만, 뭐, 다 괜찮았어. 그래서 오히려 1년 채우고 나올 때 더 깔끔하게 털고 나올 수 있었지.

기대 이상이었던 건, 내가 3개월짜리 '가든 리브(garden leave)'를 따냈다는 거야. 겉보기엔 그럴듯한 말이지만, 실제로는 아무 책임도 없이 행정상 이유로 급여만 받는 기간이라는 뜻이지. 어쨌든 그 조건까지 내가 협상해서 끌어낸 거라 꽤 뿌듯했어. 그리고 지금은, 다음에 뭘 할지 생각할 수 있는 시간도 생겼고 말이야. 그러니까… 나 다 괜찮아, 여보. 물어봐 줘서 고마워. 당신은 어때?"

나는 방금까지 스스로 꽤 설득력 있게 잘 얘기했다는 믿음에 빠져 있었다. 그런데 아주 긴 침묵이 흘렀다. 정말 긴 침묵이었다.

그녀는 앞만 바라보며 나란히 걸었다. 이윽고 그녀가 한 말은 노래방에서 닐 다이아몬드(Neil Diamond)의 〈Sweet Caroline〉이 울려 퍼질 때처럼 내 중심을 뚫고 들어왔다.

"여보, 난 당신이 걱정돼. 이런 모습 보는 건 정말 오랜만이거든."

그리고 시간은 빠르게 흘러 다음 날이 되었다. 눈치챘겠지만, 고딘은 이미 내 상태를 완전히 꿰뚫고 있었다. 하지만 결코 비꼬거나 깎아내리는 태도는 아니었다. 오히려 정반대였다.

　20분 남짓한 시간 동안 그는 내 삶에 대해 많은 질문을 던졌다. 고딘의 질문에 답변을 마칠 즈음에는 내가 꽤 엉망이라는 사실을 그가 알아챘고, 나도 이를 느낄 수 있었다. 로잔 바(Rosanne Barr)[67]처럼 대놓고 티가 나지는 않았지만, 멀쩡해 보이는 겉모습과 달리 속은 완전히 썩어 있었다. 한마디로 재앙 수준의 위험한 상태였다.

　다행히 고딘은 초고수였다. 그는 풍요롭고 의미 있는 삶을 살아온 사람으로, 대규모 온라인 커뮤니티를 여럿 만들어 냈다. 그리고 회사를 몇 군데 창업해 성공적으로 매각했으며, 블로그 포스트는 무려 8,000건이나 작성한 바 있다. 더군다나 창의성과 기업가 정신에 관한 베스트셀러도 열아홉 권이나 썼다.

　공개적으로 실패한 경험도 몇 번 있었다. 그런데도 그는 게릴라 마케팅[68]과 직접 마케팅[69]을 비롯하여, 최근에는 별다른 수식어가 없는 마케팅 분야의 명예의 전당에 이름을 올렸다. 고딘은 소통하는 법을 아는 사람이었다. 그는 내가 마지막 질

---

67 / 과장된 언행과 논란으로 유명한 미국의 코미디언 겸 배우.

68 / 전통적인 광고 방식이 아닌, 창의적이고 비용 효율적인 마케팅 방식.

69 / 이메일, 우편, 전화 등 고객에게 직접 도달하는 마케팅 방식.

문에 답한 후 5초 만에 내 상태를 진단해 냈다.

"네 안에는 메워야 할 구멍이 있어. 그걸 메울 수 있는 사람은
너 하나뿐이고."

맞는 말이었다. 친절하게도 그는 나와 비슷한 경험을 겪은
사실도 함께 털어놓았다. 결국 나는 케이트, 고딘과의 대화로
단 하루 만에 나를 속이던 거짓말이 그대로 드러나 버렸다.
나는 괜찮지 않았다.

이 사실을 막 깨달았을 때는 같은 실수를 반복했다는 생각
에 가슴이 무너져 내린 듯했다. 다시는 예전 같은 일은 없으
리라 다짐까지 했는데도, 결국은 나를 배신한 데다 인생마저
퇴보시켜 버렸다. 문제가 되풀이되고 말았다. 그보다는 내가
제자리에서 안전하게 지내고만 있었던 것이다.

나는 그동안 나를 믿는 법마저 잊어버렸다. 서서히 뜨거워
지는 물에 들어간 개구리처럼, 문제가 터지기 전까지는 모든
것이 괜찮았다. 언제 그랬는지도 모른 채 내 주도권마저 넘기
고 만 것이다.

고딘과의 대화가 끝나고, 나는 차 안에 앉아 앞 유리 너머
로 쏟아지는 아침 햇살을 바라보았다. 지금까지 내가 나를 저
버린 선택을 몇 번이나 반복해 왔는지 머릿속에서 되짚었다.

　〰〰〰〰　

그 시작은 초등학교 2학년 때부터였다. 자의식이 처음으로 생기면서, 나는 마술쇼, 만화 그리기, 스탠드업 코미디까지 하며 멋진 아이가 되고 싶었다. 그러나 주위의 만류로 용기 있게 살아가려던 마음을 스스로 꺾어 버렸다. 고등학생 시절에는 별다른 노력 없이도 모든 것을 쉽게 해내는 천재인 척했지만, 실상은 축구 장학금을 따기 위해 모든 것을 쏟아부어야 했다.

한편 대학 졸업 후에는 창작에 대한 소명을 외면한 대가로 10만 달러가 넘는 학자금 부채와 건강을 망가뜨리는 병에 시달리기도 했다. 그리고 불과 몇 달 전에도 매각 시기가 이른지 늦은지도 분간할 수 없는 상황에서 내 회사를 대형 상장 기업에 팔아 버렸다.

어쨌든 기어코 일을 한 번 더 저지르고 말았다.


관심도 다른 데로 빼앗겼고,

시간도 항상 부족했다.

직관을 무시하면서

제약의 무게에 짓눌리며,

놀고 즐기는 것은 항상 일보다 뒷전이었다.

실패가 두려워졌다.

더군다나 나는 그 모든 것을 실천하며 살아가야 한다는 옛 교훈마저 잊고 있었다.

그러던 차에 나는 뜻하지 않은 계기로 나를 바로잡을 수 있었다.


'잠깐만. 예전에 실수는 했지만, 그때마다 빠짐없이 다시 일어섰잖아. 그런데 왜 그 순간보다 자꾸 넘어진 날만 세는 거야?'


불교에는 '두 번째 화살'이라는 개념이 있다. 두 번째 화살은 인간이 겪는 고통의 심오한 진실과 역경에 반응하는 우리의 모습을 잘 보여 준다.

첫 번째 화살은 우리가 살면서 불가피하게 겪는 고통과 시련을 의미한다. 우리가 저지르는 실수, 견뎌야 하는 어려움, 마주할 수밖에 없는 실망 말이다. 불행의 화살은 예상치 못한 순간에 날아와 우리 등에 꽂힌다. 하지만 이러한 결과는 아름다우면서도 불완전한 세상을 살아가면서 자연스럽게 겪는 일이다. 결국 우리에게 아픔을 주지만, 인간이라면 마땅히 겪을 수밖에 없는 일이기도 하다.

하지만 두 번째 화살은 자신을 향해 쏘는 화살로, 우리에게 가장 큰 상처를 남긴다. 이는 스스로 만들어 낸 고통으로, 자신을 가차 없이 비난하고, 끊임없이 깎아내리며, 이미 지나간

 LEVER 7 / 실천: 미래가 전하는 단서

실수를 계속 곱씹을 때 생겨난다. 결과적으로 두 번째 화살은 스스로 실패했다는 생각 탓에 가치도, 사랑받을 자격도 없는 부족한 존재라고 속삭이는 내면의 목소리와 같다. 이처럼 두 번째 화살은 부정적인 말과 판단으로 자신을 해치는 불필요한 고통인 것이다.

차 안에 혼자 앉아 있던 바로 그 순간, 나는 두 번째 화살이 날아들기 전에 정신을 차렸다. 그리고 그 정체는 내 마음이 일시적으로 만들어 낸 허상일 뿐임을 확실히 깨달았다. 나는 첫 번째 화살에 집중함으로써 두 번째 화살을 피할 수 있었다. 바로 그때, 나는 마음속에서 타오르는 듯한 감각을 느꼈다. 다름 아닌 자부심과 감사의 불꽃이 피어오르고 있었다.

지난날을 돌이켜보니, 나는 과거의 실망과 자기 배신도 잘 견뎌 왔다. 그리고 성인이 된 뒤부터는 그 일도 점점 잦아들었다. 영혼의 고통과 회사 매각 이후에 찾아온 상실감, 한동안 나를 잃어버린 듯한 괴로움도 결국은 내 영혼이 내게 보내온 신호였음을 깨달았다. 나를 바라보면서 한 번만 더 믿어 달라는 신호 말이다.

햇살 가득한 차 안에 앉아 있던 그 월요일, 나는 지금껏 스스로 헤쳐 온 모든 것에 주도권을 쥐고 있었음을 기억해 냈다. 내게 필요한 것 모두가 이미 내 안에 있었다. 나는 기어를 넣고, 사이드미러를 확인했다. 그리고 한 줄기 희망과 다시 시작하겠다는 다짐을 곁에 두며, 도로로 차를 몰아 집으로 향했다.

늦은 밤, 종일 겪은 일만으로는 부족했는지 예전에 온라인에서 보던 문장이 일기장에 휘갈겨져 있는 것을 우연히 발견했다. 그 글을 본 나는 웃음을 터뜨리고 말았다. 어디에서 봤는지도 모르고, 출처도 없는 그 문장은 지독한 내 악필로 다음과 같이 적혀 있었다.

"우리가 이 세상에서 처음으로 형성하는 정체성은 태어날 때부터 다른 사람들이 대신 써 준 초고와 같다. 헤밍웨이에 따르면 모든 초고는 쓰레기다. 그러니 새로운 원고를 쓰자."

움직이자. 지금이 바로 시작할 때다.
나 역시 그 말대로 살아왔다.

# 결론

나대로 살아 낸 삶

NEVER PLAY IT SAFE

NEVER PLAY IT SAFE

〰〰〰〰 폴 닌슨은 결국 해냈다. 거의 10년에 걸친 고군분투 끝에, 그는 국제사진센터 교육 과정을 모두 수료했다. 이후 제약, 에너지, 기술, 광고 업계의 글로벌 브랜드를 포함한 최상위 기업이 닌슨의 고객이 되었다. 이에 멈추지 않고, 그는 경쟁이 치열한 뉴욕의 사진과 영상 제작 업계에서도 핵심적인 역할을 맡았다. 그는 오랫동안 바라던 성공한 전문 창작자의 꿈을 마침내 이루어 냈다.

단순히 고향을 떠나 사진 기술을 익혔다는 말로는 닌슨의 여정을 모두 설명할 수 없다. 아프리카의 작은 마을 출신인 그는 과감한 결단 아래 세계에서 가장 복잡한 미국의 도시로 도약하듯 건너갔다. 그리고 그곳에서 최고 수준의 사진 실력을 연마했다. 무엇보다 가나에 있는 딸을 경제적으로 지원할 수 있는 수준으로 올라선 그는, 여러 측면에서 직업적 성공을 이루어 냈다.

그는 세상의 비웃음과 믿을 수 없을 만큼의 역경 속에서도 꿈을 이루었고, 그 이상의 결과도 만들어 냈다. 닌슨은 그야말로 세상이 정해 놓은 안전한 길을 벗어났을 때, 가능성은 반드시 열린다는 사실을 보여 주는 훌륭한 본보기였다. 닌슨은 10년이라는 시간 동안 이 책에서 제시한 수단을 모두 활용했다. 큰 그림에 집중하면서도, 사진이라는 분야의 모든 측면을 배우는 데 시간과 관심을 쏟았다. 아크라에서 브랜던을 알아볼 수 있었던 것도 그 덕분이었다.

그는 내면의 나침반을 따라 일반적이지 않은, 누군가는 비현실적이라고까지 할 만한 방향으로 걸어갔다. 성공하기까지 수많은 장애물을 마주했지만, 그러한 제약은 오히려 원하는 바를 명확하게 해 주었을 뿐이다. 그렇게 그는 뉴욕까지 나아갈 수 있었다.

그는 자유로운 시도와 실험으로 실패하기를 거듭했다. 처음에는 전문 사진작가 모임에서도, 케냐에서도 아무런 성과를 거두지 못했다. 하지만 그는 포기하지 않고, 모든 수단을 하나로 엮어 실천하는 삶을 살았다.

닌슨은 그 삶에 얼마나 많은 용기를 내야 했을까? 지금 당신의 마음속에 있는 용기보다 많지도, 적지도 않다. 중요한 것은 이 모두가 끝이 아니라 시작이라는 점이다.

그동안 닌슨은 사진 기술을 연마하면서 마음속에 잠든 열쇠를 깨우는 내적 작업에 매진했다. 동시에 스스로 될 수 있다고 믿었던 사진작가이자 인간으로서 성장해 가는 외적 작업에도 몰두했다. 그는 또한 더욱 새롭고 큰 두 가지 꿈을 향해 나아가고 있었다. 첫째는 딸에게 돌아가 경제적 지원은 물론 부모로서 온전히 함께하는 것이었고, 둘째는 아프리카의 사진 문화를 바꾸는 것이었다. 짐작했겠지만, 이들 꿈 역시 이루어졌다. 그는 다짐했다.

"도서관 이상의 완전한 학습 센터를 만들고 싶어요. 가나 사진 예술의 본거지가 될 곳이죠. 그리고 전 세계 사진가, 특히 아프리카 사진작가가 강의할 강당도 만들 겁니다. 아프리카 아이들에게 아프리카의 이야기를 전하는 법을 가르칠 수 있게 말이죠. 또 다른 폴 닌슨이 생겨서는 안 됩니다. 자기 이야기를 전하는 법을 배우겠다고 집을 떠나서 마음고생까지 해야 할 이유는 없으니까요."

닌슨은 졸업 후 가나로 돌아가기 전, 브랜던과 함께 크라우드펀딩 캠페인을 시작했다. 좋은 사람에게는 좋은 일이 종종 일어나기도 하는 법이다. 닌슨은 캠페인으로 약 250만 달러 이상의 액수를 모금했고, 그 돈은 즉시 그의 새로운 꿈인 디칸 센터(Dikan Center) 창설에 투입되었다.

디칸 센터는 아프리카 최대 규모의 사진 도서관을 갖추고 있으며, 전시와 교육 및 공공 프로그램도 운영한다. 더불어 시각적 스토리텔링과 리더십을 바탕으로 세상을 바꾸고자 하는 모든 이들, 특히 청년들에게 기회를 제공하는 공동체 구축 활동도 펼치는 기관으로 유명하다.

오늘날 닌슨은 한층 발전된 형태의 꿈을 실현해 가고 있다. 이 또한 그가 이 책에서 다룬 수단을 모두 활용한 결과이다. 디칸 센터는 예술가, 유명인, 관광객, 정치인들이 가나를 방문할 때 찾는 명소가 되었으며, 그들은 모두 무에서 유를 창조한 닌슨의 성과에 감탄한다.

그리고 국제사진센터 프로그램을 본뜬 1년 과정의 사진 교육 프로그램이 신설되었다. 이는 닌슨이 사진의 기초를 배운 국제사진센터를 향한 헌사이다. 또한 아프리카 사진가들이 해외로 나가지 않고도 꿈을 이룰 수 있어야 한다는 그의 신념이 반영된 것이다.

닌슨은 단지 자신과 딸 엘라만을 위한 삶을 일구지는 않았다. 그는 젊은 아프리카 사진작가, 교육자, 예술가를 넘어 전 세계에 가능성의 힘을 보여 주었다. 닌슨의 길을 똑같이 따를 이는 아마 없을 것이다. 다만 닌슨은 극복하기 어려워 보이는 고난에도, 각자가 원하는 삶을 당장 시작하는 데 필요한 수단이 애초부터 우리 안에 있음을 증명해 냈다.

절망과 문화적 장벽, 경제적 부담, 수치심, 죄책감을 비롯한 수많은 인생의 짐들은 모두가 마땅히 누려야 할 삶을 방해한다. 닌슨도 한때 그 무게감에 짓눌리던 청년이었지만, 굴하지 않고 끝까지 앞으로 나아갔다. 그는 생존에 최적화된 세상 속에서 창의성과 행복, 기쁨, 유대, 조화, 충만함을 찾아 나갔다.

그리고 주고받기를 원하던 수많은 선물 역시 발견했다.

닌슨의 성과는 단지 운이나 실력 덕분은 아니었다. 내면에 존재하는 수단을 활용했기에 가능한 일이다. 이처럼 그는 안전한 길을 벗어남으로써 꿈을 이루었다.


## 가능성은 당신의 몫

〰〰〰〰〰

아르키메데스는 독특한 경험과 능력, 직관과 기술이 특별한 힘을 발휘할 수 있으리라는 강한 신념을 품고 있었다. 그는 이들 요소가 모이고 체화되어 실행으로 나타날 때 일어날 결과를 명확히 간파한 것이다. 또한 올바른 수단과 관점에 상상력을 더하면 무엇이든 해낸다는 사실 또한 알고 있었다. 그리고 그 믿음은 언제나 옳았다.

당신도 마찬가지다. 미묘함과 예상치 못한 변화, 그리고 나름의 굴곡이 있는 당신만의 삶에서 세상을 바라보는 개성적인 관점을 터득했다. 어렵거나 수월했던 일이 있을 것이고, 때로는 어려운 문제가 찾아오더라도, 당신만이 가진 수단을 결합한 독창적인 방식으로 해결한 적도 있을 것이다. 이것이 바로 당신만의 창의성이 발현되는 순간으로, 당신의 재능이 반복된 실천과 맞물려 나온 결과이다.

 〰〰〰〰〰〰〰 결론 / 나대로 살아 낸 삶

우리도 안전한 길만을 고수하지 않고 창의성을 발휘하면서 온갖 어려운 문제를 해결해 나갈 수 있다. 아르키메데스가 다양한 수단과 학문, 그리고 탁월한 지성을 통합하여 삶과 세상의 흐름을 바꾼 것처럼 말이다. 마찬가지로 당신에게도 세상과 나눌 만한 소중한 재능이 있으며, 이들을 흥미로운 방식으로 조합하는 능력이 있음을 기억하길 바란다.

물론 노력은 필요하다. 누구도 모든 것을 다 알 수는 없고, 앞으로도 마찬가지다. 하지만 지금까지 소개한 일곱 가지 수단의 사용법을 익힐수록 성취가 성취를 낳는다는 사실을 알게 될 것이다. 비교적 손쉬운 것도 있겠지만, 배울 점은 항상 존재하는 법이다. 이때의 실패는 참담한 좌절이 아니라 충분히 가치 있는 교훈으로 다가온다.

이것만은 잊지 말자. 우리 안의 무기를 활용하는 법을 이해하고 행동할 때, 우리는 상상 이상으로 창의적이고 강력한 존재가 된다. 누구나 타고난 자신감과 힘을 끌어내 놀라운 일을 해낼 수 있다. 하지만 자신과 가능성을 향한 믿음 없이는 나아가기 어렵다. 상상력과 행동이 추진력을 만들고, 우리를 꿈으로 인도하기 때문이다.

# 새로운 지평을 맞이하며

월요일 아침이다. 갈 곳도, 할 일도 사라졌다. 나는 거의 1년 전에 매각한 회사를 떠나, 최근에 다시 일을 시작했다. 새로운 사업 아이템을 건드려 보면서 스트리밍 서비스용 TV 쇼도 제작 중이었다.

하지만 오늘은 쉬기로 했다. 해변 별장에 와 있는데, 아무 일정이 없다. 아내는 명상 수련회에 가 있었고, 1년 전에 입양한 강아지는 곧 한 살이 된다. 사실, 오늘이 그 녀석의 생일이다.

케이트와 나 사이에는 아이가 없다. 따라서 강아지를 데려온 것도 우리에게는 큰 결정이었다. 물론 강아지와 아이는 다르지만, 이 녀석도 우리 가족에서 특별한 존재다. 수영복과 더러워져도 상관없는 낡은 컨버스 슬립온 차림으로 '보디'라 부르니, 녀석이 뒷문으로 달려온다. 그렇게 우리는 느긋한 걸음으로 해변을 향해 걷는다.

이곳은 태평양 북서부라서인지 백사장보다는 회색빛 자갈로 뒤덮인 해변이며, 바닷속까지 발바닥을 자극하는 둥글고 매끈한 돌로 가득하다. 나는 신발을 신은 채 셔츠를 벗고, 커다란 나무 막대기 하나를 들어 바다로 힘껏 던진다. 물론 처음 하는 놀이는 아니라서 보디는 어떻게 해야 할지 잘 알고 있다.

우리는 좀처럼 따뜻해질 기미가 보이지 않는 차가운 바다로 내달린다. 막대기를 향해, 수평선을 향해 전속력으로 헤엄친다. 보디가 먼저 도착해서 이빨로 막대기를 낚아챈다. 나는 그 옆에서 막대기를 빼내어 다시 수면 위로 힘껏 던진다.

보디와 놀이를 계속하는 동안, 나는 내 삶과 앞으로의 시간을 떠올린다. 아내와 나는 떨어져 있지만, 언제나 우리와 함께한다. 아내와 나는 수많은 일을 함께 헤쳐 왔다. 우리는 그 오르내림 속에 셀 수 없을 만큼 많은 교훈을 얻었다. 실패와 성공에서 혼란과 좌절, 사랑과 기쁨은 물론 평온과 아픔에 이르는 모든 것을 함께 겪어 냈다.

위기에서 나를 되찾은 것도 우리 관계의 굳건함과 아내의 지지 덕분이었다. 그리고 안전한 길만을 선택하지 않고, 직관을 따라 나답게 존재할 공간을 찾은 것도 결국은 아내가 언제나 곁에 있으리라는 확신이 있어서였다.

짜디짠 바닷물에 몸을 맡기며, 그동안 겪어 온 모든 일이 지금의 순간을 위한 것이었음을 깨닫는다. 살아오면서 충족감과 더불어 끊임없는 가능성, 각고의 노력과 투쟁 뒤에 펼쳐지는 축제 같은 순간도 지나왔다. 이제부터 나는 최선을 다해 두려움에 맞서기로, 다시는 안전한 길만 택하지 않기로 했다. 모든 불확실성과 가능성을 품은 현재에 도달했고, 이 순간에 충실하면 될 일이었다.

이것이 바로 내가 택한 삶이다. 다른 곳으로 향하거나, 앞서가거나, 큰 성과를 내야 한다는 압박은 없다. 이 삶에는 내가 원하는 모습과 방식으로 존재할 자유가 있을 뿐이다.

해결해야 할 일과 내야 할 돈도 있지만, 오늘은 보디와 함께 물결에 몸을 맡기며 수평선을 바라본다. 내일 일어날 일마저 알 수는 없지만, 그마저도 나는 좋다. 나는 정말 오랜만에 그러한 미래를 받아들이면서 앞일을 굳이 계획하지 않는 중이다. 어차피 앞으로 무언가를 또 하게 될 테니 말이다.

어쨌든 우리는 모두 각자의 삶을 창조해 가는 예술가이고, 수많은 시간이 허락되었다. 이 순간이 지나면 또 다른 순간이 찾아올 것이다. 앞으로도 할 일은 많아지면서 기쁨과 고난의 순간도 이어지겠지만, 성장의 순간도 찾아올 것이다. 하지만 이 순간만큼은 감사와 충만함을 느낀다.


최근 한 친구가 나에게 〈매드맨(Mad Men)〉의 제작자 매튜 와이너(Matthew Weiner)가 시리즈를 끝내고 한 말을 들려주었다. 나도 그의 마음을 이해한다.


**"그냥 저는 등장인물이 처음보다 행복해졌으면 좋겠어요."**

 〰〰〰〰〰〰 결론 / 나대로 살아 낸 삶

삶은 자신과의 게임이다. 나는 오랫동안 성취에서 만족을 얻으려 했다. 게임에서 이기고, 시험에서 만점을 받고, 경쟁에서 앞서고 싶었다. 그런데 늘 복잡하게 생각하던 날이 무색하게도, 잠시뿐인 지금이 단순하게 보인다.

나는 지금 이곳에서, 손안에 있는 나만의 수단과 스스로 길러 온 내면의 힘만으로 충분하다. 언제나 눈앞의 목표를 향해 달려왔지만, 지금의 모습 또한 결국은 내가 만들어 온 결과였음을 깨닫는다. 이제는 있는 그대로의 모습으로 현재에 충실할 수 있기를 바란다.

나는 해탈의 경지에 이른 사람은 아니라서 여전히 온갖 잡념에 휘둘릴 때가 많다. 삶은 어렵다. 적어도 가끔은 그렇다. 기복도, 생각만으로 겁이 나는 순간도 너무나 많다. 하지만 안주하지 않는 삶의 출발점은 내면에 있음을 이해한다. 이는 내가 누구이고, 진심으로 원하는 것이 무엇인지 알아 가는 과정이며, 지금 내게 주어진 자원을 활용해 앞으로 나아가는 일이다.

우리 눈앞에 펼쳐진 삶의 모습은 상상과 용기의 결실이다. 이처럼 삶은 곧 우리가 온갖 수단을 동원하여 만들어 낸 결과물이기도 하다. 그리고 오늘, 보디가 헤엄쳐 와서 내 얼굴을 핥는다. 나는 소리 내어 웃으며, 다시 막대기를 던진다. 우리는 함께 해안으로 헤엄쳐 나와 집으로 이어지는 짧은 산책로

에 오른다. 여전히 성공한 삶이라기엔 부족하지만, 이만하면
꽤 괜찮아 보이는 삶이지 않은가?

# 감사의 말

한 권의 책에는 하나의 여정이 담겨 있는 법이지만, 이 책만큼은 달랐다. 참으로 깊고도 긴 여정이었다. 그 이유는 아마도 집필을 13개월간 이어 오다가 원고를 완성하기 직전에 처음부터 다시 쓰기 시작해서였을 것이다. 이전에 쓰던 원고도 나쁘지 않았다. 꽤 괜찮은 방향으로 진전되고 있었다.

하지만 그것이 문제였다. 내용은 무난했고 뻔했다. 창의성과 비즈니스를 그럴듯하게 다뤘지만, 그 안에는 진정성도 투지도 없었으며, 도전 의식 역시 찾아볼 수 없었다. 사람들의 삶에 오래도록 깊은 울림을 남길 수 있는 메시지, 감히 말하자면 삶을 송두리째 바꿔 놓을 메시지가 없었다. 글에서 빠져 있는 것도, 그 이유도 알 수 없었다. 나에게 전적으로 솔직해지기 전까지는 그랬다.

내면을 탐구하는 과정에서 드러난 진실은 이전 원고가 안전한 길로만 가고 있었다는 것이다. 정확히는 내가 안전한 길을 택하고 있었다. 이에 나는 마음속에 질문을 던졌다.

'나는 왜 가슴이 이끄는 낯선 길이 아니라, 뻔하고 안전한 길만 가고 있었지?'

이 책은 그 물음의 해답을 찾으러 떠난 내적 여정 끝에 탄생했다. 처음 방향을 바꾸기로 마음먹었을 때는 두려움이 컸다. 하지만 문장은 이내 새해 전야에 터뜨린 샴페인처럼 순식간에 내 안에서 쏟아져 나오기 시작했다. 이는 관심을 기울이고 직관을 믿는 것, 실패를 무릅쓰고 다시 시작하는 것 모두가 중요하다는 보편적 진리를 깨닫는 과정이었다. 동시에 삶에서 가장 소중한 것은 언제나 두려움 너머에 있다는 사실도 함께 알게 되었다.

아마도 감사의 말에서 최초일지는 모르지만, 먼저 나에게 감사를 전한다. 이 난장판 속에서 스스로 무엇을 해낼 수 있는 존재인지를 다시 떠올리고 이해한 나에게 스눕독(Snoop



감사의 말

Dogg)[70] 스타일의 감사 인사를 바친다. 이 책을 집필하면서 지금에 이르기까지 거쳐 온 모든 과정에 긍지를 갖기로 했다. 이 책에서는 깨달음이 이미 우리 안에 있고, 자신을 믿을 때 세상이 비로소 응답한다는 사실을 방증한다.

그리고 언제나 큰 힘이 되어 주고, 내게 위안과 지혜를 건네는 아내 케이트에게 고맙다. 물론 내가 안주하려 할 때마다 멈추지 말라고 은근슬쩍 등을 떠밀던 순간은 제외하고 말이다. 아내는 정말 유능한 편집자이기도 하다. 나는 집필 내내 책상 위에 그녀의 사진을 두고 있었다. 늘 내 편에 선 케이트를 떠올리면서 이 책이 그녀에게 영감을 받았으며, 그녀를 위한 것임을 잊지 않으려는 목적에서였다.

우리가 서로를 도우며 삶의 막막함을 풀어헤치고, 꿈과 다시금 연결되는 긴 시간은 나에게 큰 기쁨이었다. 이제야 그녀가 오래전에 심은 씨앗이 싹을 막 틔우는 모습을 보고 있다. 그 삶에 펼쳐질 다음 장, 우리가 함께 써 내려갈 그 장이 지금까지의 이야기보다 더 대담하고 아름답기를 간절히 바란다.

또한 작지만 강한 우리 가족에게 변함없는 지지와 사랑을 보낸다. 지금까지 함께 나눈 즐거움과 웃음, 그리고 우리 앞에 펼쳐질 모든 순간에 사랑을 담아 감사하다고 말하고 싶다.

70 / 자신감 넘치고 자기 자신을 아끼는 것으로 유명한 미국의 래퍼.

다음으로 '멋쟁이', '전설', '영감 제조기', '스타', '리더', '영웅', '진짜배기', '고수'라는 수식어를 달고 있는 소중한 친구들의 차례다. 내가 무슨 복이 있어서 이렇게 똑똑하고 재능 넘치는 녀석들을 친구이자 동료로, 끝까지 함께할 사람으로 두었을까? 항상 내 편이 되어 줘서 고맙다. 그리고 이 책에 나타나 지혜를 나누어 준 모든 이에게도 진심으로 감사하다.

여기 등장하지 않은 사람들은 일단 운이 좋다고 생각하길 바란다. 누구인지는 본인이 잘 알 것이다. 그들은 이 여정에서 큰 힘이 되어 주었다. 하지만 미리 경고하건대, 마음속에는 아직 쓸 책이 산더미처럼 남아 있으니 방심은 금물이다. 부디 지금처럼 유쾌함과 진중하고 깊은 내면을 유지하면서 온기와 반짝임, 놀라울 정도의 영감을 선사하는 사람으로 머물러 주기를 바란다.

더 나은 작가가 될 수 있도록 도와준 글쓰기 멘토 친구들에게도 특별히 감사 인사를 전하고 싶다. 이 책의 초고를 검토하며 방향을 함께 다듬고, 다른 자리에서 일대일로 조언을 건넨 모두에게 진심으로 감사하다. 세스 고딘, 브레네 브라운, 팀 페리스, 로버트 그린, 라이언 홀리데이, 줄리아 세레브린스키, 찰리 혼, 스콧 오몽, 벤과 테일러 윈터스, 제프 고인스를 비롯한 이들과 작업에 함께한 시간은 내게 정말 큰 선물이었다.

그다음으로 항상 침착하고 흔들림 없는 태도로 진심을 다해 응원한 에이전트 스티브에게 진심으로 감사하다. 그 덕에 내가 사랑하는 일을 계속할 수 있었다. 이에 많은 사람이 나와 같은 용기를 얻길 바란다. 초고를 뒤엎고 다시 쓰기로 했을 때도 그의 노고가 있었다.

스티브는 마감이 코앞인 시점에도 험난한 과정을 함께 헤쳐 나가도록 도와주었으며, 새로움과 신선함을 만들어 낼 수 있다고 믿어 주었다. 그의 헌신에 특별한 감사를 표한다. 큰 용기가 필요한 일임을 알기에 진심으로 고마움을 전한다. 앞으로도 오래도록 밝은 미래를 함께할 수 있기를 바랄 뿐이다.

이 책을 위해 매일 애쓴 팀에게도 진심으로 감사하다. 홀리스, 밀란, 그리고 하퍼콜린스 출판사의 구성원에게도 감사의 말씀을 전한다. 이들은 나뿐 아니라 자칫 무모해 보일 법한 내 아이디어를 믿고, 중요한 회의마다 나를 위해 나서 주었다. 이와 같은 지원에 고마울 따름이다. 그들과 만날 때마다 나에게 얼마나 마음을 쏟고 있는가를 느낄 수 있다. 그래서 말인데, 이제 호흡이 꽤 잘 맞는 것 같으니 앞으로도 함께 책을 더 만들어야 할 것 같다.

줄리 코로티스는 전설이라 불러도 손색없는 사람이다. 내가 어떻게 이 사람과 오랜 시간 함께 일할 수 있었을까? 내게는 틀림없는 행운이었다. 이 여정이 절대 끝나지 않기를 바라며, 감사의 말을 전한다.

나사 코스키가 발휘한 다재다능함과 열정, 그리고 그에 걸맞은 노고에 감사드린다. 그 열정의 영향력은 주변에까지 널리 미칠 정도로 강력하다는 사실을 기억해 주었으면 한다.

줄리 모소우는 프로젝트의 막바지에 합류해 부담스러웠을 텐데도 내 꿈을 현실로 이끌어 준 대단한 사람이다. 그녀의 역량과 관심, 따뜻함에 이루 말로 할 수 없을 정도의 감사를 표한다. 이번이 앞으로 함께하게 될 많은 프로젝트의 시작일 듯하다. 그녀를 소개한 데이비드 몰다워에게도 감사의 마음을 전한다.

멋진 비주얼 패키지를 완성해 준 친구 바스코 모렐리에게도 재차 감사의 말을 건넨다. 우리가 도달한 결과에 매우 만족하고, 그 과정을 함께한 시간 또한 즐거웠다. 그 외에도 이 프로젝트가 세상의 빛을 볼 수 있도록 최전선에서 함께한 모든 이에게도 감사의 뜻을 표한다.

전작인 《인생의 해답》에서 언급한 바와 마찬가지로, 가장 중요한 것은 공동체다. 한 아이를 키우려면 온 마을이 필요하다는 말처럼, 창의적인 프로젝트를 완성하려면 공동체가 나서야 한다는 말이 진심으로 와닿았다. 이번 작업 역시 그 말을 명백히 증명해 보였다.

마지막으로 전 세계에 흩어져 있는 창작 동료에게 무한한 감사를 전한다. 이 여정에 함께한 기간이 단 하루냐 평생이냐는 중요하지 않다. 그저 같은 길 위에 있다는 사실만으로도 마음이 벅차다. 이 일이 나를 위한 것이기는 하지만, 그만큼 여러분들을 위한 마음으로 임하고 있다. 결국 나 혼자가 아닌, 여러분과 함께하는 일인 것이다.

이 책의 내용과 제목, 표지 디자인을 만들어 가는 과정에서도 수많은 이가 소중한 피드백으로 방향을 잡아 주었다. 앞으로도 나는 계속 이 자리에 설 것이고, 당신도 함께해 주기를 간절히 바란다. 함께 공동체를 키우면서 자유와 창의성, 그리고 우리가 사랑하는 삶에서 무엇이 진정으로 가능한가가 담긴 희망의 소식을 세상에 널리 알리자. 끝없이 위를 향해, 선한 장난을 계속하자.

그리고 잊지 말자. 원하는 명사가 되고 싶다면, 그 목표로 나아갈 동사를 실천하면 된다.

사랑을 담아

2024년 4월 21일 일요일,

워싱턴주 시애틀에서